Michael P. Zerres/Ingrid Zerres (Hrsg.)
Unternehmensplanung

Michael P. Zerres / Ingrid Zerres (Hrsg.)

Unternehmensplanung

Erfahrungsberichte aus der Praxis

Die Deutsche Bibliothek – CIP-Einheitsaufnahme
Unternehmensplanung : Erfahrungsberichte aus der Praxis /
Michael P. Zerres/Ingrid Zerres (Hrsg.). – Frankfurt am Main :
Frankfurter Allgemeine Zeitung, Verl.-Bereich Wirtschaftsbücher
1997
    ISBN 3-929368-59-5
NE: Zerres, Michael P. [Hrsg.]

Frankfurter Allgemeine Zeitung
Verlagsbereich Wirtschaftsbücher

Verantwortlich Verlagsbereich Wirtschaftsbücher: Helmut Klinge
Gestaltung: F.A.Z.-Grafik
© Frankfurter Allgemeine Zeitung GmbH
60267 Frankfurt am Main
Alle Rechte, auch die des auszugsweisen Nachdrucks, vorbehalten
Druck: Druckwerkstätten Stollberg GmbH, Stollberg
Erste Auflage 1997
ISBN 3-929368-59-5

Geleitwort

Der Konflikt über die Beziehung zwischen betriebswirtschaftlicher Theorie und unternehmerischer Praxis ist nicht neu. Immer wieder wird von Unternehmensvertretern darauf hingewiesen, daß eine Reihe grundlegender planerischer Konzepte bzw. Instrumentarien aus der Wissenschaft zur konkreten Anwendung nicht geeignet sind. Dabei stammen viele Planungstechniken ursprünglich aus der betrieblichen Praxis (wie z. B. das Boston Consulting-Porfolio, die McKinsey-Matrix).

Tatsächlich beschäftigt sich die Wissenschaft teilweise zu intensiv mit methodischen Detailfragen, versucht ihren Forschungsdrang zu befriedigen und vernachlässigt dabei das unternehmerische Interesse. Hinzu kommt, daß erfolgreiche Unternehmen bislang ohne Unternehmensplanungen ausgekommen sind. Aus diesen Gründen sind teilweise Zweifel zu hören, ob die Unternehmensplanung wirklich von so hohem Nutzen ist, wie es ihre Befürworter unermüdlich behaupten.

Doch in einer Zeit, in der die ökonomischen, technischen, politischrechtlichen, kulturellen und zunehmend auch ökologischen Einflußfaktoren einem laufenden Veränderungsprozeß unterliegen, können Planungstechniken dazu beitragen, die längerfristig angestrebten Ziele nicht aus dem Blickfeld zu verlieren. Natürlich lassen sich Unsicherheiten auch durch die Unternehmensplanung nicht ausschließen. Aber Planungstechniken bieten zumindest die Möglichkeit, die verschiedenen Risiken des Handlungsspielraumes aufzuzeigen und daraus Chancen für den Unternehmenserfolg abzuleiten.

Relevanz und Aussagekraft bekommen Planungskonzepte jedoch erst, wenn sie weiterentwickelt und tatsächlich durchgesetzt werden. Erfahrungen mit langfristig angelegten Planungssystemen zeigen, daß die Phantasie der Planer in einem ausgewogenen Verhältnis zur Realität stehen muß.

Dieses Buch schlägt eine Brücke zwischen Theorie und Praxis. Es zeigt auf, welche Planungstechniken sich in der unternehmerischen Wirklichkeit bewährt haben. Die Beiträge bieten die Gelegenheit, erfolgreiche Planungsmethoden aus unterschiedlichen Unternehmen und Branchen für Problemstellungen des eigenen Unternehmens zu adaptieren. Daß als Autoren Manager in verantwortungsvollen Positionen namhafter Unternehmen gewonnen werden konnten, gewährleistet die problemorientierte und anwendungsbezogene Veranschaulichung der Planungstechniken.

Markus J. W. Krechting
Konzernmarketing Strategie International
OTTO Versand GmbH & Co., Hamburg

Inhalt

Geleitwort 5
Vorwort 11

Kapitel 1
Strategischer Management-Prozeß als Instrument zur
Umsetzung strategischer Ziele. Das strategische Planungs-
und Steuerungsinstrument von Hoechst
Carsten Greupner 13

Kapitel 2
Prognose- und Simulationsmodelle. Neue Ansätze zur
Verbesserung der strategischen Planungsqualität
Rudolf Lewandowski 23

Kapitel 3
Die Zukunft gestalten mit Szenarien
Axel Becker, Stefan List 35

Kapitel 4
Szenarien – ein Instrument der Unternehmensplanung
Horst Geschka, Ingeborg Paul, Barbara Winckler-Ruß . . . 55

Kapitel 5
Szenario-Technik zur Zinsspannensteuerung in Kreditinstituten
Michael Nießen, Wolf Müller 69

Kapitel 6
Verbesserung der operativen Planung im Unternehmen. Die
Anwendung effizienter Absatzplanungs- und Prognosesysteme
Rudolf Lewandowski 85

Kapitel 7
Analyse und Planung mit Potential-Daten im Vertrieb
Helmut Bott 97

Kapitel 8
Strukturierende Moderation im »Brainstorming«.
Planungstechnik zur Zielfindung in Projekten der
Stadtentwicklung
Margret und Wolfgang Schultes 115

Kapitel 9
Assoziative Marken-Analyse (A.M.A). Ein empirisches
Instrument zur Markenprofilierung
Jens Pätzmann 121

Kapitel 10
Projektmanagement in Bauunternehmen
Monika Bergmann 133

Kapitel 11
Maßnahmenplanung zur Steigerung von Vermittlerleistungen
externer Vertriebsorgane der Finanzdienstleistungsbranche
Matthias Möbus 155

Kapitel 12
Marketing flankierende Finanzplanung. Ein vernachlässigtes
Planungsinstrument im Apothekenmanagement
Michael P. Zerres 163

Kapitel 13
Projektmanagement und Netzplantechnik in berufspädagogi-
schen Modellversuchen
Horst Schmitt 171

Kapitel 14
Pilotprojekt – Prozeßkostenmanagement
Sebastian Scherg 187

Kapitel 15
Total Quality Management
Stefan Kraft, Wolfgang Kring, Karl Bosshard 213

Kapitel 16
Customer Relationship Management. Ein weltweites
Business-Reengineering-Projekt der IBM
Thomas Fell 229

Kapitel 17
Ambition Driven Strategy
Klaus Buchholtz, Gerrit Seidel 241

Die Autorinnen und Autoren 260

Vorwort

Die vorliegende Veröffentlichung umfaßt Erfahrungsberichte über den Einsatz von Planungstechniken in der betrieblichen Praxis. Sie stellt somit eine Ergänzung zu dem in diesem Verlag erschienenen Buch »Planungstechniken«[1] dar. Ebenso wie dieses lehnt sie sich in ihrer Struktur an den Ablauf der Phasen eines Planungsprozesses an.

In den einzelnen Beiträgen wird die Heterogenität der Anwendungsmöglichkeiten derartiger Methoden und Techniken in der Praxis der betrieblichen Unternehmensplanung deutlich. So gehören die herangezogenen Unternehmen sehr unterschiedlichen Branchen an; auch weisen sie sehr unterschiedliche Größen auf. Anwendungsbereiche der Techniken, die von den klassischen Kreativitätstechniken bis zum TQM und Business Reengineering reichen, sind dabei sowohl die strategische wie die operative Unternehmensebene.

In diesem Zusammenhang darf nicht versäumt werden, auch auf die »Absagen« für dieses Buch hinzuweisen. Ihre Analyse erlaubt ebenfalls wertvolle Rückschlüsse auf die Bedeutung derartiger Techniken in der Praxis. So antworteten die zuständigen Mitarbeiter in Klein- und Mittelbetrieben auf die Bitte nach einem Beitrag in der Regel mit dem Satz »Das machen wir nicht, wir machen Geld«; aber auch bei größeren Betrieben haben wir bei der Vorbereitung zu diesem Buch diesbezügliche – so nie vermutete – Defizite feststellen müssen. Begründet wird dies mit der Tatsache, daß die in derartige Techniken einfließenden Daten ohnehin mit so großen Unsicherheiten behaftet sind, daß es dann auf einen fundierten Einsatz der exakten jeweiligen Technik »auch nicht mehr ankommt«. Es entstand für uns der Eindruck, daß die Anwendung derartiger Techniken (zum Teil mit Unterstützung externer Beratungsgesellschaften) oftmals lediglich als »Argumentationshilfe« für die jeweiligen Entscheidungsträger dienen soll.

Diese Hinweise sind deshalb wichtig und müssen am Anfang stehen, da sie verdeutlichen, daß die hier vorliegenden Beiträge »nur die halbe Wahrheit« darstellen. Daß auch äußerst erfolgreiche Unternehmen auf

---

1 Reimund Franke/Michael P. Zerres, Planungstechniken. Instrumente für zukunftsorientierte Unternehmensführung, 4., überarbeitete und erweiterte Auflage, Frankfurt am Main 1994.

derartige Techniken in ihrer Unternehmensplanung mehr oder weniger ganz verzichten, zeigt, daß auch ohne deren Anwendung durchaus ein Erfolg eintreten kann.

Die vorliegenden Beiträge belegen allerdings auch, daß – trotz aller Skepsis – die Anwendung derartiger Techniken ganz wesentlich zu einer Effizienzsteigerung der Unternehmensplanung und damit der gesamten Unternehmensaktivitäten beizutragen vermag.

Hamburg, im November 1996   Die Herausgeber

Kapitel 1

Strategischer Management-Prozeß als Instrument zur Umsetzung strategischer Ziele

Das strategische Planungs- und Steuerungsinstrument von Hoechst

Carsten Greupner

Inhalt
1. Dynamische Marktveränderungen kennzeichnen die internationalen Chemiemärkte 13
2. Strategische Neuausrichtung von Hoechst als Reaktion auf die veränderten Umfeldkonstellationen 14
3. Strategischer Management-Prozeß als Instrument zur Umsetzung strategischer Ziele von Hoechst 16
4. Unternehmensspezifische Vorgehensweise zur erfolgreichen Implementierung des Strategischen Management-Prozesses 17
   4.1 Strategische Analyse der Unternehmensumwelt 18
   4.2 Klassifizierung von strategischen Optionen 19
   4.3 Anforderungen zur operativen Strategieimplementierung 21
5. Zusammenfassende Würdigung 22

1. Dynamische Marktveränderungen kennzeichnen die internationalen Chemiemärkte

Die Markt- und Wettbewerbsbedingungen auf den internationalen Chemiemärkten haben sich in den letzten Jahren grundlegend geändert.

Die nach der Marktöffnung in Osteuropa verstärkt in Gang gekommene Globalisierung und das Aufkommen neuer Wettbewerber stellen für die traditionellen Chemienationen wie Deutschland, USA oder England grundsätzlich kein neues Problem dar. Jedoch bedeutet die enorme Geschwindigkeit, mit der sich dieser Prozeß vollzogen hat, den Zwang zur Umstrukturierung der nun nicht mehr marktadäquaten Unternehmensstrukturen. Schon seit Jahrzehnten sind die internationalen Chemiekonzerne mit ihrem ganzen Angebot an Unternehmensleistungen, von der Forschung bis hin zu dem Vertrieb ihrer Produkte, weltweit präsent. Aufgrund der häufig zu beobachtenden, stammhaus-geprägten Unternehmensausrichtungen drohen momentan starke Marktanteilsverluste, da durch eine derartige Organisationsstruktur eine globale Bearbeitung der Märkte unberücksichtigt bleibt. Diese Entwicklung verschärft sich noch aufgrund der durch die internationale Arbeitsteilung bedingte Verschiebung globaler Angebotsstrukturen.

Darüber hinaus sorgen Unternehmen aus den »aufstrebenden« Chemienationen (z.B. südostasiatische oder lateinamerikanische) zunehmend für eine Verschärfung des Wettbewerbs. Parallel dazu führen die geringen Lohnkosten in diesen Ländern zu einer neuen Standortkonkurrenz. Betroffen von diesem erhöhten Wettbewerb sind insbesondere Marktsegmente, deren Produkte durch eine hohe Arbeitsintensität und standardisierte Technik gekennzeichnet sind. Zudem bieten mittlerweile auch die aufkommenden Schwellenländer innovative Chemieprodukte auf dem Weltmarkt an. Dies hat zur Folge, daß traditionelle Weltmarktführer (wie z.B. Hoechst) zusätzlich unter Anpassungsdruck geraten. Immer weniger sind komplexe Produkttechnologien sowie eine hohe Produktqualität an einen bestimmten Standort in der Welt gebunden.

Permanent sinkende Transportkosten und der international zunehmende Kapitaltransfer führen zu einer weiteren Erhöhung der relativen Bedeutung der Arbeitskosten. Der dadurch zunehmende Kostendruck auf die westlichen Industrieunternehmen gefährdet zunehmend deren starke Wettbewerbsposition. Ferner tragen Schwankungen auf den weltweiten Devisenmärkten und zu hohe Lohnnebenkosten, insbesondere bei deutschen Unternehmen, zu einer Verschlechterung der Marktposition bei.

2. Strategische Neuausrichtung von Hoechst als Reaktion auf die veränderten Umfeldkonstellationen

Die oben skizzierten Problemfelder können lediglich einen partiellen Eindruck der Komplexität der heterogenen Spannungsfelder vermitteln, in denen sich künftig internationale Unternehmen wie Hoechst bewähren müssen. Um auch weiterhin eine führende Weltmarktposition innezuhaben, besteht für das Unternehmen die Notwendigkeit, sich strategisch neu auszurichten. Die Herausforderung für Hoechst auf dem Weg zu einer durch eine hohe internationale Wettbewerbsfähigkeit gekennzeichnete Unternehmensstruktur liegt dabei in der Schaffung von mehr unternehmerischer Initiative, stärkerer Markt- und Kundenorientierung sowie einer erhöhten Flexibilität. Als Universal-Chemieunternehmen, das weltweit auf nahezu allen Gebieten der Branche aktiv ist, bedeutet ein solch fundamentaler Wandel einen hohen Restrukturierungsaufwand sowie hohe finanzielle Belastungen. Traditionell war Hoechst durch eine komplexe Organisationsmatrix gekennzeichnet, die die Verantwortung über mehrere Ebenen verteilte und damit verwischte. Desweiteren durchliefen die Geschäftsprozesse zu viele Stationen, was zu hohen Reibungsverlusten führte. Diese bürokratischen Strukturen ließen die operativen Einheiten zu wenig Einfluß auf ihre Kosten und Geschäftsabläufe ausüben.

Unter der Maxime »Aufbruch 94« installierte die Unternehmensleitung die neuen Grundsätze künftigen Wettbewerbsverhaltens. Dabei versteht sich Hoechst nicht mehr als ein deutsches Unternehmen mit internationalem Geschäft, sondern als ein internationaler Konzern mit Sitz in Deutschland.

Um diesen Unternehmenswandel vollziehen zu können, mußten neue Organisationsstrukturen aufgebaut werden. Die aus den überprüften Geschäftsprozessen abgeleitete Organisation soll sich durch eine starke strategische Konzernführung, durch eindeutige Zuordnung von Verantwortung, durch schnelle Informationswege und dezentrale Entscheidungsprozesse auszeichnen. Aufbau- und Ablauforganisation wurden umgestaltet und weiterentwickelt, große Arbeitsgebiete ausgegliedert, Abteilungen zusammengelegt sowie personelle Veränderungen vollzogen. All diese Maßnahmen dienen letztlich der Intention, operative Verantwortung in die Geschäftsbereiche und deren Strategische Business Units (SBU) sowie zu den bereichsunabhängigen Beteiligungsgesellschaften zu verlagern. Die operativen Ebenen konzipieren künftig ihre geschäftsspezifischen Strategien, gestalten ihre Geschäftsprozesse, steuern und kontrollieren einen möglichst großen Teil ihrer notwendigen Geschäftsfunktionen. Zudem wurden weltweite Kernarbeitsgebiete in den Bereichen Pharma, Landwirtschaft und industrielle Chemie festgelegt. Hoechst verfolgt damit das Ziel einer Konzentration auf seine Kernarbeitsgebiete und folglich eine Besinnung auf vorhandene Stärken, um in diesen Arbeitsgebieten eine führende Wettbewerbsposition einnehmen zu können.

Die Bemühungen um eine Verbesserung der Kostensituation im globalen Wettbewerb bedeuten aber auch, verstärkt mehr Vorleistungen aus dem Ausland zu beziehen und insofern einen Abbau von Produktionskapazitäten in Deutschland, mit entsprechenden Arbeitsplatzverlusten, in Kauf nehmen zu müssen. Gleichwohl sind diese radikalen Einschnitte dringend erforderlich, da alle Maßnahmen im Interesse des Erhalts von Hoechst zu sehen sind und infolgedessen der Beschäftigungssicherung im Unternehmen dienen.

3. Strategischer Management-Prozeß als Instrument zur Umsetzung strategischer Ziele von Hoechst

Im Rahmen der organisatorischen Umstrukturierung des Hoechst-Konzerns ist die globale Geschäftsverantwortung an die operativen Einheiten unter anderem mit dem Ziel übertragen worden, künftige Unternehmensstrategien verstärkt an der Optimierung des Shareholder-Value auszurichten. Hierfür sind Instrumentarien erforderlich, die der Optimierung von Partikularinteressen effizient entgegensteuern, Synergiepotentiale gezielt ausnutzen und eine frühzeitige Erkennung und Nutzung von Marktpotentialen sicherstellen. Mit der alleinigen Verbesserung der Organisationsstruktur konnten diese Vorhaben nicht realisiert werden. Die traditionellen Planungs- und Entscheidungsprozesse ließen sich unter den schwierigen und sich schnell ändernden Marktbedingungen der letzten Jahre nur teilweise anpassen. Es stellte sich vornehmlich heraus, daß den etablierten Planungs- und Implementierungswerkzeugen häufig die strategische Perspektive fehlte. Zu oft wurden lediglich operative Detailplanungen in die Zukunft extrapoliert. Darüber hinaus bestanden Defizite in der notwendigen Verknüpfung einzelner Planungs- und Entscheidungsprozesse (Strategie-/Investitionsentscheidungen; Erfolgskontrolle/Incentiv-Systeme). Um eine Steigerung des Wachstums und der Wertschöpfung zu erreichen, benötigte Hoechst ein Planungs- und Steuerungsinstrument, daß die Zusammenstellung einer ausgewogenen Mischung von Arbeitsgebieten sicherstellen kann. Zur Sicherstellung einzelner Geschäftseinheiten sind in Zukunft strategische Maßnahmen erforderlich.

Die Einführung des Strategischen Management-Prozesses (SMP) soll eine verläßliche Entscheidungsgrundlage für die fortlaufende Optimierung des Unternehmens-Portfolios schaffen. Der SMP hat die Aufgabe, in den einzelnen Geschäftsbereichen und Regionen die Ressourcen dort gezielt einzusetzen, wo sie am meisten zur Zukunftssicherung beitragen können. Dadurch wird der SMP-Ansatz zum entscheidenden Instrument und Hilfsmittel bei der Strategiegenerierung, -implementierung und -umsetzungskontrolle. Die operativen Einheiten sollen dementsprechend sehr viel mehr Kompetenz und Flexibilität für die Gestaltung und Führung ihrer geschäftlichen Aktivitäten erhalten. Parallel wird für die Unternehmensleitung die Basis geschaffen, über die Bereitstellung von entscheidungsnotwendigen Informationen transparente und einheitliche Vergleichsmaßstäbe zu erhalten.

Die Konzernführung ihrerseits muß durch die gezielte Verteilung der Unternehmensressourcen die Performance des Geschäfts-Portfolios sichern. Um dieses Ziel zu erreichen, sind im Rahmen des SMP vom Vorstand folgende Aufgaben wahrzunehmen:

- Perfomancehürden für die bestehenden Geschäfte definieren.
- Aus den strategischen Optionen der Geschäftseinheiten diejenigen auswählen, die im Rahmen der verfügbaren Ressourcen die mittelfristige Zukunft des Unternehmens sichern und der Unternehmensstrategie entsprechen.
- Bei unzureichender Qualität des bestehenden Geschäfts-Portfolios durch Akquisitionen und Desinvestitionen den Geschäftsmix verbessern.

4. Unternehmensspezifische Vorgehensweise zur erfolgreichen Implementierung des Strategischen Management-Prozesses

Der SMP stellt die Schnittstelle zwischen den operativen Geschäftseinheiten und der Unternehmensleitung dar. Er trennt die künftigen Tätigkeitsbereiche zwischen operativer Organisation und Konzernleitung eindeutig, so daß es zu einer Neuverteilung der Aufgabengebiete im Hinblick auf die Optimierung des Unternehmens-Portfolios kommt.

Auf der einen Seite ist es Aufgabe der verschiedenen Geschäftsbereiche und ihrer Strategischer Business Units, Strategien zu generieren, vorzuschlagen und die erfolgreiche Implementierung zu sichern. Auf der anderen Seite muß die Unternehmensleitung die Sicherung eines attraktiven wachstumsträchtigen Gesamtgeschäftes sicherstellen. Dazu hat sie aus den vorgeschlagenen Einzelstrategien im Abgleich mit den verfügbaren Unternehmensressourcen ein Geschäfts-Portfolio mit ausreichenden Wachstums- und Ertragspotentialen zusammenzustellen.

4.1 Strategische Analyse der Unternehmensumwelt

In der ersten Phase des SMP muß über eine strategische Analyse das Geschäft geographisch und inhaltlich definiert werden. Die Intention des SMP liegt prinzipiell auf einer globalen Ausrichtung der entwickelten Strategien, da auch bei Geschäften mit überwiegend regionalem Bezug die globalen Aspekte nachhaltig auf die Marktmechanismen einwirken können. Dadurch kann gewährleistet werden, daß denkbare Skalenvorteile bei globaler Ausrichtung von Ressourcen, global agierenden Kunden oder Wettbewerbern aus anderen Regionen ausgenutzt werden können. Neben der Verwertung von globalen Verbundvorteilen und größeren Marktpotentialen bewirkt darüber hinaus die Risikominimierung für die einzelnen Geschäftsbereiche eine Steigerung der Marktchancen in infrastrukturell unterrepräsentierten Märkten.

Als nächster Schritt muß die Definition des Geschäftes im Sinne einer Segmentierung auf der Basis von Marktmechanismen erfolgen.

Grundsätzlich soll die Unterteilung der Geschäftstätigkeit in homogene Segmente, aus denen sich konsistente und plausible Strategien ableiten lassen, vorgenommen werden. Unter homogenen Marktsegmenten wird in diesem Kontext verstanden, daß die eingeteilten Gebiete möglichst in sich homogen in bezug auf die erfolgsentscheidenden Faktoren, untereinander jedoch möglichst abgrenzbar sein müssen.

Die erfolgsentscheidenden Faktoren lassen sich dabei sowohl auf das Einkaufsverhalten der Kunden (Preis, Produktqualität, Flexibilität etc.) als auch auf die Wettbewerbsposition der einzelnen Anbieter (Kostenposition, Innovativität, Auslastung, Flexibilität etc.) zurückführen.

Zur Ermittlung der marktrelevanten Daten werden schwerpunktmäßig Kundenbefragungen und Benchmarking als relevante Analysen herangezogen.

Parallel zu den erwähnten Einteilungskriterien wird der jeweilige Zielmarkt unter bestimmten strategischen Perspektiven analysiert. Hierbei wird auf bewährte Analyseinstrumente der strategischen Planung, wie beispielsweise die Strukturierung des Marktes nach Kundengruppen, Wettbewerbern, Technologien und allgemeine Umfeldbedingungen (politische, gesetzliche, ökologische oder gesellschaftliche Situation) zurückgegriffen. Diese Marktuntersuchungen haben allerdings nur deskriptiven Charakter, so daß für die Strategiegenerierung die gewonnenen Informationen geschäftsspezifisch interpretiert werden müssen. Als Basiselemente fungieren auch hier wieder die erfolgsentscheidenden Faktoren, da sie die Funktionsweise des Marktes relativ exakt abbilden können. Letztlich müssen die Strategien so gewählt werden, daß Stärken ausgebaut und Schwächen reduziert werden.

4.2 Klassifizierung von strategischen Optionen

Mit der Erstellung der strategischen Marktanalyse und der Bestimmung der Wettbewerbsposition der Geschäftseinheiten liegen die erforderlichen Informationen vor, um eine strategische Klassifizierung jeder einzelnen Strategischen Business Unit vorzunehmen. Die Grundlage des SMP bildet dabei ein Portfolio-Ansatz, der die Geschäftseinheiten in eine von drei strategischen Klassifizierungen einstuft (vgl. Abbildung 1). Die Performance einer Strategischen Business Unit kann dann an den Kriterien der jeweiligen strategischen Klasse gemessen und der entsprechende Handlungsbedarf abgeleitet werden.

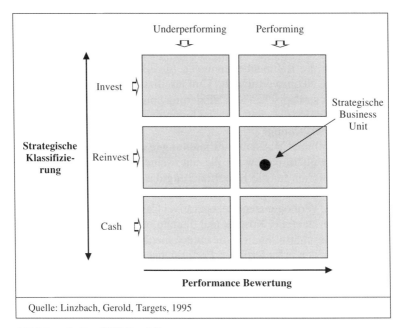

Quelle: Linzbach, Gerold, Targets, 1995

Abbildung 1: Das SMP-Portfolio

- Invest (to support growth)
Investieren in das Wachstum eines Geschäftes und damit in das Gesamtunternehmen. Dies betrifft Geschäftsaktivitäten mit überdurchschnittlichen Wachstumschancen, zu deren Wahrnehmung ein hohes finanzielles Engagement und langfristige Zielvorgaben erforderlich sind (z. B. Markteinführungen neuer Technologien).

- Reinvest (to maintain market share)
Absichern eines Geschäftes und seiner Marktanteile. Dies betrifft Geschäfte, die bei durchschnittlichem Marktwachstum gute Renditen erzielen. Dabei können Wettbewerbsvorteile gegenüber Konkurrenten erzielt werden (z. B. bessere Kostensituation).

- Cash (contributors)
Optimieren des Ertrags im wettbewerbsintensiven Umfeld. Dies betrifft Produkte mit einer bestimmten Marktreife, wobei der Markt allgemein zugänglich ist. Das Kennzeichen dieser Geschäfte sind insbesondere niedrige Wachstumsraten; notwendige Investitionen zielen also in erster Linie auf Produktivitätssteigerungen.

Ändern sich die Rahmenbedingungen für eine Strategische Business Unit, ist eine Neubewertung und Umklassifizierung jederzeit möglich.

Neben der strategischen Klassifizierung unterscheidet das SMP-Portfolio die jeweilige Geschäftsentwicklung mit den Kriterien Performing- bzw. Underperforming.

Ein einheitlicher Maßstab zur Einteilung in die beiden Leistungsklassen existiert nicht, da jeweils die unterschiedlichen Geschäftseigenschaften Kriterien für die Klassifizierung darstellen. Die Meßlatte für die entsprechenden Vorgaben orientieren sich hauptsächlich an monetären (Umsatz, Vermögensrendite, operativer Cash-flow) und qualitativen Größen (Marktanteile, Kosten- und Technologieposition). Die Einstufung einer Geschäftseinheit in die unterschiedlichen Performancestufen erfolgt unter den erforderlichen Performancegesichtspunkten des Gesamtunternehmens bzw. der anderen Geschäfte. Für die Erreichung eines veranschlagten Performingstatus wird in der Strategie ein bestimmter Zeitrahmen genannt. Der Bezug zu den Mitbewerbern – wenn diese Informationen überhaupt zur Verfügung stehen – wird zwar als wichtige zusätzliche Information in den Prozeß der Strategiegenerierung aufgenommen, spielt aber zur unternehmensspezifischen Klassifizierung der einzelnen Geschäftseinheiten prinzipiell keine Rolle. Dies beschreibt einen wesentlichen Unterschied des SMP-Ansatzes gegenüber den meisten klassischen Portfolio-Ansätzen, in denen der Bezug zum Wettbewerb ein elementarer Bestandteil für die Einordnung des eigenen Wettbewerbsstatus darstellt.

4.3 Anforderungen zur operativen Strategieimplementierung

Der Portfolio-Ansatz des SMP soll gewährleisten, daß die obersten Unternehmensziele, Profitabilität und Zukunftssicherung, mit den verbesserten Planungs- und Steuerungselementen optimiert werden können. Sofern bestimmte Strategische Business Units ihren jeweiligen Performing-Status erreicht haben, müssen diese Strategien generieren, um ihre Positionen zu festigen und auszubauen. Die Einheiten, die den Kriterien noch nicht entsprechen, werden aufgefordert, Maßnahmen zu entwickeln, um in einem bestimmten Zeitfenster »Performing« zu werden.

Beiden Positionen ist gemein, daß die jeweiligen Geschäftseinheiten mindestens zwei strategische Optionen eigenverantwortlich erarbeiten müssen. Diese entwickelten und plausiblen Vorgehensweisen müssen sich in ihrem Ressourcenbedarf deutlich unterscheiden und auf grundsätzlich unterschiedlichen Vorgehensweisen beruhen. Dabei ist die alternative Option nicht immer identisch mit der »Fallback«-Option, die bei Versagen der ursprünglichen Variante in Kraft tritt. Die Strategieentwicklung der operativen Einheiten steht immer unter der Maßgabe, Realisierungswahrscheinlichkeiten und denkbare Wettbewerbsreaktionen in diesen Prozeß mitaufzunehmen.

Nach Ausarbeitung der unterschiedlichen Vorgehensweisen müssen die strategischen Alternativen direkt der Unternehmensleitung vorgestellt, dort diskutiert und bewertet werden. Ein Vorstandsausschuß entscheidet sich anschließend für eine der vorgelegten Optionen, wobei gleichzeitig die benötigten Ressourcen in ihrer Größenordnung bekannt- und freigegeben werden. Im Anschluß daran wird die unternehmerische Verantwortung in die operativen Einheiten zurückgegeben. Diese sind für die erfolgreiche Umsetzung ihrer genehmigten Strategiealternative verantwortlich. Zur Zielerreichung erfordert der SMP eine schwerpunktmäßige Darstellung von ausführlichen Aktionsplänen zur Strategieimplementierung. Um diesen Ansprüchen gerecht werden zu können, muß der Aktionsplan mit möglichst eindeutig quantifizierbaren Meilensteinen (Aktionen und Termine) formuliert werden. So soll erreicht werden, daß über die Berücksichtigung der erfolgsrelevanten Faktoren ein in sich aufbauender Prozeß von den Marktmechanismen über die Klassifizierung der jeweiligen Geschäftseinheit bis hin zu geplanten Maßnahmen und Marktreaktionen initiiert wird.

In regelmäßigen Abständen müssen die operativen Einheiten über ein Review der Unternehmensleitung Fortschrittsberichte vorlegen, die die Vorhaben wiederum neu bewerten und gegebenenfalls neu gewichten. Dadurch entsteht ein Regelkreis zwischen Zielsetzung und Fortschrittskontrolle.

5. Zusammenfassende Würdigung

Mit der Einführung des SMP als neues Management-Instrument bei Hoechst wurde die Basis für die neue strategische Unternehmensausrichtung geschaffen. Er ermöglicht erstmals eine einheitliche Bewertung der von der neuen Organisationsstruktur geschaffenen Geschäftseinheiten. Anhand der zusammenhängenden Erfolgsmaßstäbe wird die Transparenz des Unternehmens erhöht, und damit werden Hinweise darauf gegeben, ob und welche Unternehmensteile erfolgreich wirtschaften. Die Analyse des aktuellen Unternehmens-Portfolios zeigt jedoch auch, daß in vielen Bereichen Defizite bei den geforderten Performing-Vorgaben existieren. Der SMP fungiert hier als verbindendes Element, um diese Lücken zu schließen und die Zusammenarbeit zwischen Führung und Operative zu optimieren. Er bildet die Verbindung zwischen Strategie, Geschäftsentwicklung und Ressourcenzuteilung. Ferner schafft der SMP die Grundlage für ein langfristiges Wachstum von Hoechst und den Erhalt sowie die Errichtung zukunftssicherer Arbeitsplätze.

Eines jedoch vermag der SMP nicht zu leisten: Der SMP löst keine Unternehmensprobleme und ersetzt kein strategisches Denken. Er schafft lediglich die Voraussetzungen, die Aufgaben systematisch zu analysieren und situationsgerechte strategische Instrumentarien zur Verfügung zu stellen.

Kapitel 2

Prognose- und Simulationsmodelle

Neue Ansätze zur Verbesserung der strategischen
Planungsqualität

Rudolf Lewandowski

Inhalt
1. Einführung 23
2. Mittel- und langfristige Prognose als Bestandteil der rollierenden Planung 25
3. Consumer Behaviour Forecasting und dynamische explikative Modelle 26
4. Anwendungen und Erfahrungen 32
Literatur 34

1. Einführung

Die Planung im Marketing oder in der Unternehmensplanung erfordert fundierte Prognosen für den mittel- und langfristigen Zeithorizont. Es wird immer wichtiger, sich nicht nur auf Meinungen zu verlassen, sondern alle Informationen, die zunehmend umfangreicher zur Verfügung stehen, für die Planung in systematischer Weise zu integrieren.

Immer mehr Unternehmen erkennen, daß Prognosefehler von Märkten und Absätzen automatisch zu erheblichen Rentabilitätsverlusten und Krisensituationen führen. Deshalb sind moderne und effiziente Verfahren unumgänglich. Wie eine Studie in der Europäischen Industrie von MARKETING SYSTEMS im Rahmen des ESPRIT-Projektes (Force4) für die EU-Kommission zeigt, benutzen nur 10 Prozent der Unternehmen derartige moderne Mittel zur strategischen Absatzplanung. Diese erstaunliche Diskrepanz zwischen Notwendigkeit zur Produktivitätsverbesserung und absurder Ablehnung kann durch die Tatsache erklärt werden, daß klassische Prognoseverfahren, so wie sie heute häufig eingesetzt werden, große Defizite aufweisen:

– Die Prognosen sind von Hand erstellt, was mangelnde Konsistenz und hohen Personalaufwand zur Folge hat.

- Die Prognoseansätze sind sehr theoretischer Natur und nur schwer nachvollziehbar für Management und Planer bzw. Systembenutzer.
- Die Prognosemodelle basieren nicht auf den wahren Marktreaktionen der Konsumenten.

Es ist eine gewisse Skepsis gegenüber Prognosemodellen gewachsen, da häufig die Erfahrung gemacht wurde, daß klassische Verfahren, wie z. B. die multiple lineare Regression, keine plausiblen und für die Praxis relevanten Resultate liefern.

Wir werden hier Prognose- und Simulationsmodelle beschreiben, die häufig in der Praxis angewendet werden und die sich durch hohe Praktikabilität bzw. Prognosequalität bewährt haben. Diese Methodik, die in der Literatur als MARKET bekannt ist, basiert auf dem sogenannten *Consumer Behaviour Forecasting* (CBF). Dieser Ansatz wurde von Lewandowski speziell für Fragestellungen der mittel- und langfristigen Absatzplanung konzipiert und ermöglicht die Beschreibung der wahren Markt- bzw. Konsumentenreaktionen. Das Verfahren hat sich in Europa in über zehnjähriger Praxis in umfangreichen Anwendungsfeldern als laufendes operatives und strategisches Instrument bewährt. Die Basiselemente des Consumer Behaviour Forecasting sind:

- Integration des qualitativ geprägten Know-hows der Experten.
- Identifikation der wahren Marktmechanismen, insbesondere im marketing-psychologischen Bereich.
- Berücksichtigung des zeitlichen Charakters jeder Marktbeeinflussung, d. h. ob sie von mittelfristiger Natur ist, oder langfristig (dauerhaft) verändert.

Makridakis (1984) beschreibt aufgrund der äußerst kritischen Praktikabilität von klassischen Verfahren die ökonometrischen Prognoseansätze als »folkloristisch«. Dies zeigt deutlich den desolaten Einsatz von statistischen ökonometrischen Verfahren zu Prognosezwecken, die größtenteils auf der Unfähigkeit dieser Verfahren basieren, die Realität zu analysieren und zu prognostizieren. Die internationalen Erfahrungen von neuen Technologien insbesondere des sogenannten Consumer Behaviour Forecasting (CBF) zeigen dagegen neue Wege zur Identifikation von »wahren« Kaufentscheidungsmechanismen und darauf basierend die Möglichkeit strategisch orientierter Simulationsmodelle. Da diese neuen Verfahren eine Vielzahl von erfolgreichen Anwendungen bieten, sollen sie hier kurz beschrieben werden.

2. Mittel- und langfristige Prognose als Bestandteil der rollierenden Planung

Zur Erstellung einer fundierten mittel- und langfristigen Planung ist die Betrachtung aller relevanten Informationen erforderlich. Dazu gehören die Daten des sozio-ökonomischen Marktrahmens, wie z. B. Bevölkerungszahlen, Bruttoinlandsprodukt oder Arbeitslosenquote, als auch firmeninterne Informationen wie Preispolitik, Werbestrategien oder Produkt-Mix. Alle diese Indikatoren stellen »harte«, d. h. meßbare, kausale Faktoren dar. Darüber hinaus gibt es aber auch das Wissen der Experten bzw. die Zielsetzungen des Managements. Das Expertenwissen erstreckt sich natürlich nicht nur auf die Prognosen, sondern auch auf die Zusammenstellung der Indikatoren und deren Wirkungsweise. Dafür ist ein Zusammenspiel zwischen dem Wissen der Planer (quantitativ und vor allem qualitativ) und den analytischen Möglichkeiten von Prognosesystemen unentbehrlich. Nur wenn diese Abstimmung stattfindet, kann von Firmen die Problemrelevanz der Prognose verstanden werden (vgl. Abbildung 1).

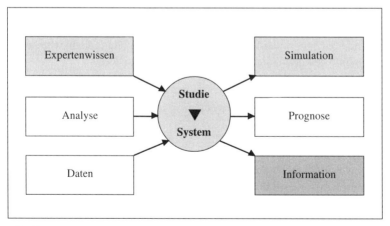

Abbildung 1: Planungselemente

Traditionellerweise wird der Bedarf an strategischen Prognosen mit einer Studie oder einem Bericht ermittelt. Eine Studie hat jedoch den Nachteil, daß sie nur punktuell eine Momentaufnahme widerspiegelt. Veränderungen der Annahmen, die während der Erstellung der Studie oder kurz nach Fertigstellung auftreten, führen oft dazu, daß die Bedeutung der Studie schnell verlorengeht und damit auch die angestrebten Informationsziele. Dagegen gestattet eine mit »System« erstellte Analyse eine *laufende* Überführung der Annahmen in ein Planungssystem und liefert stets die Bereitstellung aller relevanten Informationen und Prognosen.

Vor der Implementierung eines Planungssystems steht zuerst die Analyse des Marktes und seiner Mechanismen, d. h. die Untersuchung der Fragen: Worauf reagieren die Konsumenten, in welcher Form und wie stark? Typischerweise ist dazu eine Beratungsleistung zwischengeschaltet. Der Berater ist der Spezialist für die Umsetzung von Expertenwissen in Analysemodelle. Er ist jedoch nicht der Spezialist für alle Märkte. In intensiven Diskussionen mit den Experten im Hause des Anwenders werden die möglicherweise relevanten Indikatoren und deren Zusammenhänge erörtert. Alle wichtigen Zeitreihen werden in einem Informationssystem abgelegt und stehen für die Vergangenheitsanalyse, die Prognoseerstellung und mit Zukunftshypothesen versehen für Simulationsrechnungen zur Verfügung.

Mit dieser Einbettung eines Informationssystems in ein Prognosesystem können nicht nur effiziente Prognosen erstellt werden, sondern auch die laufenden Anforderungen an Marketing-Mix-Aufwendungen optimal befriedigt werden. Die zentrale Frage bleibt jedoch, welche Instrumente gestatten, diese »Träume« zu konkretisieren.

3. Consumer Behaviour Forecasting und dynamische explikative Modelle

Die Consumer Behaviour Forecasting-Methode (CBF) besteht zunächst aus zwei fundamentalen Elementen der Identifikation der absatz- bzw. konsumentenorientierten Kaufentscheidungsmechanismen.

Identifikationsstufe 1:
Welche langfristigen Trends (1–10 Jahre) der Konsumveränderungen

bzw. Konsumentwicklung können prognostiziert werden inklusive deren dynamischer Strukturveränderungen?
Welche mittelfristigen Kaufmechanismen (1–4 Jahre) beeinflussen die Kaufentscheidung der Konsumenten?

Identifikationsstufe 2:
Die zwei oben beschriebenen Betrachtungsweisen (langfristig oder mittelfristig) implizieren die Integration von explikativen Variablen, die respektiv für die langfristige Veränderung aber auch für die kurz- und mittelfristige Veränderung der Konsumentenwahrnehmung verantwortlich sind.

Jede der sowohl im langfristigen als auch im mittelfristigen Bereich signifikanten Variablen werden intensiv in einer zweiten Stufe analysiert, um festzustellen, welche Wahrnehmungsprozesse der Konsument bei den einzelnen Variablen in seinen Kaufprozeß in Betracht zieht und welche daraus resultierenden Reaktionsmechanismen für seine Kaufentscheidung entstehen.

Die Möglichkeit des Einsatzes von langfristigen Prognosemethoden in der Praxis ist ausreichend der Literatur (Lewandowski, 1980, Makridakis 1982) zu entnehmen, wobei hier zu unterstreichen ist, daß der modernen Identifikation von langfristigen Trends sowie den sogenannten Lewandowski-Generalfunktionen eine besondere Bedeutung für die praktische Anwendung zukommt. Diese allgemeinen Funktionen gestatten, für jeden der zu analysierenden Märkte bzw. Produkte den geeigneten spezifischen Trend zu identifizieren und damit eine deutliche Verbesserung der Prognosequalität zu erreichen. Bei der Anwendung der klassischen »Kataloganalyse« hat der Anwender nur die Möglichkeit, aus bestehenden Standardfunktionen auszuwählen. Da das Angebot von solchen Standard-Trendmethoden sehr limitiert ist (circa zehn unterschiedliche Typen), bedeutet das eine deutliche Einschränkung der Erklärung bzw. Identifikation von wahren langfristigen Trends.

Die Fehlerquoten, die bei dieser »Katalog«-Auswahl entstehen, sind deutlich zu erkennen, z. B. bei den Automobilprognosen (Lewandowski, 1974, S. 335). Wir werden uns in diesem Beitrag jedoch mehr der zweiten Stufe der Identifikation von dynamischen Konsumenten-Kaufentscheidungsmechanismen widmen.

Wir werden drei Elemente dieses besonders wichtigen Teils von CBF behandeln, nämlich

a) Welche dynamischen Wahrnehmungen liegen für jede der einzelnen explikativen Variablen vor, d. h. in welcher Art und Weise beurteilen die Konsumenten die laufende Entwicklung?
b) Welche Kaufreaktionen charakterisieren den Einfluß jeder dieser Einflußvariablen?
c) Welche Zeitverzögerung bzw. dynamische Timelag-Effekte prägen die einzelnen Reaktionen?

Konsumentenwahrnehmung

Anhand des Beispiels der Marketingvariable Preis sollen die einzelnen Modellschritte der explikativen Analyse erläutert werden. Es werden einige typische Elemente vorgestellt, die es gestatten, anwendungsrelevante Preis-Simulationsmodelle aufzubauen, die in der Lage sind, für die Fragen des Managements plausible Resultate zu liefern.

Es scheint uns wichtig, die Bedeutung dynamischer Veränderungen in der Wahrnehmung der Konsumenten zu unterstreichen. Abbildung 2 zeigt als Beispiel eine über die Zeit variierende Preisentwicklung. Zwei Situationen sind besonders hervorgehoben; sie vertreten beide das gleiche Preisniveau. Würde man mit einem zu einfachen Ansatz in die Erklärung der Konsumentenreaktionen hineingehen, so wäre das Resultat grob gesprochen: »Gleicher Preis ergibt gleiche Absatzbeeinflussung«. Tatsächlich könnte aber das Preisniveau, das die Konsumenten als normal empfinden, sich über die Zeit, d.h. dynamisch, verändert haben. Dieser »normale Preis« wird auch in diesem Sinne als Akzeptanzpreis bezeichnet. Gegenüber dem Normalpreis erscheinen die beiden markierten Preise jetzt sogar mit unterschiedlichen Vorzeichen. Der erste wird als günstig wahrgenommen, der zweite als teuer! Deshalb werden wir als Wahrnehmungsvariable in diesem Fall nicht das tatsächliche Preisniveau, sondern die Differenzen des Basisindikators (hier: Preis) zu einem errechneten Normalniveau (Akzeptanzniveau) als Konzeptvariable verwenden (vgl. Abbildung 2).

Der Akzeptanzpreis läßt sich über den gesamten Zeitraum in der CBF-Methodik mit Hilfe eines mathematischen Modells beschreiben. Marktforschungserhebungen würden nur implizite Rückschlüsse über den aktuellen Normalpreis zulassen: Die z.B. fünf Jahre zurückliegende Wahrnehmung läßt sich nicht abfragen. Dieses Berechnungsverfahren in CBF gestattet also, teure primäre Untersuchungen in das Kalkül mit

Prognose- und Simulationsmodelle 29

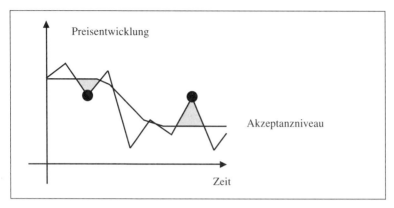

Abbildung 2: Dynamisches Preiskonzept

einzubeziehen und berücksichtigt darüber hinaus die Psychologie der Konsumentenbeurteilung.

Konsumentenreaktionen

Die Reaktionen der Konsumenten auf Veränderungen der jeweiligen Konzeptvariablen sind typischerweise nicht linear. Abbildung 3 zeigt exemplarisch ein Grundmuster einer Preiselastizitätskurve. Bei kleinen Änderungen der Konzeptvariablen (der Differenz des Endverbraucherpreises zu dem vom Konsumenten in jeder Periode wahrgenommenen Normalpreis) treten praktisch keine Absatzänderungen auf. Dieses Phänomen hat seinen Grund schon darin, daß der Konsument den konkreten Normalpreis gar nicht exakt kennt. Praktisch gibt es also keinen konkreten Normalpreis, sondern eine Spanne, innerhalb derer der Preis als normal angesehen wird und daher keine deutlichen Marktreaktionen auftreten (vgl. Abbildung 3).

Wird der Preis dagegen stärker angehoben, in diesem Beispiel um 5 Prozent, so wird diese Differenz gegenüber der Akzeptanz als signifikant wahrgenommen und entsprechend treten deutlich negative Reaktionen auf. Bei noch stärkeren Preisänderungen treten dann sogar Verhaltensbrüche bei Konsumenten auf, d.h. sogar treue Käufer verzichten komplett bzw. abrupt auf ihre Kaufabsicht. Bei noch weiteren Preiserhöhungen werden häufig Sättigungseffekte für den Absatzrückgang festge-

30 Kapitel 2

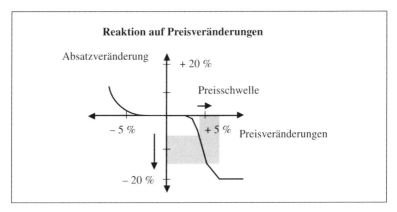

Abbildung 3: Reaktion auf Preisveränderungen

stellt, weil z. B. gewisse Konsumenten aus unterschiedlichen Gründen wenig preisempfindlich reagieren.

Bei Preissenkungen sind ähnliche Kurvenverläufe zu erwarten, aber in positiver Richtung. Der Typ der Elastizitätskurve basiert häufig auf Erfahrungswerten, kann aber durch Simulation von Vergangenheitswerten ermittelt werden. Die spezifische Elastizitätskurve ist für jede Anwendung anzupassen.

In der Praxis kommen äußerst selten solche spezifischen Reaktionsfunktionen zur Anwendung, da dies die klassischen Verfahren schwer zulassen.

Zeitdynamik

Das dritte Element der hier gezeigten typischen Modellelemente ist »Timelag«. Eine starke Preisanhebung hat gemäß der vorher gezeigten Preiselastizität in derselben Periode einen deutlichen negativen Effekt. Dieser ist aber nicht sofort danach beendet, da z. B. abgewanderte Käufer sich eventuell kurzfristig nicht mehr um die Preisgestaltung des betreffenden Produktes kümmern oder ihre Wahrnehmung aktualisieren: Es bleibt also als Erinnerung: »Produkt zu teuer«, obwohl möglicherweise inzwischen das betreffende Produkt wieder ein normales Preisniveau erreicht hat. Der negative Effekt baut sich also im Verlauf der Zeit nur langsam wieder ab.

Eine traditionelle Form der Zeitverzögerung tritt bei Werbung auf. Sofern die Kampagne deutlich auf Image-Anhebung ausgerichtet ist, treten zu Beginn nur kleine positive Effekte auf. Erst im Verlauf der Zeit erzielt die Kampagne einen gewissen Depoteffekt beim Konsumenten, so daß die größte Wirkung gegen Ende oder sogar erst nach der Werbemaßnahme zu beobachten ist.

Prognose und Simulation

Die vorstehend beschriebenen Modellstrukturen haben exemplarisch gezeigt, daß es in der realen Konsumwelt unerläßlich ist, mehr als nur eine einfache Regression durchzuführen. Es ist also bei der Identifikation von realen Marktmechanismen zu erwarten, daß die Anwendung klassisch (linearer) Ansätze zu falschen Resultaten kommt, d. h. zu falschen Prognosen und damit zu der in der Einleitung schon unterstrichenen Ablehnung von Praxis und Management.

Sind dagegen wie im Rahmen des hier beschriebenen CBF-Ansatzes mit modernen Technologien die realen Konsumentenreaktionen identifiziert worden, so ist die Tür offen für eine effiziente Prognose, Simulationsanalysen und letztendlich zur Marketing-Mix-Optimierung.

Simulationen können sicherlich zur Prüfung der Plausibilität dienen. Ihre Hauptaufgabe ist jedoch die Bewertung von Marketing-Maßnahmen, z. B. bei welcher Preiserhöhung das Maximum an Umsatz erzielt wird und wieviel davon sinnvollerweise in eine unterstützende Werbeaktion investiert werden sollte. Das Resultat ist die Transparenz der Prognose, ihre Eingrenzung durch Worst-/Best-Case-Szenarien und schließlich die Identifikation der optimalen Marketing-Mix-Strategie (vgl. Abbildung 4).

Der CBF-Ansatz gestattet die transparente Darstellung der Prognoseerstellung. Für jeden Faktor, der die Absatzentwicklung beeinflußt, wird der Impact-Beitrag ausgewiesen. Insbesondere kann die Prognoseerstellung hinsichtlich des Beitrages durch das grundlegende Trendwachstum, durch die Gegebenheiten des sozio-ökonomischen Marktrahmens und durch die optimale Marketing-Mix-Strategie detailliert dargelegt werden.

Es sollte an dieser Stelle die Hebelwirkung konkretisiert werden, die der Einsatz moderner Technologien im Prognosebereich für die Finanz- und Rentabilitätsanalyse des Unternehmens hat.

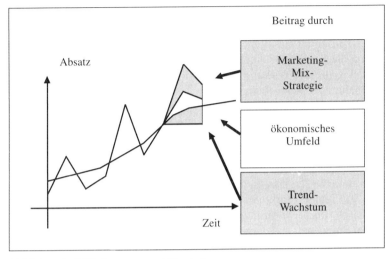

Abbildung 4: CBF: Prognose und Simulation

4. Anwendungen und Erfahrungen

Neben der vorstehend dargestellten, am häufigsten verwendeten Form der Absatzanalyse und Prognosesimulation konnten mit der Methodik des CBF auch schon deutliche Verbesserungen der Prognosequalität in anderen Fragestellungen erzielt werden, wie z. B.:

- Identifikation struktureller Trendentwicklungen bzw. Trendänderungen,
- Quantifizierung von Klimaeffekten für Saisonprodukte,
- Bestimmung strategischer Produktpolitik,
- Ermittlung langfristiger Segmentanteile und neuer Segmentnischen,
- Integration von Expertenwissen für die Trendbestimmung,
- Marketing-Mix-Analyse und Optimierung des Mix-Einsatzes,
- Optimierung des Werbebudgets,
- Preisprognosen und Definition optimaler Preisstrategien,
- Bestimmung von Lebenszyklen und deren Veränderung,
- Regionalanalysen von Absatzpotentialen,

- Absicherung von Investitionsentscheidungen durch gesicherte Absatzprognose,
- Potentialanalysen von neuen Märkten und Produkten,
- Analyse von Kreuzpreiselastizitäten.

Beispiele des Einsatzes

Heutzutage prägen über 100 Anwendungen der oben genannten CBF-Methode die operative und strategische Planung von internationalen Gesellschaften. Von der Analyse und Prognose der Entwicklung der Ölpreise in Rotterdam bis zur Analyse von Filtertüten, Bier, Zement oder Schokolade, alle Branchen und alle wichtigen Produkte sind erfolgreiche Anwendungsfelder dieser Methode. Zur Verdeutlichung werden wir hier zwei kurze Beispiele über die Anwendung dieser Methode auf die strategische Entwicklung und Planung von neuen Produkten in der Automobilindustrie geben.

Zwei Beispiele von vielen:

Ein PKW-Importeur in Deutschland hatte bis dahin keine Möglichkeit gehabt, seine Strategie (Werbung, Preis, Options- und Paketpreis, Promotions etc.) zu quantifizieren. Zur Einführung eines Modells wurden unter Einsatz des CBF-Verfahrens neue Strategien zur Zusammensetzung des Marketing-Mix simuliert. Insbesondere ist dabei die Beziehung zwischen Preis und Ausstattung von Bedeutung. Desweiteren ist der Einsatz von Werbung und besonderen Preisaktionen aufeinander abzustimmen. Letztendlich ist es gelungen, die ursprüngliche Strategie derart zu optimieren, daß trotz einer leichten Reduzierung der gesamten Marketingkosten, eine Steigerung des Absatzes von 5000 Fahrzeugen zu erwarten ist. Dies bedeutet bei einer Rendite von 5000 DM pro Fahrzeug 25 Millionen DM mehr im Cash-flow.

Einer der größten Ölkonzerne in Europa stellte sich die Frage der Prognose der Preisentwicklung (Rohöl) in Rotterdam, um die Einkaufsstrategie zu definieren. Der Einsatz von CBF-Verfahren brachte eine Verbesserung der Prognosequalität von circa 25 Prozent und damit Einkaufsvorteile (Specialities) in dreistelliger Millionenhöhe.

Literatur

R. Lewandowski, Prognose- und Informationssysteme, Bd I, Berlin-New York, 1974.

R. Lewandowski: Prognose- und Informationssysteme, Bd II, Berlin-New York, 1980.

S. Makridakis, S. C. Wheelwright, R. Lewandowski, Chapter 15: »An Integrated Approach for Medium and Long Term Forecasting«, The Handbook of Forecasting, New York, 1982.

S. Makridakis et al., The Forecasting Accuracy of Major Time Series Methods, John Wiley & Sons, 1984.

R. Lewandowski: Lower Price or Higher Value? The Effective Use of the Tools of Analysis by Marketing-Mix, The 41st ESOMAR Marketing Research Congress, Lisbon, 1988.

R. Lewandowski: The ESPRIT Project FORCE4: Advanced Methods for Forecasting, EUROSTAT/GMD – NTTS95-Congress, Bonn, 1995.

Kapitel 3
Die Zukunft gestalten mit Szenarien

Axel Becker, Stefan List

Inhalt
1. Die Zukunft gestalten 35
2. Zukunftslabor 37
3. Definition der Szenario-Methode 39
4. Darstellung der Szenario-Methode 40
   4.1 Das Szenarien-Denkmodell 40
   4.2 Die sieben Schritte des Szenario-Prozesses 42
5. Durchführung und Dokumentation eines Szenarios am Problemfeld des globalen Luftverkehrs bis zum Jahr 2015 47
   5.1 Die Ausgangssituation 47
   5.2 Die sieben Schritte des Szenario-Prozesses »Luftverkehr 2015« 47
6. Zusammenfassung 51
Literatur 54

> »Zukunft läßt sich nicht wissen, Zukunft wird produziert – und zwar hier und jetzt.«
> Prof. Dr. E. Minx

1. Die Zukunft gestalten

Was verbindet den gegenwärtigen Zustand eines Unternehmens mit einem Zustand z. B. im Jahre 2020? Der Prozeß der evolutionären Entwicklung. Wachstum vs. Schrumpfung, Kernkompetenzen vs. Diversifikation, strategische Allianzen vs. Akquisition sind nur ein paar Kernpunkte unternehmerischer Fragestellungen, zu denen auf dem Weg in die Zukunft neue Antworten gefunden werden müssen. Aufgrund der zunehmenden Dynamik und Komplexität im Umfeld eines Unternehmens und den veränderten Marktverhältnissen wird die systematische Auseinandersetzung mit der Zukunft zu einem zentralen Erfolgsfaktor der Unternehmensführung.

Zunächst stellt sich die Frage nach einem geeigneten Denkmodell, welches für die Abschätzung zukünftiger Entwicklungen eine erfolgversprechende Grundlage darstellt. Die Entwicklungen der letzten Jahre haben die Eignung der mechanistischen Weltanschauung in Frage gestellt. Für die Auseinandersetzung mit zukünftigen Entwicklungen erscheint das Paradigma der Evolution komplexer Systeme als eine geeignete Grundlage. Die Aussagen der Evolutionstheorie haben ihre Gültigkeit in dem langen Entwicklungsprozeß der Menschheit bestätigt. Warum sollten also diese Regeln nicht auch im Bereich der Wirtschaft ihre Gültigkeit haben, ist doch der Mensch Hauptakteur in diesem System? Für die Zukunftsarbeit hat vor allem die folgende Evolutionsregel Bedeutung: »Innere Zusammenhänge (Theorien, Spielregeln) und Randbedingungen beschreiben den Evolutionsspielraum; er ist in groben Umrissen prognostizierbar und zeitabhängig« (vgl. Röß 1994, S. 50). Es besteht also die Möglichkeit, zukünftige Entwicklungen zu antizipieren und sie damit zur Grundlage für strategische Entscheidungen zu machen. Weiterhin gilt es aber zu beachten: »Das Ergebnis der Evolution kann innerhalb des Evolutionsspielraums nicht prognostiziert werden« (vgl. Röß 1994, ebd.). Eine Extrapolation bekannter Zusammenhänge und Entwicklungstendenzen mit Prognosemethoden führt also zumindest für längere Zeithorizonte nicht zu einer hinreichend genauen Entscheidungsgrundlage. Es stellt sich also die Frage nach geeigneten Methoden, mit denen man innerhalb der »groben Umrisse« Bilder erarbeiten kann, die die grundsätzlichen Entwicklungsmöglichkeiten widerspruchsfrei darstellen und als Grundlage für die eigene Planung dienen können.

Eine Methode, die die Komplexität und Dynamik der Entwicklungsprozesse sowie die Interdependenzen der darin wirkenden Faktoren von vornherein berücksichtigt, ist die Szenario-Methode. Bereits vom Ansatz her wird damit eine willkürlich-reduktionistische Betrachtungsweise vermieden, die in der Vergangenheit Ursache für eine Reihe von strategischen Fehlentscheidungen war.

Ziel jeglicher Zukunftsarbeit ist es, vorbereitet zu sein, indem man sich durch frühzeitiges Erkennen der Entwicklungstendenzen im Umfeld Handlungsspielraum schafft. Der kritische Faktor im Veränderungsprozeß ist die Zeit: Mit welcher Dynamik ändert sich das Umfeld (gekennzeichnet durch das Zusammenwirken vieler Einflußfaktoren) und wie schnell gelingt es, sich auf die veränderten Anforderungen einzustellen? Diese Zeitdifferenz ist der entscheidende Wettbewerbsfaktor für Unternehmen.

Der durch Zeitvorlauf geschaffene Handlungsspielraum soll zum einen die aktive Einflußnahme auf veränderbare externe Faktoren ermöglichen, zum anderen schafft er Spielraum für eine »aktive Anpassung« der systeminternen Strukturen und Ressourcen an veränderte Anforderungen. Grundsätzliche Ansatzpunkte für unternehmerisches Handeln sind dabei:

– Entwicklung von Flexibilitätspotential durch entsprechende Organisationsstrukturen,
– die Entwicklung von Eventualstrategien auf der Basis der gedanklichen Vorwegnahme möglicher zukünftiger Entwicklungen, die eine effiziente Neuausrichtung und Koordination systeminterner Ressourcen ermöglichen sollen.

Bei der Planung sind also beeinflußbare und nicht beeinflußbare Größen zu unterscheiden. Mit Hilfe der Szenario-Methode können diese Faktoren und ihre Interdependenzen offengelegt werden. Die Evolutionstheorie bestätigt diese Aussage: »In der Evolution wirken gesetzmäßige Vorgänge und Zufall zusammen. Damit wird die Verknüpfung zwischen Gegenwart und Zukunft probabilistisch ... Es existiert ein Möglichkeitsbereich zukünftiger Lösungen, der sowohl im Objektraum, wie in der Zeitdimension um so größer wird, je weiter die Prognose in die Zukunft reicht« (vgl. Röß 1994, S. 39).

2. Zukunftslabor

Wie kann man ein Fundament schaffen, auf dem Entscheidungen, die einen langfristigen Einfluß auf die eigene Ressourcenkonstellation und -entwicklung haben, aufgebaut werden können? Der methodische Ansatz der Daimler Benz AG zur Beantwortung diese Frage wird als »Zukunftslabor« bezeichnet. Was ist darunter zu verstehen? In einem strukturierten Kommunikationsprozeß erarbeiten Personen verschiedener Abteilungen/Fachgebiete ein gemeinsam getragenes Zukunftsbild – ein sogenanntes Szenario. Um der Vielfalt möglicher Einflußfaktoren und ihren wechselseitigen Abhängigkeiten gerecht zu werden, geht es zunächst um ein Offenlegen der verschiedenen Interessen und Sichtweisen der Beteiligten mit Bezug auf ihre Zukunftserwartung. Die Erfassung und Verdichtung dieser interdisziplinären, abteilungsübergreifenden Ansichten und Ideen fördert die Erweiterung des betrachteten Ausschnittes in der Zukunft. Damit wird die Gefahr des Übersehens wichtiger Einflußfaktoren reduziert.

Die Erfahrungen aus der Umsetzung derartiger Zukunftslabore verdeutlichen den komplizierten Charakter solcher Prozesse. Das resultiert aus der Heterogenität der Vorstellungen der Beteiligten über mögliche zukünftige Entwicklungen, der Vielfalt von Fragen und Vermutungen und der Komplexität der Zusammenhänge zwischen den einzelnen Phänomenen und Trends. Diese Charakteristika beinhalten verschiedene Anforderungen an die Gestaltung und Moderation eines solchen Prozesses.

Die Forschung »Gesellschaft und Technik« organisiert deshalb für die Konzernbereiche der Daimler-Benz AG strukturierte Kommunikationsprozesse, eine sorgfältig geplante Abfolge von Workshops, Expertenbefragungen, wissenschaftlichen Recherchen und – nicht zuletzt – dem Transfer der Ergebnisse in die betroffenen Bereiche. Diese so konzipierten Zukunftslabors wurden in den letzten Jahren in etwa zwei Dutzend Fällen erfolgreich durchgeführt (vgl. Minx 1995). Die Szenario-Technik wird dabei als ein iterativer Prozeß organisiert, der in sieben Schritten durchlaufen wird. Wichtig ist die Einsicht in die Spezifik einer jeden Problemstellung. Die unreflektierte Anwendung des Szenario-Konzeptes führt in der Regel zu unsinnigen, z. T. gefährlichen Ergebnissen.

Die thematische und methodische Kompetenz der Forschung »Gesellschaft und Technik« stellen die Eckpfeiler für die Organisation von Szenario-Prozessen dar. Thematische Kompetenz bedeutet solide Forschung zu Themen wie Lebensstilforschung, Energiewirtschaft und Ressourcen, Umweltökonomie, Kommunikation und Wissen (Umfeld- und Trendforschung) sowie Technik und Aktivitätenmuster, Innovationsforschung und Organisationsforschung (Systemforschung). Für die Umsetzung und Auswertung der Ergebnisse und Ideen ist methodische Kompetenz erforderlich. Sie wird durch viel Erfahrung bei der Organisation und Durchführung strukturierter Kommunikationsprozesse und dem verantwortungsbewußten Umgang mit Chancen und Risiken derartiger Prozesse gewährleistet.

3. Definition der Szenario-Methode

Ein Szenario ist gekennzeichnet durch:
- die Beschreibung einer möglichen zukünftigen Situation, die aus konsistenten Teilbildern zusammengesetzt ist
- das Aufzeigen des Entwicklungsverlaufs, der zu dieser zukünftigen Situation führt.

Szenarien beantworten zwei Arten von Fragen:
1. Wie mag eine mögliche Situation Schritt für Schritt zustande kommen?
2. Welche Alternativen gibt es in jeder Phase zukünftiger Entwicklungen, um den Prozeßverlauf zu verhindern oder in eine andere Richtung zu lenken?

Die Frage lautet also nicht, was passieren wird, sondern was passieren kann.

Szenarien sollen die Hauptantriebskräfte der zukünftigen Entwicklung identifizieren, deren Beziehung zueinander sowie die entscheidenden Risikofaktoren beleuchten und damit ein tieferes Verständnis für den Wandel im Umfeld entwickeln. Szenarien beschreiben verschiedene Welten, nicht einfach verschiedene Ereignisse in derselben Welt. Für die Entwicklung von Szenarien können im wesentlichen zwei Wege beschritten werden:

- *Global-Szenarien* werden zu bestimmten, generell interessanten Themen für mehrere Branchen oder übergeordnete Bereiche erstellt. Ihr Vorteil ist, daß sie für eine bestimmte Branche relevante Informationen ihres Umfeldes liefern.
- *Firmenspezifische Szenarien* dagegen werden von der unternehmensspezifischen Ausgangssituation her entwickelt. Hier spielen unternehmensinterne Faktoren eine dominierende Rolle.

4. Darstellung der Szenario-Methode

4.1 Das Szenarien-Denkmodell

Szenarien kann man sich mit Hilfe des sogenannten Szenario-Trichters verdeutlichen. Geht man von der gegenwärtigen Situation aus, egal in welchem Jahr sie liegt, so kann man sagen, daß eine Reihe von Faktoren, die das Unternehmen beeinflussen, wie beispielsweise Märkte, Wettbewerbsstruktur, Infrastruktur, Gesetze, Normen u. ä., festgeschrieben sind. Diese Faktoren haben eine bestimmte Struktur, die erfaßbar ist und deren Einflüsse man im Augenblick berücksichtigt und taktisch nutzt. Versucht man jetzt, diese Faktoren auf die nähere Zukunft zu projizieren, so zeigt sich in den meisten Fällen, daß sie sich teilweise, aber nicht sehr signifikant verändern. Versucht man jedoch, diese externe Umfeldsituation weiter in die Zukunft zu projizieren, dann kommt man sehr schnell an einen Punkt, an dem man nicht mehr genau weiter weiß, wie werden sich diese Faktoren entwickeln und welche Auswirkungen werden sie in ihren alternativen Entwicklungen auf das Unternehmen haben.

Die Unsicherheit steigt mit der zunehmenden Anzahl von Alternativen und deren Kombinationsmöglichkeiten. Daher die Darstellung des Trichters, der sich zur Zukunft hin öffnet. Der Trichter ist also ein Symbol für Komplexität und Unsicherheit (vgl. Abbildung 1).

In der Planungspraxis hat sich herausgestellt, daß es für die Unternehmensplanung oft ausreicht, zwei Szenarien zu generieren, die jedoch folgenden Kriterien entsprechen: Zum einen in sich möglichst große Stimmigkeit, Konsistenz und Widerspruchsfreiheit, und zum anderen sollte zwischen beiden Szenarien eine möglichst große Unterschiedlichkeit bestehen.

Heute sind verschiedene Schulen der Szenario-Erarbeitung zu erkennen. Allen Konzepten sind jedoch folgende Merkmale gemeinsam:

– Ausgangspunkt ist eine gründliche Analyse der gegenwärtigen Situation, die zu einem Verständnis der Wirkungszusammenhänge führt.
– Für Einflußfaktoren mit unsicherer Zukunftsentwicklung werden sinnvolle Annahmen getroffen.
– Als Ergebnis werden alternative Zukunftsbilder vorgelegt, die in sich konsistent sind.

Die Zukunft gestalten mit Szenarien 41

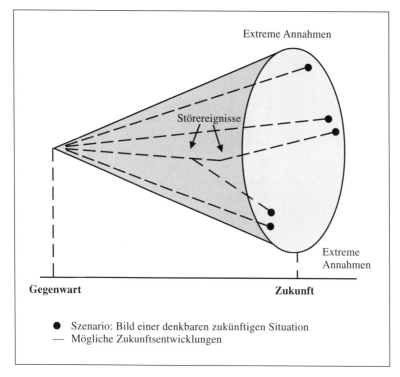

Abbildung 1: Trichter zur Charakterisierung von Szenarien

Im folgenden wird die Szenario-Technik dargestellt, wie sie sich bei BATELLE nach Eigenentwicklung und Anwendungserfahrung herausgebildet hat (vgl. Götze 1993, S. 81). Für das Erarbeiten von Szenarien hat sich ein Vorgehen in sieben Schritten bewährt (vgl. Abbildung 2, S. 42).

4.2 Die sieben Schritte des Szenario-Prozesses

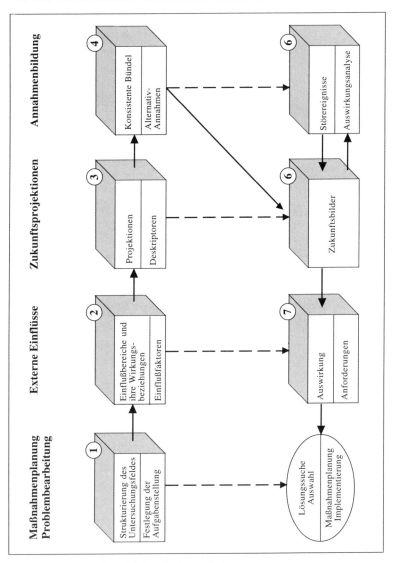

Abbildung 2: Die sieben Schritte des Szenario-Prozesses

Schritt 1: Problemanalyse

Als erstes muß eine möglichst exakte Formulierung der Aufgabenstellung vorgenommen werden. Sodann ist für das Untersuchungsfeld eine akzeptable und verständliche Formulierung zu finden. Die Festlegung der zu bearbeitenden Fragestellung muß sowohl sachlich, räumlich wie auch zeitlich vorgenommen werden. Je präziser die Frage definiert wird, um so wahrscheinlicher ist es, die dazu passende Antwort zu finden.

Schritt 2: Umfeldanalyse

Zunächst werden Bereiche des Umfeldes festgelegt, die auf das Untersuchungsfeld Einfluß haben. Im Anschluß werden alle Einflußfaktoren gesammelt, die einen Umfeldbereich oder einen Teil davon beschreiben. Diese Faktoren werden strukturiert, eventuell aus Komplexitätsgründen auf die wichtigsten reduziert und festgelegt.

Schritt 3: Zukunftsprojektionen

In diesem Schritt wird zunächst der aktuelle Zustand jeder Einflußgröße in Form von Kenngrößen, Variablen oder Merkmalen festgehalten. Aufbauend auf dem ermittelten Ist-Zustand wird die künftige Entwicklung prognostiziert. Dies kann auf der Basis vorhandenen Expertenwissens, zugänglicher Prognosen oder aufgrund von Recherchen und Befragungen erfolgen. Bei der Projektion der Einflußgrößen stellt sich in der Regel heraus, daß sich für einige Einflußgrößen ganz klare, eindeutige Trends abzeichnen (unkritische Größen), während für andere alternative Entwicklungen möglich sind (kritische Größen). In beiden Fällen sind für die Projektionen plausible Begründungen, die sich aus Erscheinungen der Gegenwart ableiten, abzugeben.

Schritt 4: Konsistenzanalyse

Die kritischen Einflußgrößen werden zu widerspruchsfreien, in sich stimmigen Zukunftsbildern verknüpft, und zwar mittels Verknüpfung der kritischen Einflußgrößen in einer Cross-Impact-(C-I-)-Matrix. Diese C-I-Matrix wird unter Verwendung des Software-Programms BASICS (Batelle Szenario Inputs to Corporate Strategy) ausgewertet (vgl. Götze 1993, S. 187).

Das allgemeine Verfahren beim Benutzen des BASICS-Programms besteht darin, A-priori-Urteile über zukünftige Ausprägungen von kritischen Einflußgrößen zu erstellen und aufzuzeichnen und sie mit Hilfe des Computeralgorithmus und auf der Basis sich aufeinander auswirkender Trends zu berichten.

A-priori-Urteile sind die besten intuitiven Schätzungen über die Wahrscheinlichkeit eines Eintretens alternativer Ausprägungen spezifischer kritischer Einflußgrößen, ohne die Berücksichtigung anderer kritischer Einflußgrößen.

Wie bereits erwähnt, bedient sich das Programm der Cross-Impact-Analyse. Die Elemente der Cross-Impact-Analyse sind ursprüngliche Wahrscheinlichkeiten zu den alternativen Ausprägungen und eine Cross-Impact-Matrix, die festlegt, wie sich diese Wahrscheinlichkeiten voraussichtlich verändern werden, wenn andere Ereignisse eintreten. Die drei wesentlichen Eingaben für das BASICS-Programm sind:

– Definition der Ausprägungen der kritischen Einflußgrößen,
– A-priori-Wahrscheinlichkeiten für diese Ausprägungen und
– eine Cross-Impact-Matrix.

Auf den Rechenablauf soll an dieser Stelle nur kurz eingegangen werden. Der Zweck der Rechenabläufe ist es, die A-priori-Wahrscheinlichkeiten zu korrigieren, basierend auf dem Eintreten oder Nicht-Eintreten anderer Ereignisse, bis jede Ausprägung auf »tritt ein« oder »tritt nicht ein« zurückgeführt wird. Zu Beginn des Rechenlaufes wird eine Ausprägung auf »tritt ein« oder »tritt nicht ein« gesetzt. Im nächsten Schritt werden neue Werte für jede Wahrscheinlichkeit berechnet, unter Benutzung der Cross-Impact-Matrix. Die Frage zur Verknüpfung der Einflußgrößen über die C-I-Matrix lautet jeweils:

Wie würde das Eintreten der Ausprägung A_1 (der Einflußgröße A) die ursprünglich angenommene Wahrscheinlichkeit der Ausprägung B_1 (der Einflußgröße B) verändern? (vgl. Abbildung 3)

Die Matrixwerte halten also Urteile darüber fest, wie sich das Eintreten einer Ausprägung einer kritischen Einflußgröße auf alle Ausprägungen aller anderen kritischen Einflußgrößen auswirkt. Die anderen Wahrscheinlichkeiten werden nach oben oder unten korrigiert, abhängig von den Cross-Impact-Werten. Als Ergebnis eines Rechenablaufes ergibt sich dann für jeweils eine Ausprägung einer Einflußgröße der Zustand »tritt

		A		B		
		A_1	A_2	B_1	B_2	B_3
A	A_1					
	A_2					
B	B_1					
	B_2					
	B_3					

- 3 A_1 verringert die Wahrscheinlichkeit des Auftretens von B_1 sehr stark
...
0   kein Einfluß
...
+ 3 A_1 erhöht die Wahrscheinlichkeit des Auftretens von B_1 sehr stark

Abbildung 3: Beispielausschnitt einer Cross-Impact-Matrix nach BASICS

ein« und für alle anderen der Zustand »tritt nicht ein«. Da dieser Rechenablauf für jede Ausprägung zweimal durchgeführt wird, erhält man als Ergebnis doppelt so viele »Szenarien-Gerüste« wie Ausprägungen im betrachteten System. Gleiche Szenarien-Gerüste werden zu Gruppen zusammengefaßt.

Schritt 5: Interpretation alternativer Zukunftsbilder

Ziel dieses Schrittes ist es, die Vernetzung der Einflußfaktoren anschaulicher zu machen, als dies durch eine Auflistung geschehen kann. Die bisher erarbeiteten Informationen werden daher in Form von Geschichten (Szenario-Stories) dargestellt. Sie beinhalten, ausgehend von der Gegenwart und dem Gerüst der Projektionen, eine Interpretation der Entwicklungspfade der Einflußgrößen in die Zukunft. Diese Entwicklung der Zukunft aus der Gegenwart verhindert den Entwurf von puren Science-Fiction-Welten, erhöht die Plausibilität und das Verständnis für die entwickelten Szenarien und erleichtert die Identifikation für die Benutzer.

Schritt 6: Integration von Störfällen

Bei den Überlegungen zu den Szenarien wurden Trends und Ereignisse, die aus heutiger Sicht als wenig wahrscheinlich angenommen werden, nicht berücksichtigt. Um die durch die Szenarien dargestellten Entwicklungsoptionen um weitere Entwicklungspfade zu ergänzen, können mögliche interne oder externe, abrupt auftretende Ereignisse integriert werden, die das Problemumfeld in positiver oder negativer Weise beeinflussen oder verändern können. Die Auswirkung dieser Störfälle wird abgebildet, indem die Ereignisse aufgenommen werden und dadurch neue Vernetzungen, Störfall-Szenarien, entstehen. Diese Integration von Störfällen erhöht die Anzahl der betrachteten Szenarien und damit unter Umständen die Sicherheit für die Angemessenheit von Handlungsempfehlungen, die aus ihnen abgeleitet werden, da durch das Antizipieren von unerwarteten Entwicklungen Präventivmaßnahmen oder robuste Schritte geplant werden können.

Schritt 7: Auswirkungsanalyse

In diesem Schritt werden vor dem Hintergrund der erarbeiteten Szenarien Ziele, Handlungsempfehlungen und Strategien als Lösungsvorschläge für das betrachtete Problemfeld erarbeitet. Hierbei gibt es grundsätzlich zwei Möglichkeiten:

– Einerseits können Ziele und Handlungsempfehlungen so formuliert werden, damit das Eintreten des einen oder anderen Szenarios verhindert oder gefördert wird. Dazu muß das Unternehmen aber in der Lage sein, die Haupteinflußfaktoren der Szenario-Welt selbst zu beeinflussen.
– Sollten auf der anderen Seite die Stellgrößen nicht durch das Unternehmen beeinflußt werden können, so müssen Ziele und Handlungsempfehlungen so formuliert werden, daß das Unternehmen sich in der Szenario-Welt (die es nicht ändern kann) zurechtfindet bzw. überlebt.

Aus diesem Grund müssen für eine Auswirkungsanalyse zunächst einmal die Haupteinflußfaktoren identifiziert werden.

Als vermeintlich achten Schritt kann das Konzipieren von Maßnahmen aufgefaßt werden, der aber im engeren Sinne nicht mehr Gegenstand der Szenario-Technik ist. Andererseits sollte der Zweck der Erstellung im Auge behalten und die Umsetzung in die Planung vorgesehen werden. Für das im nächsten Abschnitt betrachtete Problemfeld, für das die Szenario-Methode durchgeführt und dokumentiert werden soll, wird kein Maßnahmenkatalog erarbeitet.

5. Durchführung und Dokumentation eines Szenarios am Problemfeld des globalen Luftverkehrs bis zum Jahr 2015

5.1 Die Ausgangssituation

Die Bewältigung des zunehmenden Verkehrs steht bei den führenden Industrienationen der Welt ganz oben auf der Tagesordnung. Der weltweite Luftverkehr ist zur Zeit geprägt von steigenden Passagierzahlen und zunehmendem Frachtaufkommen auf der einen Seite sowie vielen, infolge von Preiskämpfen auf den transatlantischen und -pazifischen Routen, defizitär operierenden Airlines auf der anderen Seite. Viele Airlines haben gravierende Umstrukturierungsmaßnahmen durchgeführt. Die zunehmende wirtschaftliche Verflechtung wie auch die wachsende Tourismusbranche und die daraus resultierenden Entwicklungen für den Luftverkehr erfordern ein tieferes Verständnis der Zusammenhänge im System Luftverkehr.

Während die Entscheidungen über Strategien und Vorhaben des globalen Luftverkehrs für die nahe Zukunft getroffen sind, ergeben sich für weiter entfernte Zeithorizonte größere Handlungsspielräume und entsprechend auch größere Ungewißheiten, welche Ideen weiterverfolgt und in Geschäftsaktivitäten umgesetzt werden sollen. Darüber hinaus wissen wir nur selektiv, welche Vorhaben von der Konkurrenz in welchen Zeithorizonten zur Umsetzung vorgesehen sind. Auch technologische Entwicklungssprünge sind nicht deterministisch prognostizierbar.

5.2 Die sieben Schritte des Szenario-Prozesses »Luftverkehr 2015«

Schritt 1: Problemanalyse

Die Aussage, daß Planungen zu Geschäftsfeldstrategien immer schwieriger werden, trifft im besonderen Maße auf die Geschäftsfeldstrategien für den Luftverkehr und die sie beeinflussenden internen und externen Faktoren (z. B. politische und wirtschaftliche Rahmenbedingungen, technische Neuentwicklungen) zu. Die Erarbeitung von Szenarien über die zukünftigen Rahmenbedingungen des weltweiten Luftverkehrs ist deshalb ein erster wichtiger Schritt. Das Ziel des Prozesses besteht dementsprechend darin, Orientierungswissen über mögliche denkbare Zukunftsbilder für den Luftverkehr 2015 als Rahmenbedingungen für Produkte und Dienstleistungen eines Flugzeugherstellers zu erarbeiten, um auf der Basis einer fundierten Abschätzung relevanter Zukunftsentwicklungen Ziele für den zukünftigen Luftverkehr aufzuzeigen. Wichtige Teilziele des Prozesses sind unter anderem:

- die ganzheitliche Beschreibung des globalen Luftverkehrs, sowie die Darstellung der wesentlichen Einflußfaktoren;
- das Verstehen der Zusammenhänge und Wirkungen des Umfeldes;
- die Identifizierung der Haupteinflußfaktoren des Systems Luftverkehr;
- die Erarbeitung möglicher alternativer Zukunftsbilder des Luftverkehrs im Jahr 2015 und weitergehende Perspektiven;
- die Analyse dieser Szenarien im Hinblick auf Konsequenzen für ein Unternehmen.

Schritt 2: Umfeldanalyse

Im zweiten Schritt wird dieses Untersuchungsfeld hinsichtlich aller quantitativen und qualitativen Faktoren analysiert, die auf dieses Feld zur Zeit oder in Zukunft Einfluß haben werden. Zunächst werden die unterschiedlichen Einflußbereiche identifiziert, um die Faktoren einer Struktur zuordnen zu können. Folgende Einflußbereiche wurden beachtet:

- Verkehr,
- Politik,
- Luftverkehrs-Infrastruktur,
- Sicherheit,
- Wirtschaft,
- Tourismus,
- Ökologie,
- Flugzeughersteller,
- Ressourcen,
- Finanzen,
- Technologie,
- Gesellschaft und
- Fluggesellschaften.

Um möglichst viele relevante Informationen in den Prozeß mit einzubeziehen, wird eine »Urliste« von circa 120 Einflußfaktoren erarbeitet. Für den weiteren Prozeß wird diese Liste auf die 22 wichtigsten Einflußgrößen reduziert.

Schritt 3: Entwicklung von Projektionen

Für die zukünftige Entwicklung der in Schritt 2 herausgearbeiteten Einflußgrößen (im weiteren Verlauf Deskriptoren genannt) gibt es mehrere denkbare Ausprägungen. Diese wurden in Form von Kenngrößen, Variablen oder Merkmalen spezifiziert, mit denen in diesem Schritt weitergearbeitet wird. Darüber hinaus werden zehn Einflußgrößen mit nur einer wahrscheinlichen Entwicklungsrichtung identifiziert (Prämissen), für die sogenannte Prämissen-Essays erstellt werden. Für die Untersuchungsfrage interessieren nicht nur die aktuellen Ausprägungen der Deskriptoren, ihre Kenngrößen, sondern vielmehr ihre zukünftigen Entwicklungen. Daher werden die Deskriptoren in die Zukunft projiziert, d. h., es werden Annahmen über quantitative und qualitative Veränderungen gegenüber dem gegenwärtigen Zustand getroffen. Die alternativen Annahmen für diese Deskriptoren sowie die entsprechenden Begründungen und ergänzenden Informationen wurden in sogenannten »Deskriptoren-Essays« festgehalten.

Schritt 4: Konsistenzanalyse

Da die Deskriptoren insgesamt 73 verschiedene Ausprägungen haben, waren in der Matrix über 5000 Bewertungsvorgänge durchzuführen.

Mittels des Szenario-Software-Programms BASICS werden sodann auf der Basis der Vernetzung der Deskriptoren die 90 Szenario-Gerüste ermittelt, die aufgrund der Cross-Impact-Bewertung plausibel sind. Aus diesen 90 Szenario-Gerüsten müssen nun mindestens zwei ausgesucht werden, die im nächsten Schritt interpretiert werden sollen. Folgende Bedingungen müssen dabei erfüllt werden:

– Jedes der ausgesuchten Szenarien muß in sich konsistent und plausibel sein.
– Mit diesen beiden Szenarien muß ein möglichst großer Raum aufgespannt werden, um ein Denken in Alternativen zu ermöglichen.

Betrachtet man die Auswirkungen der einzelnen Deskriptoren quantitativ und qualitativ in ihrer Summe auf die anderen Deskriptoren und setzt man alle in Beziehung zueinander, so kann man unterschiedlich starke Einflußfaktoren von weniger starken Einflußfaktoren unterscheiden. In einem System-Grid lassen sich dann die Wechselwirkungen der einzelnen Deskriptoren abbilden.

Schritt 5: Interpretation der Szenarien

Die zwei ausgesuchten Szenario-Gerüste des 4. Schrittes werden nun in Form von Szenario-Stories dargestellt. Diese Form der Darstellung erleichtert den plastischen Umgang mit unscharfen Situationen und Problemen, da Vorstellungsbilder informationsreicher sind als Gedanken in sprachlicher Form. Im folgenden werden zwei mögliche Zukunftsbilder für den »Luftverkehr 2015« stichwortartig dargestellt:

Szenario 1: Herr K.: »Fliegen – was sonst?«

- Niedrige Flugpreise, attraktive Dienstleistungen und verbesserte Verkehrsanbindungen steigern das Passagier- und Frachtaufkommen.
- Die Politik stützt den Luftverkehr als Motor der wirtschaftlichen Entwicklung ihrer Region.
- Es besteht ein umfangreiches Flugverkehrsnetz mit komfortablem Transport- und Dienstleistungsangebot.
- Es besteht eine starke Nachfrage nach Flugzeugen und anderen Komponenten für integrierte Verkehrskonzepte.

Szenario 2: »Diese Zukunft haben wir schon einmal erlebt!«

- Produktverbesserung anstatt Neuentwicklung.
- Wirtschaftlich schwache Airlines werden staatlich subventioniert.
- Die Attraktivität des Fliegens hat abgenommen.
- Die Rahmenbedingungen für die Luftfahrt sind ungünstig.

Fortführung des Szenario-Prozesses

Die Fortführung dient dem Zweck, die Konsequenzen und Ergebnisse des Prozesses permanent umsetzen zu können. Folgende weitere Schritte sind vorgesehen:

- In regelmäßigen Abständen sollten die Teammitglieder eine Überprüfung ihrer jetzigen Entscheidungen durchführen und dabei insbesondere die in der Zwischenzeit veränderten Randbedingungen berücksichtigen (Monitoring-Prozeß).
- Für die für den internationalen Luftverkehr besonders interessanten Regionen werden »Regional-Szenarien« entwickelt.
- Für neu zu entwickelnde Produkte und Technologien können auf Anfrage »Produkt-Szenarien« erarbeitet werden.
- Die Konzeption eines Früherkennungssystems und Implementierung dieses Systems in den strategischen Prozeß wird als weitreichende Aufgabe verstanden.

6. Zusammenfassung

Dem konzeptionellen Grundsatz der Szenario-Technik entsprechend besteht das vorgestellte Resultat des Szenario-Prozesses »Luftverkehr 2015« aus zwei alternativen Zukunftsbildern, die sich in Teilen wesentlich unterscheiden, aber beide für sich plausibel und konsistent zu erklären sind. Damit sind zwei wichtige Ziele mit strategischer Bedeutung gleichermaßen erfüllt:

- die Möglichkeit, frühzeitig die erforderlichen Planungen und Erwartungen auf die erwartete schwerpunktmäßige Zukunftsentwicklung auszurichten;
- den Handlungsspielraum bei sich unerwartet ändernden Umfeldbedingungen systematisch zu identifizieren und entsprechend schnell und zielführend zu reagieren.

Diese zwei Potentiale sind wichtige Verbesserungen gegenüber herkömmlichen Planungs- und Entscheidungsgrundlagen. Darüber hinaus konnten eine Reihe von qualitativen Verbesserungen erzielt werden:

- die wesentlichen Einflußgrößen wurden erkannt und in ihrer Beziehung zueinander diskutiert und bewertet. Damit hat sich das Projektteam für das relevante Problemumfeld und mögliche Veränderungen darin in hohem Maße sensibilisiert. Eine Aktualisierung des Szenarios und ein sich daraus ableitendes schnelles Handeln ist bei sich ändernden Randbedingungen also jederzeit möglich;

– eine systematische Methode zur Formulierung von Zielen wurde entwickelt.

Ob der Einsatz der Szenario-Methode ganz allgemein richtig oder falsch ist, läßt sich kaum mit »ja« oder »nein« beantworten, da unternehmerische Entscheidungsprozesse, und um die geht es hier im wesentlichen, auf mehreren Ebenen stattfinden und von diversen Faktoren beeinflußt werden. Es lassen sich aber einige Feststellungen treffen, die beim Einsatz der Szenario-Methode grundsätzlich gelten:

- An erster Stelle steht zunächst einmal die Schwierigkeit der Problemidentifikation. Anders gesagt: Wird die »richtige« Frage gestellt, auf die man mit Hilfe der Szenario-Methode eine Antwort zu bekommen hofft, oder besteht die Möglichkeit, daß durch eine einmal vorgenommene Problemdefinition genau die inhaltlichen Bezüge unberücksichtigt bleiben, die die kritischen Größen darstellen?
- Die Szenario-Technik erfordert einen gewissen Aufwand. Für schnell zu entscheidende, vielleicht weniger komplexe Problemsituationen kommt allein schon aus Gründen der Aufwandsbeschränkung eine vollständige Anwendung der Szenario-Methode nicht in Frage. In solchen Fällen könnten maßgeschneiderte »Kurz-Szenario-Prozesse« durchgeführt werden, deren Resultate dann, wenn der Zeitdruck nachläßt und es um eine inhaltliche Ausfüllung der Vorentscheidung geht, mit weitergehenden Techniken ergänzt werden können. Zum Beispiel könnte man die Konsistenzmatrix durch eine einfachere und weniger zeitaufwendige Form der Plausibilitätsüberprüfung ersetzen.
- Die Güte der Ergebnisse, die die Szenario-Methode liefert, ist auch abhängig von der Art und Weise, wie Szenario-Prozesse gestaltet werden. So hat es sich bewährt, Szenario-Prozesse mit einem interdisziplinären Team in Form von strukturierten Kommunikationsprozessen zu organisieren. Die interdisziplinäre Teamzusammensetzung gewährleistet, daß das Problemfeld hinreichend definiert wird und alle relevanten Einflußbereiche und -größen identifiziert werden. Die Gruppenergebnisse erhöhen die Akzeptanz bei den Entscheidungsträgern.
- Die Ergebnisse von Szenario-Prozessen müssen als Entscheidungsgrundlage in den strategischen Prozeß eingebunden werden, um möglichen Änderungen im Umfeld durch Eventualstrategien aktiv begeg-

nen zu können. Szenarien bedürfen demnach eines ständigen Monitorings, um die potentielle Erweiterung des Szenario-Trichters durch die Veränderung relevanter Einflußgrößen zu registrieren. Auch der Einsatz von Management-Tools, mit deren Hilfe Unternehmensziele vor dem Hintergrund alternativer Zukunftsbilder priorisiert und bewertet werden können, ist außerordentlich hilfreich. Szenarien können ebenfalls nützlich sein bei der Konzeptionierung von unternehmerischen Frühwarnsystemen (Festlegen von Beobachtungsbereichen und Identifizierung von Indikatoren).
- Die Entwicklung von Szenarien kann zu einer Veränderung des Bewußtseins in Unternehmen führen. Die Szenario-Erstellung erfordert Mut, sich auf Neues einzulassen, sie ermöglicht das Zusammenführen unterschiedlicher Erfahrungshintergründe und Denkstrukturen und fördert die Bereitschaft, über komplexe Systeme nachzudenken und dabei Reduktion und Unschärfe zuzulassen.

Um die Bewertung der Szenario-Methode abzuschließen, soll an dieser Stelle aufgeschlüsselt werden, was Szenarien zu leisten imstande sind und was nicht.

Szenarien

- führen zu einem tieferen Verständnis der Grenzen und Möglichkeiten zur Lösung einer Fragestellung, stellen jedoch kein exaktes Wissen über die Zukunft bereit;
- sind alternative Zukunftsbilder zum Ableiten von Handlungsoptionen und keine Handlungsanweisungen zur Lösung einer Fragestellung;
- haben den Charakter problemorientierter Informationssammel- und Kommunikationsprozesse, sind jedoch keine problemunabhängigen Daten- und Informationssammlungen;
- sind gekennzeichnet durch systematische Problemstrukturierung unter Berücksichtigung externer Einflüsse und das Abschätzen von Entwicklungstendenzen und nicht durch selektive Extrapolation von Einzeltrends und Prognosen globaler Entwicklungen und
- stellen eine Entscheidungsgrundlage dar, liefern aber keine Entscheidung.

Literatur

Götze, U.: Szenario-Technik in der strategischen Unternehmensplanung, Wiesbaden 1993.
Minx, E.; Mattrisch, G.: Szenarien als Hilfsmittel bei der Produkt- und Organisationsentwicklung; in: Gausemeier, J. (Hrsg.): Die Szenario-Technik – Werkzeug für den Umgang mit einer multiplen Zukunft, Paderborn 1995.
Röß, D: Forschungsstrategien, Wiesbaden 1994.

Kapitel 4

Szenarien – ein Instrument der Unternehmensplanung

Horst Geschka, Ingeborg Paul, Barbara Winckler-Ruß

Inhalt
1. Veränderte Rahmenbedingungen führen zum Versagen traditioneller Prognosemethoden 55
2. Einsatzbereiche: Erfahrungen beim Einsatz der Szenario-Technik 57
   2.1 Die Einsatzbereiche im Überblick 57
   2.2 Szenario-Technik im Rahmen der strategischen Unternehmensplanung 58
   2.3 Fallbeispiel Szenario »Sanitärsysteme 2002« 59
   2.4 Zwei weitere (verkürzte) Beispiele 64
3. Empfehlungen für die Unternehmenspraxis und empirische Erkenntnisse 66
Literatur 68

1. Veränderte Rahmenbedingungen führen zum Versagen traditioneller Prognosemethoden

Tiefgreifende Veränderungen in Gesellschaft, Politik, Wirtschaft und Technik haben eine Verunsicherung über zukünftige Entwicklungen bewirkt. Im Geschäftsumfeld der Unternehmen, im Umfeld strategischer Planung und auch im Umfeld unserer persönlichen Planung hat sich eine turbulente Dynamik entwickelt, die zumindest in dieser ausgeprägten Form bisher unbekannt war.

Entscheidungen müssen heute in einem Umfeld getroffen werden, das sich weit komplexer präsentiert als noch vor wenigen Jahren. Heute stehen wir vor dem Problem, unsichere Informationen sowie Informationen mit übergreifendem Einfluß, überwiegend qualitativen Charakters, so aufzubereiten und in die Zukunft zu projizieren, daß daraus eine sinnvolle Planung abgeleitet werden kann.

Prognosemethoden nehmen im Entscheidungsprozeß eine Zwischenstellung zwischen der Informationsgewinnung und der Ideenfindung ein (vgl. Heyde et. al. 1991). Prognosen werden nicht ihrer selbst willen erstellt, sondern wie Auguste Comte, Soziologe und einer der Väter der Zukunftsschau, schon sagte: »Voir pour prévoir; prévoir pour prévenir«, also »Sehen, um vorherzusehen; vorherzusehen, um vorzubeugen«. (zitiert nach Minx 1985). Prognosen dienen als Grundlage der Entscheidungsfindung und bilden damit die Vorstufe zur Planung (vgl. Makridakis; Reschke; Wheelright 1980).

Traditionelle Prognosemethoden bauen auf der Kenntnis der Wirkungszusammenhänge in der Vergangenheit auf. Sie gehen von stabilen Rahmenbedingungen aus.

Jegliche Extrapolation vergangener Zahlenreihen in die Zukunft führt bei instabilen Rahmenbedingungen zu den größten Fehlschätzungen (vgl. Kneschaurek 1983).

Wenn die Rahmenbedingungen instabil sind – und vieles spricht dafür, daß dies in den nächsten Jahrzehnten verstärkt so sein wird – so ist der Ansatz traditioneller Methoden für die Vorausschau in die Zukunft nicht anwendbar.

Der »neue Ansatz« mancher Unternehmer, gar keine Prognosen mehr zu verwenden, ist ein Irrglaube, denn bewußte oder unbewußte Vorhersagen zukünftiger Ereignisse liegen allen unseren Handlungen zugrunde. Heute zukunftsorientierte Entscheidungen zu treffen, ohne sich vorher Gedanken über ihre langfristigen Auswirkungen zu machen, ist fahrlässig, erhöht die Risiken von Fehlinvestitionen und beschwört Probleme herauf. Dies gilt ebenso für langfristig wirksame Gesetzgebungsvorhaben im politischen System wie für langfristige Investitionen, neue Organisationen und ähnliche Entscheidungen in Unternehmen. Es ist aber auch unsinnig, in Plänen Einzelschritte für die Zukunft festzulegen, die heute noch nicht festgelegt werden müssen und sich dann ungeachtet neuerer Erkenntnisse und Entwicklungen daran zu binden, weil man Irrtümer nicht einzugestehen wagt oder neue Entscheidungsprozesse scheut (vgl. auch Tietzel 1985 und Prognos 1986).

Es kommt vielmehr darauf an, die möglichen Veränderungen der Einflußfaktoren im zukünftigen Verlauf zu analysieren und ihre Wirkungen zu verfolgen, d. h., man muß vom »Jetzt« in die Zukunft blicken. Die Szenario-Technik baut auf diesem Ansatz auf (vgl. Geschka, Winckler 1989) und erlaubt es, Anpassungsmöglichkeiten bei der Planung vorzusehen.

2. Erfahrungen beim Einsatz der Szenario-Technik

2.1 Die Einsatzbereiche im Überblick

Die Verwendung der Szenario-Technik findet im öffentlichen Bereich, in der privaten Wirtschaft und auf persönlicher Ebene statt (vgl. Abbildung 1).

- **Globalszenarien**
  - Weltpolitische Entwicklungen
  - Welthandel
  - USA 2000
  - Weltenergiesituation
  - Die Europäische Gemeinschaft
  - Die Bundesrepublik Deutschland zur Jahrtausendwende

- **Branchenszenarien**
  - Handel
  - Die deutsche Armaturenindustrie
  - Öffentlicher Personennahverkehr
  - Schmuck 2000
  - Künftige Verpackungsformen

- **Technologieszenarien**
  - Gentechnologie
  - CAD/CAM
  - Sensoren
  - Meßmaschinenbau

- **Unternehmensspezifische Strategieszenarien**
  - Freizeitprodukte
  - Fabrik 2000
  - Versicherungsmarkt einer Region
  - Wohnen im Garten
  - Azubis in 2005
  - Bad 2000

Abbildung 1: Beispiele systematisch erstellter Szenarien

Im öffentlichen Bereich bilden Szenarien häufig die Basis langfristiger Strategieüberlegungen und Planungen. Einige Beispiele veranschaulichen die Vielfalt der Anwendungsbereiche (vgl. Geschka, Winckler 1990):

- Szenario »Rohstoffe für die chemische Industrie«,
- Szenario »Abfallwirtschaft«,
- Wohnbau-Szenario 1990,
- Szenario »Verkehr in Ballungsräumen«,
- Szenario »Regierungsbezirk Köln«,
- Szenario »Chancen und Risiken des Einsatzes von Expertensystemen« (ein Szenario zur Technikfolgenabschätzung).

Initiator von sogenannten Globalszenarien ist ebenfalls häufig der öffentliche Bereich. Die Informationen aus Globalszenarien werden aber auch gleichzeitig bei vielen Unternehmen als Prämissen ihrer strategischen Planung verwendet.

Eine Zwitterstellung nehmen die Branchenszenarien ein. Sie werden zumeist von Verbänden initiiert, um ihren Mitgliedern eine bessere Grundlage für die strategische Planung zu bieten.

Von Unternehmen selbst werden Technologieszenarien und unternehmensspezifische Strategieszenarien erstellt. Sie werden im folgenden Kapitel vertieft. In der Personalentwicklung kommen Persönlichkeitsszenarien zum Einsatz.

2.2 Szenario-Technik im Rahmen der strategischen Unternehmensplanung

Im Bereich der unternehmerischen Praxis lassen sich mehrere Anwendungsfelder der Szenario-Technik unterscheiden:

- Globale Umfeldszenarien

Aufgrund der Entwicklungen in den Umfeldern des Unternehmens und ihrer Rückwirkungen auf das Unternehmen werden ausführliche Zukunftsbilder und Verhaltensstrategien für das Unternehmen entwickelt.

- Spezifische Strategieszenarien

Als Entscheidungsgrundlage für konkrete, geschäftsfeldspezifische Fragestellungen werden Szenarien erstellt und Maßnahmen abgeleitet.

- Technologieszenarien

Als Basis für grundlegende Entscheidungen des Technologiemanagements werden Szenarien erarbeitet. Konkrete Technologieanalysen bilden den Ausgangspunkt.

- Persönlichkeitsszenarien
Persönlichkeitsszenarien werden im Rahmen von Führungstrainings- und Mitarbeiterfortbildungsveranstaltungen eingesetzt.

Während früher eher globale Umfeldszenarien erstellt wurden, herrschen heute in der unternehmerischen Praxis die spezifischen Strategieszenarien vor. Eine neue Entwicklung stellen die Technologieszenarien dar. Sie sind als Antwort auf die zunehmende strategische Bedeutung des Technologiemanagements zu sehen.

Im Rahmen der (strategischen) Unternehmensplanung bieten sich folgende Einsatzbereiche für Szenarien an (vgl. Geschka, Hammer 1983 und Geschka, Winckler 1989):

- Erstellung und Überprüfung des Unternehmensleitbildes,
- Entwicklung von Unternehmensstrategien,
- Überprüfung verfolgter oder konzipierter Strategien,
- Impulse für die operative Planung.

2.3 Fallbeispiel Szenario »Sanitärsysteme 2005«

Der Prozeß der Szenario-Erarbeitung in einem Unternehmen wird an einem Beispiel vorgestellt.

Ausgangssituation

Ein Unternehmen der Sanitärtechnik erarbeitete 1995 Szenarien als Grundlage für eine neue Produkt- und Marktstrategie. Die Initiative ging von einem Vorstandsmitglied aus. Es vertrat die Meinung, daß nach einer »Entschlackung« im Sinne des Lean Management und Reengineering nun eine Erneuerung des Produktprogramms und der Marktpositionierung folgen müsse.

Organisation und Vorbereitung

Es wurde ein Kernteam aus drei Mitarbeitern (Entwicklung, Marketing, Unternehmensentwicklung) sowie einem externen Szenario-Spezialisten gebildet. Dieses Team bespricht alle methodischen und organisatorischen Fragen und sorgt für die interne Umsetzung.

Zunächst wurde die Aufgabenstellung präzisiert: »Das Sanitärsystem 2005 soll entwickelt werden – darunter sind mehrere Produktsysteme zu verstehen, die neuere technologische Konzepte im Sinne einer Nutzenerweiterung für den Verbraucher integrieren. Als Sanitärsystem wird die Bereitstellung und Entsorgung von Wasser für Zwecke der Körperpflege definiert. Zentrale Teilfunktionen sind: Wassereinlauf, Wasserflußregelung, Temperaturregelung, Aktionsbereich und Wasserablauf.«

Das Kernteam zog sich zu einer halbtägigen Vorbesprechung zurück. Besprechungspunkte waren:

- Vorstellung der Szenario-Technik und Absprache des Vorgehens,
- Ermittlung der Einflußumfelder (s. Abbildung 2),
- Planung der weiteren Szenario-Workshops,
  - Einladung interner und externer Fachleute,
  - Festlegung von Räumlichkeiten und Hilfsmitteln.

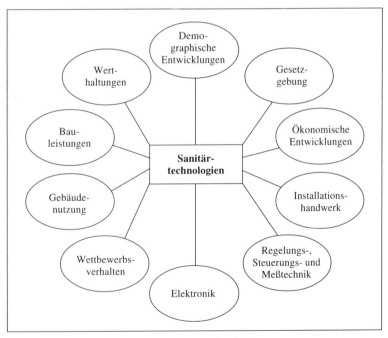

Abbildung 2: Einflußumfelder der Sanitätstechnologien

Für den ersten Szenario-Workshop wurden zwei Tage angesetzt. Eingeladen wurden neben dem Kernteam fünf weitere Mitarbeiter des Unternehmens sowie fünf externe Experten. Die externen Experten kamen aus den Fachgebieten Elektronik, Meß- und Regelungstechnik, Bauwesen, Konsumtrends und gesellschaftlicher Wandel. Ein zweiter eintägiger Workshop mit den gleichen Teilnehmern wurde für zwei Wochen später angesetzt. Die Auswertung und Umsetzung sollte im Kernteam sowie mit einigen höheren Managern vorgenommen werden.

Der erste Workshop

Im ersten Workshop wurden folgende Arbeitsschritte durchlaufen:

– Überprüfung der Einflußumfelder,
– Ermittlung einzelner Einflußfaktoren,
– Formulierung von Deskriptoren,
– Für jeden Deskriptor: Beschreibung der Ist-Situation sowie einer Projektion oder alternativer Annahmen für das Jahr 2005,
– Abgleich der Deskriptoren und der Projektionen bzw. Annahmen,
– Abschätzen der Konsistenzwerte (Ausfüllen der Konsistenzmatrix).

In diesem Workshop wurde überwiegend in Kleingruppen von drei bis vier Teilnehmern gearbeitet. Im vorliegenden Fall waren folgende themenorientierte Teilgruppen tätig:

– Bau (Bauvolumen, Gebäudenutzung, Bauhandwerk, Baugesetzgebung),
– Technik (Wasserbehandlung, Elektronik, Messen, Steuern, Regeln, Werkstoffe),
– Markt (Wettbewerb, Handel, Handwerk, Nachfrage),
– Gesellschaft und Konsum (demografische Entwicklungen, Werthaltungen, Ökologie, Konsumtrends, Konsumentenverhalten).

Die Festlegung der Deskriptoren ist ein schwieriger und zeitaufwendiger Arbeitsschritt. Deskriptoren sind generalisiert formulierte Einflußfaktoren; sie sollten neutral formuliert sein und unterschiedliche Ausprägungen zulassen; z. B.: »Einstellung zur Technik« und nicht »Technikfeindlichkeit«. Die Herausarbeitung der Deskriptoren wird auf der

Grundlage einer kreativen Sammlung und anschließender Gewichtung von Einflußfaktoren vorgenommen. Ein Deskriptor kann mehrere Einflußfaktoren-Vorschläge zusammenfassen. Oder bei genauerer Betrachtung ergibt sich, daß ein Einflußfaktoren-Schlagwort aus mehreren Teilaspekten besteht, für die getrennt Deskriptoren gebildet werden. Auf jeden Fall sollte man sich auf die einflußstärksten Deskriptoren beschränken. Im vorliegenden Fall entstanden 35 Deskriptoren.

Die Deskriptoren wurden in den Kleingruppen erarbeitet. In der Gesamtgruppe wurden sie ausführlich erläutert und teilweise revidiert; es wurde überprüft, daß keine Überschneidungen oder Lücken bestehen.

Der nächste Schritt bestand darin, für jeden Deskriptor die Ist-Situation zu kennzeichnen und eine Projektion oder Annahme für das Zieljahr 2005 aufzustellen. Auch dies ist ein zeitaufwendiger Arbeitsschritt. Bei ungefähr gleichmäßiger Aufteilung der Deskriptoren auf die Kleingruppen waren sieben bis neun Deskriptoren pro Gruppe zu bearbeiten. Für diesen Arbeitsschritt wurden dreieinhalb Stunden intensiver Kleingruppenarbeit benötigt.

Wieder wurde präsentiert und abgeglichen. Nun müssen die unterschiedlichen Annahmen so kombiniert werden, daß widerspruchsfreie Annahmensätze entstehen. Dieser Vorgang läßt sich mit dem Kopf oder mit manuellen Mitteln nur für sehr wenige Deskriptoren ausführen. Man muß einen EDV-gestützen Algorithmus einsetzen, der die stimmigsten (konsistentesten) Kombinationen ermittelt. Im Workshop wurde das Programm INKA verwendet. Es muß allerdings wiederum ein arbeitsaufwendiger Input eingegeben werden. Alle Einzelannahmen der Deskriptoren wurden einander gegenübergestellt, und es wurde abgeschätzt, ob die Annahmen sich gegenseitig unterstützen oder sich widersprechen oder gar ausschließen. Dafür wurden Skalenwerte zwischen »+ 3« (zwangsläufige Unterstützung) bis »- 3« (schließt sich gegenseitig aus) eingegeben. Das Programm errechnete daraus die konsistentesten und unterschiedlichsten Annahmenkombinationen. Es sind die Gerüste der Szenarien. Das Ausfüllen der Konsistenzmatrix dauerte drei Stunden.

Da im Workshop auch methodische Einführungen und Erläuterungen gegeben werden mußten und natürlich immer wieder Grundsatzdebatten ausbrachen, erwiesen sich die zwei Workshoptage als knapp. Der für 17.00 Uhr anvisierte Abschluß mußte um zwei Stunden hinausgeschoben werden.

Das Kernteam wertete den Computerlauf aus: Die Ergebnisse wurden auf Plausibilität überprüft und zwei Annahmenbündel ausgewählt, die als Szenarien auszugestalten waren. Die Auswahlkriterien waren hohe Konsistenz und deutliche Unterschiedlichkeit.

Der zweite Workshop

Im zweiten Workshop wurde nach der Vorgehenserläuterung die Gesamtgruppe in zwei Teilgruppen aufgeteilt. Die eine Gruppe entwickelte Szenario A, die andere Szenario B. Die Deskriptoren wurden in der Reihenfolge ihrer Wirkungsintensität im Detail interpretiert; dabei wurden auch die Vernetzungen und Wirkungszusammenhänge berücksichtigt. Für diese Ausgestaltung der Szenarien wurde der Gesamtzeitraum der Zukunftsanalyse in zwei Perioden von jeweils fünf Jahren unterteilt. Zunächst wurde für das Ende der ersten Teilperiode (2000) ein Zwischen-Szenario entwickelt; das End-Szenario baute darauf auf; es entstand also in zwei Etappen.

Für die parallele Entwicklung der beiden Szenarien wurden etwa vier Stunden benötigt. Anschließend wurden die Szenarien präsentiert und kommentiert.

Auswertung und Umsetzung der Szenarien

Die Ableitung von Konsequenzen aus den Szenarien und die Umsetzung in strategische Maßnahmen wurde dem Kernteam übertragen, das für diese Aufgabe um zwei Manager (Vertrieb, Technik) erweitert wurde. Dieses Team traf sich zu zwei halbtägigen Sitzungen. Die erste Sitzung wurde noch vom externen Moderator geleitet; an der zweiten Zusammenkunft nahm er nicht mehr teil.

Die Auswertungsgruppe entwickelte auf der Basis der Szenarien eine Fülle von Produkt- und Marketingideen. Einige Produktideen seien genannt:

– persönliche Duschsequenz,
– Unterscheidung Erfrischungsdusche – Pflegedusche,
– Schnellschließ- und -öffnungsarmaturen,
– Sparschaltungen,
– die »neue Badewanne«,
– mit dem Fuß zu betätigende Armaturen.

Außerdem wurde beschlossen, spezielle Produktsysteme für den gehobenen Privatbedarf, den schlichten Privatbedarf, für Krankenhäuser und Heime, für Hotels sowie für Büro- und Wirtschaftsgebäude zu entwickeln. Dabei sollte auf mehrfach einsetzbare Module zurückgegriffen werden.

Die Szenarien wurden vor den Führungskräften präsentiert und die wesentlichen strategischen Konsequenzen, die sich daraus ergaben, wurden vorgestellt. Für das Unternehmen resultierte aus den Szenarien ein Schub an Produktinnovationen sowie eine neue Positionierung im Markt.

2.4 Zwei weitere (verkürzte) Beispiele

AZUBIs 2004

In einem Konzernunternehmen orientierte sich die Zahl der jährlich abgeschlossenen AZUBI-Verträge sowie die Aufteilung auf unterschiedliche Lehrberufe an Vergangenheitszahlen, die nur geringfügig aktualisiert wurden. Zwischen Vertragsabschluß und Übernahme als regulär Beschäftigte vergehen – bei Einrechnung der Bundeswehrzeit – knapp fünf Jahre. Die AZUBI-Verträge sollten also am Bedarf in fünf bis zehn Jahren ausgerichtet werden. Die Szenario-Technik bot sich als Methode für diese Analyse an.

Die Federführung für das Projekt »AZUBIs 2004« lag bei der Personalabteilung. Zwei Mitarbeiter betreuten und koordinierten das Projekt.

Nach Durchsprache der Einflußzusammenhänge wurde beschlossen, die Szenarien in zwei Ebenen anzulegen. Die äußere Ebene bezog sich auf alle Einflußfaktoren außerhalb des Konzerns; die zweite Ebene sollte alle internen Einflußfaktoren (Umstrukturierungen, Technologieverlagerungen, strategische Veränderungen) berücksichtigen.

Alle erforderlichen Fachleute waren im Konzern vorhanden. Allerdings war die zeitliche Verfügbarkeit sehr begrenzt, da gleichzeitig Umstrukturierungs- und Zertifizierungsprozesse im Unternehmensverband abliefen. Die Terminfindung für Workshops war äußerst schwierig; schließlich wurde vereinbart, anstelle von Workshops eine Serie von halbtägigen Arbeitssitzungen durchzuführen. Alle Sitzungen fanden im Zeitrahmen von 13.30–18.30 Uhr statt; in den Einladungen wurde allerdings auf »open end« hingewiesen. So zog sich auch eine Sitzung bis 21.00 Uhr hin. Insgesamt fanden acht dieser Arbeitssitzungen statt.

Bei dieser Organisationsform der Bearbeitung konnte die personelle Kontinuität nicht eingehalten werden. Dieser Nachteil mußte durch immer wieder vorzunehmende methodische Erläuterungen sowie durch ausführliche Präsentation und Dokumentation der bereits erarbeiteten Ergebnisse sowie durch den Appell, die bereits vorliegenden Arbeitsergebnisse nicht mehr in Frage zu stellen, ausgeglichen werden.

Die Szenarien wurden ausschließlich von der Personalabteilung ausgewertet. Die gesamte AZUBI-Politik wurde neu formuliert.

Jubiläumsschrift eines Pharmaherstellers

Ein Pharmaunternehmen beschließt zum 100jährigen Jubiläum anstatt einer üblichen Jubiläumsschrift, die die Unternehmensgeschichte auf Glanzpapier darstellt, eine Szenario-Studie zu erstellen und damit in die Öffentlichkeit zu treten. Die Studie wurde »Arzt 2000« genannt.

Die Durchführung der Studie wurde federführend einem Institut übertragen, das jedoch für die Workshop-Arbeit auf Mitarbeiter des Unternehmens zurückgriff. Drei Arztbilder werden aus den Szenarien abgeleitet. Flankierend zur Szenario-Studie wurde eine Ärztebefragung durchgeführt, die der Überprüfung der Relevanz und Realitätsnähe der Arztbilder diente.

Die Szenarien wurden im Rahmen der Jubiläumsveranstaltungen nach einführenden Worten eines Mitglieds der Gründerfamilie als Vortrag präsentiert. Dieser Vortrag wurden mit Videokamera aufgenommen; schematische Darstellungen und Schaubilder wurden integriert. Die daraus entstandene Videokassette und eine illustrierte Schrift wurde den Pharma-Referenten zur Verfügung gestellt. Sie benutzten diese Video-Kassette mit einer Abspieldauer von 55 Minuten für Einzel- und Gruppendiskussionen mit Ärzten. Mit diesen Gesprächsrunden sollte den Ärzten Orientierung für die persönliche Ausrichtung und Planung für die Zukunft gegeben werden.

Die Szenarien wurden in abgewandelter Form auch intern ausgewertet und flossen so in strategische Überlegungen ein.

3. Empfehlungen für die Unternehmenspraxis und empirische Erkenntnisse

Von Szenarien oder anderen Methoden der Vorausschau sollte nicht erwartet werden, daß sie die Zukunft exakt vorzeichnen. Der Sinn der Szenario-Technik ist die Zukunftsanalyse, d. h.:

- die Auseinandersetzung mit möglichen Annahmen,
- die bewußte Wahl bestimmter Annahmen,
- das Erkennen von Engpässen,
- die Sensibilisierung für Diskontinuitäten,
- das Aufzeigen möglicher Konsequenzen komplexer Entwicklungen,
- das Durchdenken alternativer Zukunftsentwicklungen und deren Umsetzung in Maßnahmen.

Mit Hilfe solcher Analysen wird es gelingen,

- sich besser auf die zukünftigen Entwicklungen einzustellen,
- besser zu planen und
- besser zu entscheiden.

Wie die vorangehend vorgestellten Beispiele schon zeigten, hat es sich bewährt, Szenarien in Workshops zu erarbeiten. Die Zusammensetzung der Workshop-Gruppen variiert über den Prozeß der Szenario-Erstellung. Es wird mit einem Kernteam (3–5 Personen) und einem erweiterten Teilnehmerkreis (7–15 Personen) gearbeitet. Unterschiedliche Gruppenarbeitstechniken (Kreativitätstechniken, Bewertungsmethoden und Abstimmungsverfahren) werden eingesetzt. Die Erarbeitung von Szenarien in Workshops hat folgende Vorteile:

- Die verschiedenen fachlichen Aspekte können gleichzeitig eingebracht und abgestimmt werden.
- Das vertretene Expertenwissen deckt bereits einen Großteil des Informationsbedarfs ab.
- Einseitigkeiten werden vermieden.
- Die Bearbeitung kann konzentriert, effizient und schnell erfolgen; die differenzierte Methodik vermeidet Leerlauf, Spannungen und Konflikte.

- Man kann Entscheider in den Prozeß einbinden.
- Positive Effekte für die beteiligten Mitarbeiter: Motivation, Identifikation mit Ergebnissen, Sensibilität für Entwicklungen.

Für die Anwendung der Szenario-Technik lassen sich folgende Thesen aufstellen (vgl. Meyer-Schönherr 1990):

- Unternehmen, die in einem instabilen politischen und sozialen Umfeld operieren, nutzen vergleichsweise häufig die Szenario-Technik.
- Unternehmen, die ihrer strategischen Planung einen vergleichsweise langen Betrachtungshorizont zugrunde legen, nutzen die Szenario-Technik häufiger. (Die Szenario-Technik ist in kapitalintensiven Branchen am weitesten verbreitet.)
- Unternehmen, die ihre unternehmensspezifischen Umfeldentwicklungen systematisch erfassen und analysieren, setzen eher die Szenario-Technik ein.

Die Vorteile des Einsatzes der Szenario-Technik im Rahmen von Planungsprozessen lassen sich wie folgt zusammenfassen (vgl. Paul 1987): Die Szenario-Technik ist eine sehr flexible Methodik im Hinblick auf

- den Informations-Input: qualitative Informationen können ebenso gut verarbeitet werden wie quantitative Informationen,
- die Tiefe der Untersuchung,
- den Gegenstand der Untersuchung: Forschungsplanung, Investitionsplanung, Standortplanung, Marketingstrategie, PR-Aktionen usw.,
- die Methoden, die für die Informationsbeschaffung und -verarbeitung zur Anwendung kommen: Die Spannweite der Methoden reicht vom Brainstorming über Expertenbefragungen und morphologischen Analysen bis hin zur Cross-Impact-Analyse und zu Simulationstechniken. Softwareunterstützung ist inzwischen selbstverständlich geworden.

Die Szenario-Technik kann heute als ein leistungsstarkes Instrument der strategischen Planung angesehen werden, mit dem in relativ kurzer Zeit und mit vertretbarem Aufwand zukünftige Erfordernisse erkannt und Maßnahmen insbesondere langfristigen Charakters abgeleitet werden können. Seit Mitte der achtziger Jahre nimmt die Anwendung der Szenario-Technik in der deutschen Wirtschaft kontinuierlich zu.

Literatur

Geschka, Horst: Technologie-Szenarien – ein Analyse- und Planungsinstrument des Technologiemanagements. In: Zahn, Erich (Hrsg.): Technologiemanagement und Technologien für das Management. Stuttgart 1994, S. 153–171.

Geschka, Horst; Hammer, Richard: Die Szenario-Technik in der strategischen Unternehmensplanung. In: Hahn, D.; Taylor, B.: Strategische Unternehmensplanung. 2. Auflage, Würzburg, Wien 1983, S. 238ff.

Geschka, Horst; Winckler, Barbara: Szenarien als Grundlagen strategischer Unternehmensplanung. In: technologie & management, 38. Jg., 1989, Heft 4, S. 16–23.

Geschka, Horst; Winckler, Barbara: Die Szenariotechnik – eine Grundlage der Strategieentwicklung von Unternehmen und des Staates. In: Czap, Hans (Hrsg.): Unternehmensstrategie im sozio-ökonomischen Wandel. Berlin 1990, S. 75–88.

Heyde, Wolfgang; Laudel, Gerd; Pleschak, Franz; Sabisch, Helmut: Innovationen in Industrieunternehmen – Prozesse, Entscheidungen und Methoden. Wiesbaden 1991.

Kneschaurek, Francesco: Szenarioanalysen. In: Buchinger, Gerhard: Umfeldanalysen für das strategische Management. Wien 1983, S. 311–320.

Makridakis, Spyros; Reschke, Hasso; Wheelright, Steven C: Prognosetechniken für Manager. Wiesbaden 1980.

Meyer-Schönherr, Mirco: Die Szenario-Technik als Instrument der strategischen Planung. Dissertation, Frankfurt 1990.

Minx, Erhard, P.W.: Einführung in Inhalt und Konzeption des Seminars Langfristprognose. In: Daimler-Benz (Hrsg.): Langfristprognosen. Düsseldorf 1985, S. 1–6.

Paul, Ingeborg: Technikfolgen-Abschätzung als Aufgabe für Staat und Unternehmen. Frankfurt, Bern, New York, Paris 1987.

Prognos: Die Bundesrepublik Deutschland 1990, 2000, 2010. Prognos Report Nr. 12, Prognos AG, Basel 1986.

Tietzel, Manfred: Wirtschaftsprognosen – Zur Leerformel gemacht. In: Wirtschaftswoche Nr. 22, 5/1985, S. 114–119.

Kapitel 5

Szenario-Technik zur Zinsspannensteuerung in Kreditinstituten

Michael Nießen, Wolf Müller

Inhalt
1. Vorwort 69
2. Einleitung 70
3. Quantifizierung des Zinsspannenrisikos 71
   3.1 Statische Elastizitätsanalyse 71
   3.2 Dynamische Elastizitätsanalyse 74
   3.3 Aufgabe der Szenario-Technik 79
4. Steuerung der Zinsspanne 80
   4.1 Steuerungsmöglichkeiten 80
   4.2 Absicherung der Zinsspanne 82
5. Fazit 84

1. Vorwort

Die Stadt-Sparkasse Düsseldorf gehört mit einer Bilanzsumme von 11,5 Milliarden DM, mit 370 000 Privat- und 12 000 Firmenkunden sowie mit 2400 Mitarbeitern zu den zehn größten Sparkassen in Deutschland. Nach umfassenden Maßnahmen zur Straffung des Geschäftsbetriebes standen die Jahre 1994 und 1995 ganz im Zeichen der konsequenten Ausrichtung aller Aktivitäten auf die Bedürfnisse der Kunden. Dies hatte Auswirkungen auf den Aufbau des Geschäftsstellennetzes, die Anforderungen an die Qualifikation der Mitarbeiter/-innen und bedeutet künftig ein differenzierteres Leistungsangebot auch außerhalb des traditionellen Vertriebswegs Geschäftsstelle. Kerngedanke bei der Steuerung der Vertriebsaktivitäten vor Ort ist die Ergebnisverantwortung der Kundenbetreuer. Controlling stellt die hierzu benötigten Informationen im Rahmen einer betriebswirtschaftlichen Datenbank zur Verfügung; jeder Mitarbeiter mit Kundenverantwortung kann diese Daten über ein leistungsfähiges Online-Informationssystem abrufen und im Sinne eines Self-Controlling auswerten.

Auch mit Einsatz dieser Hilfsmittel und Unterstützung durch die Preis- und Produktpolitik kommt es aufgrund unterschiedlicher Kundenpräferenzen (zum Beispiel nur eingeschränkte Bereitschaft der privaten Kunden, ihre Gelder bei niedrigen Zinsen längerfristig anzulegen, dagegen stärkeres Interesse dasselbe Niveau für längerfristige Kredite zu sichern) zu ungleichgewichtigen Bilanzentwicklungen bei Produkten und insbesondere bei den Zinsbindungsfristen. Hieraus leiten sich Zinsänderungsrisiken ab, die in den Folgejahren die Ertragslage der Sparkasse zum Teil erheblich negativ beeinflussen können. Im Rahmen der Bilanzstruktur-Steuerung ist es die Aufgabe von Controlling, diese Risiken zu quantifizieren und mögliche Maßnahmen zur Absicherung aufzuzeigen.

Der folgende Beitrag beschreibt, wie dies mit Hilfe der Szenario-Technik und von Elastizitätsbilanzen konkret geschieht.

2. Einleitung

Die Bilanz in einem Kreditinstitut besteht aus vielen Aktiv- und Passivbeständen, die unterschiedlich hoch verzinst werden. Es gibt Positionen, die keine Verzinsung aufweisen, wie zum Beispiel Kassenbestände oder Grundstücke und Gebäude auf der Aktivseite beziehungsweise das unverzinsliche Eigenkapital auf der Passivseite. Daneben existieren Positionen, für die variable Konditionen mit den Kunden vereinbart worden sind (beispielsweise Kontokorrentforderungen oder variabel verzinsliche Spareinlagen). Außerdem sind Aktiv- und Passivgeschäfte mit fest vereinbarten Konditionen vorhanden, die mit unterschiedlichen Volumina zu unterschiedlichen Zeitpunkten auslaufen; hierzu gehören zum Beispiel Realkredite und Sparbriefe.

Zusätzlich kommen täglich viele neue Geschäfte hinzu, die vom aktuellen Marktzinsniveau und der aktuellen Zinsstruktur geprägt sind, wobei jedes Kreditinstitut ständig im Wettbewerb mit anderen Kreditinstituten steht und mit immer informierteren und kritischeren Kunden rechnen muß.

Sobald sich die Marktzinsen verändern, wird das Kreditinstitut prüfen, ob es seine Konditionen anpassen soll. Jegliche Konditionsanpassungen wirken sich voll auf die variablen Bilanzpositionen und die Neugeschäfte aus. Im Festzinsgeschäft werden nur die auslaufenden

Volumina angepaßt. Jedes zusätzliche Neugeschäft führt durch Veränderung der Durchschnittsverzinsung der einzelnen Bilanzposition zu Verschiebungen der Verzinsung der gesamten Bilanzseite. Diese Zinsveränderungen innerhalb der Bankbilanz führen zu Ertragschancen oder -risiken, die sich in einer schwankenden Zinsspanne (Differenz zwischen dem durchschnittlichen Aktiv- und dem durchschnittlichen Passivzins) widerspiegeln.

In diesem Beitrag wird mit Hilfe einiger einfacher Beispiele dargestellt, wie in der Praxis das aktuelle Zinsspannenrisiko quantifiziert wird. Hierbei wird das statische und das dynamische Elastizitätskonzept erklärt. Da für die Risikosteuerung die zukünftigen Zinsen von entscheidender Bedeutung sind, wird die erwartete Zinsentwicklung anhand verschiedener Szenarien simuliert, um mögliche Auswirkungen auf die Ertragslage der Bank berechnen zu können.

3. Quantifizierung des Zinsspannenrisikos

3.1 Statische Elastizitätsanalyse

Die statische Elastizitätsanalyse erfaßt alle Positionen der Bankbilanz mit Volumen, Durchschnittszinssatz und Elastizität. Die Angaben zum Volumen und zum Durchschnittszinssatz sind leicht aus betriebseigenen Statistiken zu entnehmen. Was aber stellt die Elastizität dar und wie wird sie ermittelt? Die Elastizität beschreibt, um wieviel Prozent sich ein bestimmter Kundenzinssatz verändert, wenn sich der entsprechende Marktzinssatz (Referenzzinssatz) um einen Prozentpunkt verändert. Steigt zum Beispiel die Wertpapier-Rendite für eine Laufzeit von zehn Jahren um einen Prozentpunkt und verändert sich die Kundenkondition für Wohnungsbaudarlehen mit einem Festzinssatz für zehn Jahre um 0,8 Prozentpunkte, so ergibt sich zu diesem Zeitpunkt eine Elastizität von 0,8 (0,8 Prozent dividiert durch 1,0 Prozent). Die Kundenkondition steigt bzw. fällt also mit 80 Prozent der Marktzinsänderung. In der Praxis werden hierbei Kundenkondition und eine Vielzahl von Marktzinsen in langen Zeitreihen gegenübergestellt. Aus diesen Daten wird dann statistisch der Marktzins errechnet, dessen Entwicklung mit derjenigen der Kundenkondition am besten übereinstimmt. Dann kann deren Elastizität ermittelt werden. Marktzinsen können hier zum Beispiel Tagesgeldsätze, Sätze für Monatsgelder oder auch Wertpapier-Renditen für ein bis zehn Jahre sein.

Vereinfacht könnte eine solche statische Elastizitätsbilanz, die nach festen und variablen Geschäften unterteilt wird, aussehen wie in Tabelle 1 dargestellt.

Die aktuelle Zinsspanne beträgt 2,85 Prozent (7,80 – 4,95 Prozent). Ein Zinsänderungsrisiko kann sich in dem Beispiel auf die Zinsspanne daraus ergeben, daß die 600 DM Festzinsgeschäfte der Aktivseite nur zu 400 DM durch Passivgeschäfte mit Festzins refinanziert sind. Diese können bei Marktzinsänderungen nicht angepaßt werden und bergen somit auch kein Zinsänderungsrisiko. 200 DM sind aber bei steigenden Zinsen einer Verteuerung der Refinanzierung ausgesetzt, welche die Zinsspanne schmälert. Bei einer Marktzinssteigerung um einen Prozentpunkt errechnet sich für den variabel refinanzierten Teil der aktiven Festzinspositionen (200 DM) das Risiko nach folgender Formel:

$$\text{Festzinsüberhangrisiko} = (600\text{ DM} - 400\text{ DM}) \times 1\% \times (-0{,}400)$$
$$: 1000\text{ DM} = -0{,}08\%$$

Aber auch die variablen Positionen der Aktivseite, denen variable Refinanzierungsmittel auf der Passivseite gegenüberstehen, beinhalten ein Zinsänderungsrisiko, weil das Zinsanpassungsverhalten der Kreditinstitute auf der Aktiv- und auf der Passivseite unterschiedlich ist. Das variable Risiko dieser 400 DM Aktivgeschäfte, die variabel refinanziert sind, berechnet sich nach folgender Formel:

$$\text{Variables Risiko} = [(1000\text{ DM} - 600\text{ DM}) \times 1\% \times (0{,}725 - 0{,}400)]$$
$$: 1000\text{ DM} = 0{,}13\%$$

Dieses Kreditinstitut profitiert also bei den variablen Bilanzpositionen von Marktzinssteigerungen (Zinsspannenverbesserung um 0,13 Prozentpunkte), muß aber für den Festzinsüberhang Einbußen hinnehmen (– 0,08 Prozentpunkte). So erwartet das Kreditinstitut in der Summe eine Verbesserung der Zinsspanne um 0,05 Prozentpunkte auf 2,90 Prozent, wenn die Marktzinsen um einen Prozentpunkt steigen. Nach der Marktzinsänderung sieht die neue Elastizitätsbilanz wie in der folgenden Tabelle aus, wobei die Elastizitäten sich auf die neuen Konditionszinssätze ausgewirkt haben (vgl. Tabelle 2):

Szenario-Technik in Kreditinstituten 73

	Aktiv				Passiv		
Bilanzposition	Volumen	Zinssatz	Elastizität	Bilanzposition	Volumen	Zinssatz	Elastizität
Festzins Nr. 1	100 DM	12,00 %	0,000	Festzins Nr. 1	150 DM	8,00 %	0,000
Festzins Nr. 2	200 DM	6,00 %	0,000	Festzins Nr. 2	250 DM	6,00 %	0,000
Festzins Nr. 3	300 DM	9,00 %	0,000	Summe »fest«	400 DM	6,75 %	0,000
Summe »fest«	600 DM	8,50 %	0,000	Variabel Nr. 1	150 DM	3,00 %	0,300
Variabel Nr. 1	150 DM	8,00 %	0,850	Variabel Nr. 2	150 DM	2,00 %	0,100
Variabel Nr. 2	250 DM	6,00 %	0,650	Variabel Nr. 3	300 DM	5,00 %	0,600
Summe »var.«	400 DM	6,75 %	0,725	Summe »var.«	600 DM	3,75 %	0,400
Bilanzsumme	1000 DM	7,80 %	0,290	Bilanzsumme	1000 DM	4,95 %	0,240

Tabelle 1: Die statische Elastizitätsbilanz einer Bank vor der Marktzinsänderung

	Aktiv				Passiv		
Bilanzposition	Volumen	Zinssatz	Elastizität	Bilanzposition	Volumen	Zinssatz	Elastizität
Festzins Nr. 1	100 DM	12,00 %	0,000	Festzins Nr. 1	150 DM	8,00 %	0,000
Festzins Nr. 2	200 DM	6,00 %	0,000	Festzins Nr. 2	250 DM	6,00 %	0,000
Festzins Nr. 3	300 DM	9,00 %	0,000	Summe »fest«	400 DM	6,75 %	0,000
Summe »fest«	600 DM	8,85 %	0,000	Variabel Nr. 1	150 DM	3,30 %	0,300
Variabel Nr. 1	150 DM	8,85 %	0,850	Variabel Nr. 2	150 DM	2,10 %	0,100
Variabel Nr. 2	250 DM	6,65 %	0,650	Variabel Nr. 3	300 DM	5,60 %	0,600
Summe »var.«	400 DM	7,48 %	0,725	Summe »var.«	600 DM	4,15 %	0,400
Bilanzsumme	1000 DM	8,09 %	0,290	Bilanzsumme	1000 DM	5,19 %	0,240

Tabelle 2: Die statische Elastizitätsbilanz einer Bank nach der Marktzinsänderung

Das Ergebnis mit der Formelberechnung wird in der neuen Elastizitätsbilanz bestätigt. Die Zinsspanne errechnet sich mit (8,09 – 5,19 Prozent =) 2,90 Prozent. Es ist gut zu erkennen, wie die festen und variablen Volumina und deren Zinssätze sich bei Zinsänderungen über die unterschiedlichen Elastizitäten auf die Zinsspanne auswirken können. Bei sinkenden Zinsen ergibt sich ein umgekehrtes Ergebnis. Bei einer Marktzinssenkung um einen Prozentpunkt beträgt das Festzinsüberhangrisiko 0,08 Prozentpunkte und das variable Risiko – 0,13 Prozentpunkte. So entstehen also bei Marktzinsänderungen mit anderem Vorzeichen die gleichen Bruttozinsspannenauswirkungen mit entgegengesetztem Vorzeichen. Falls beispielsweise eine Marktzinsänderung um zwei Prozentpunkte untersucht werden soll, so hat das Ergebnis die doppelte Auswirkung im Vergleich zur Marktzinsänderung um einen Prozentpunkt. Es reicht also aus, die Zinsspannenauswirkung bei einer Marktzinsänderung um einen Prozentpunkt zu untersuchen und das Ergebnis bei anderen Marktzinsänderungen entsprechend zu errechnen.

3.2 Dynamische Elastizitätsanalyse

Neben der statischen Elastizitätsbilanz wollen Kreditinstitute aber auch Entwicklungen der Zinsspanne in den folgenden Jahren simulieren, um eventuell Maßnahmen zur Verbesserung der Ertragslage zu ergreifen. Hier ist das Hilfsmittel die dynamische Elastizitätsbilanz, die zusätzlich die unterschiedlichen Fälligkeitszeitpunkte der Festzinsgeschäfte mitberücksichtigt. Der Unterschied zur statischen Elastizitätsbilanz besteht also in der differenzierten Betrachtung der Festzinspositionen. Deshalb wird jede Festzinsposition in die folgenden drei Blöcke aufgeteilt:

Block 1: Neugeschäft, das im betrachteten Jahr abgeschlossen wurde.
Block 2: Altgeschäft, das im folgenden Jahr fällig wird.
Block 3: Altgeschäft, das im folgenden Jahr noch nicht fällig wird.

Zur Erklärung des Prinzips wird davon ausgegangen, daß kein zusätzliches Neugeschäft aus dem Markt in die Bilanzposition einfließt. Außerdem soll jedes fällige Geschäft in derselben Festzinsposition neu prolongiert werden. Mit Neugeschäft sind hier also alle Geschäfte gemeint, bei denen mit den Kunden für bereits bestehende Bestände neue Konditionen vereinbart werden.

Szenario-Technik in Kreditinstituten 75

Durch die Blöcke werden die auslaufenden Geschäfte mit in die Betrachtung einbezogen. Es erfolgt eine Spaltung in das Festzinsrisiko und in die durchschnittliche Elastizität der Bilanzposition im Ablaufjahr. Das Festzinsrisiko ist die entstandene Differenz zwischen den Durchschnittszinssätzen der Bilanzposition, wenn sich das Zinsniveau zwischen den betrachteten Jahren nicht verändert hat. Die durchschnittliche Elastizität der Bilanzposition im Ablaufjahr mißt dagegen die aktuell erwarteten Zinsänderungen.

Diese differenzierte Betrachtung jeder Festzinsposition für jedes zukünftige Jahr soll anhand eines Beispiels für eine Festzinsposition mit Hilfe der Tabellen 3 bis 5 verdeutlicht werden, wobei in diesem Beispiel die Veränderungen von 1994 auf 1995 betrachtet werden (vgl. Tabelle 3 bis 5).

Wichtig bei den erforderlichen Berechnungen innerhalb einer Festzinsposition sind insbesondere die Verschiebungen im Altgeschäft, die jedes Jahr neu ermittelt werden müssen. Um diese Berechnungen in einem Kreditinstitut durchführen zu können, müssen für jede Festzins-

Festzinsposition 1994

Neugeschäft, das 1994 getätigt wurde	Block 1	200 DM zu 9,00 %
Altgeschäft, das 1995 fällig wird	Block 2	**300 DM** zu 7,00 %
Altgeschäft, das erst nach 1995 ausläuft	Block 3	500 DM zu 8,00 %
Gesamtgeschäft per 31.12.1994		1000 DM zu 7,90 %

Tabelle 3: Blockdarstellung einer Festzinsposition

Festzinsposition 1995

Neugeschäft, das 1995 getätigt wird (Block 1)	**300 DM** zu 9,00 %
Altgeschäft, das 1996 fällig wird (Block 2)	200 DM zu 7,50 %
Altgeschäft, das erst nach 1996 ausläuft (Block 3)	500 DM zu 8,60 %
Gesamtgeschäft per 31. 12. 1995	1000 DM zu 8,50 %

*Tabelle 4: Blockdarstellung **ohne** Zinsänderung von 1994 auf 1995*

Festzinsposition 1995

Neugeschäft, das 1995 getätigt wird (Block 1)	**300 DM** zu 9,60 %
Altgeschäft, das 1996 fällig wird (Block 2)	200 DM zu 7,50 %
Altgeschäft, das erst nach 1996 ausläuft (Block 3)	500 DM zu 8,60 %
Gesamtgeschäft per 31. 12. 1995	1000 DM zu 8,68 %

*Tabelle 5: Blockdarstellung **mit** Zinsänderung von 1994 auf 1995*

76 Kapitel 5

position die zukünftigen fälligen Geschäfte mit deren Durchschnittsverzinsung bekannt sein.

Die 300 DM in der Festzinsposition 1994 werden 1995 zum Neugeschäft. Erfolgt von 1994 auf 1995 keine Zinsänderung, so gilt weiterhin die Kondition 9,00 Prozent (vgl. Tabelle 4), erfolgt dagegen eine Marktzinssteigerung um einen Prozentpunkt bei einer Elastizität von 0,60, so werden die 300 DM 1995 mit 9,60 Prozent verlängert (vgl. Tabelle 5).

Das Altgeschäft in Höhe von 500 DM, das erst nach 1995 ausläuft und mit durchschnittlich 8,00 Prozent verzinst wird, wird zweifach verändert. Das Altgeschäft, das 1996 in Höhe von 200 DM prolongiert werden muß und noch im Durchschnitt zu 7,50 Prozent verzinst wird, muß herausgerechnet werden. Dafür kommt aber das Neugeschäft aus 1994 in Höhe von 200 DM, das mit einem durchschnittlichen Zinssatz von 9,00 Prozent versehen ist, hinzu. Als Ergebnis ergibt sich ein neuer Block 3, der das Altgeschäft, das erst nach 1996 ausläuft, beinhaltet. In der Festzinsposition ist 1995 deshalb der Block 3 mit einem Volumen in Höhe von 500 DM und einem neuen Durchschnittszinssatz von 8,60 Prozent enthalten.

Die Gesamtpositionsverzinsung ändert sich, wie aus den Tabellen 3 und 4 ersichtlich, immer um das Festzinsrisiko, das hier 0,60 Prozentpunkte beträgt, weil dem neuen Durchschnittszinssatz von 8,50 Prozent 1994 nur 7,90 Prozent gegenüberstehen. Auf der Aktivseite ist das positiv für die Bank, weil ja höhere Zinserträge entstehen, wogegen ein positives Ergebnis auf der Passivseite die entsprechend umgekehrte Wirkung hat.

Die unterschiedliche Verzinsung der Gesamtposition in den Tabellen 4 und 5 ist durch die Marktzinsänderung um plus einen Prozentpunkt im betrachteten Jahr mit der passenden Elastizität der Bilanzposition verursacht worden. Die durchschnittliche Elastizität der Bilanzposition im Ablaufjahr beträgt im Beispiel 0,18 Prozentpunkte, weil die Durchschnittsverzinsung der Gesamtposition mit Marktzinsänderung bei 8,68 Prozent liegt, wogegen sich ohne Marktzinsänderung nur 8,5 Prozent ergeben. Dieses Ergebnis läßt sich mit folgender Formel auch direkt berechnen:

$$\varnothing \text{ Elastizität im Ablaufjahr} = 300 \text{ DM} : 1000 \text{ DM} \times 1\% \times 0{,}6 = 0{,}18\%$$

Die 0,18 Prozentpunkte sind auf der Aktivseite positiv für die Bank, weil auch hier wie beim Festzinsrisiko höhere Zinserträge entstehen, wobei ein positives Ergebnis auf der Passivseite zu höheren Zinsaufwendungen führt.

Diese Berechnung ist sicherlich etwas aufwendig, allerdings läßt sich diese Blockdarstellung am Computer leicht durchrechnen. Voraussetzung ist allerdings, daß die zukünftigen Festzinsabläufe mit deren Durchschnittsverzinsungen beispielsweise aus einer Zinsbindungsbilanz bekannt sind.

Nun lassen sich mehrere dynamische Elastizitätsbilanzen erstellen, die auch die unterschiedlichen Festzinsabläufe in den folgenden Jahren mitberücksichtigen. Zusätzlich ergibt sich neben der durchschnittlichen Elastizität auch eine Spalte für das Festzinsrisiko. Die Auswirkungen dieser verschiedenen Einflußgrößen auf die Zinsspanne lassen sich an den zwei folgenden dynamischen Elastizitätsbilanzen von 1994 und 1995 darstellen. In der Praxis werden normalerweise die fünf kommenden Jahre regelmäßig analysiert (vgl. Tabelle 6, S. 78).

Auffällig ist in der dynamischen Elastizitätsbilanz, daß sich im Vergleich zu den statischen Elastizitätsbilanzen bei den Festzinspositionen durchschnittliche Elastizitäten befinden. Diese ergeben sich aus der gesamten Elastizität einer Bilanzposition, die mit dem fällig werdenden Geschäften gewichtet werden, weil ja nur diese Geschäfte dem Zinsänderungsrisiko unterliegen. Das Festzinsrisiko besteht auch nur für das auslaufende Geschäft und beschreibt die Veränderungen der Zinsen vor dem aktuell untersuchten Jahr. So kann, wie in der dynamischen Elastizitätsbilanz 1995 erkennbar ist, das Festzinsrisiko auch negativ werden.

Wie kann jetzt aus der letzten Bilanzzeile die zukünftige Zinsspanne errechnet werden? Ausgehend von der aktuellen Zinsspanne werden die durchschnittlichen Elastizitäten mit der erwarteten Marktzinsänderung hinzugerechnet. Wenn hierzu noch das Festzinsrisiko eingerechnet wird, ergibt sich die erwartete Zinsspanne.

Zinsspanne 1994 = 7,80 % – 4,95 % = 2,85 %
Zinsspanne 1995 = 2,85 % + 0,330 % × 2 - 0,270 % × 2 + 0,240 %
  – 0,150 % = 3,06 %

Aus der Berechnung der Zinsspanne für 1995 ergeben sich genau die Ansatzpunkte, die für eine Steuerung der Zinsspanne benötigt werden.

Kapitel 5

Dynamische Elastizitätenbilanz 1994

	Aktiv					Passiv			
Bilanzposition	Volumen	Zinssatz	Ø Elastizität	Festzinsrisiko		Bilanzposition	Volumen	Zinssatz	Ø Elastizität	Festzinsrisiko
Festzins Nr. 1	100 DM	12,00 %	0,060 %	0,800 %		Festzins Nr. 1	150 DM	8,00 %	0,100 %	0,500 %
Festzins Nr. 2	200 DM	6,00 %	0,080 %	0,200 %		Festzins Nr. 2	250 DM	6,00 %	0,060 %	0,300 %
Festzins Nr. 3	300 DM	9,00 %	0,060 %	0,400 %		Summe »fest«	400 DM	6,75 %	0,075 %	0,375 %
Summe »fest«	600 DM	8,50 %	0,067 %	0,400 %		Variabel Nr. 1	150 DM	3,00 %	0,300 %	
Variabel Nr. 1	150 DM	8,00 %	0,850 %			Variabel Nr. 2	150 DM	2,00 %	0,100 %	
Variabel Nr. 2	250 DM	6,00 %	0,650 %			Variabel Nr. 3	300 DM	5,00 %	0,600 %	
Summe »var.«	400 DM	6,75 %	0,725 %			Summe »var.«	600 DM	3,75 %	0,400 %	
Bilanzsumme	1000 DM	7,80 %	0,330 %	0,240 %		Bilanzsumme	1000 DM	4,95 %	0,270 %	0,150 %
Zinsspanne	1994	2,85 %				Zinsspanne	1995	3,06 %		

Tabelle 6: Bilanzentwicklung bei Marktzinserhöhung um + 2 Prozentpunkte

Dynamische Elastizitätenbilanz 1995

	Aktiv					Passiv			
Bilanzposition	Volumen	Zinssatz	Ø Elastizität	Festzinsrisiko		Bilanzposition	Volumen	Zinssatz	Ø Elastizität	Festzins-risiko
Festzins Nr. 1	100 DM	12,92 %	0,080 %	-0,300 %		Festzins Nr. 1	150 DM	8,70 %	0,060 %	-0,300 %
Festzins Nr. 2	200 DM	6,36 %	0,100 %	-0,600 %		Festzins Nr. 2	250 DM	6,42 %	0,045 %	0,500 %
Festzins Nr. 3	300 DM	9,52 %	0,040 %	0,400 %		Summe »fest«	400 DM	7,28 %	0,051 %	0,200 %
Summe »fest«	600 DM	9,03 %	0,067 %	-0,050 %		Variabel Nr. 1	150 DM	3,60 %	0,300 %	
Variabel Nr. 1	150 DM	9,70 %	0,850 %			Variabel Nr. 2	150 DM	2,20 %	0,100 %	
Variabel Nr. 2	250 DM	7,30 %	0,650 %			Variabel Nr. 3	300 DM	6,20 %	0,600 %	
Summe »var.«	400 DM	8,20 %	0,725 %			Summe »var.«	600 DM	4,55 %	0,400 %	
Bilanzsumme	1000 DM	8,70 %	0,330 %	-0,030 %		Bilanzsumme	1000 DM	5,64 %	0,260 %	0,080 %
Zinsspanne	1995	3,06 %				Zinsspanne	1996	2,88 %		

Tabelle 7: Bilanzentwicklung bei Marktzinssenkung um -1 Prozentpunkt

Wenn diese Parameter (durchschnittliche Elastizität und Festzinsrisiko der Gesamtbilanz) durch zusätzliche Geschäfte verändert werden, so läßt sich die Zinsspanne ebenfalls beeinflussen (vgl. Tabelle 7).

In der dynamischen Elastizitätenbilanz 1995 ergibt sich die bereits berechnete Zinsspanne in Höhe von 3,06 Prozent. In der Praxis muß hier jedoch beachtet werden, daß sich durch Sondertilgungen, durch neue Geschäfte und durch Verschiebungen innerhalb der Bilanzpositionen schnell Veränderungen ergeben können. Außerdem sollte beachtet werden, daß in der Praxis auch häufig mit unterschiedlich hohen Marktzinsänderungen je Bilanzposition gerechnet wird, denn jeder Bilanzposition kann ein anderer Marktzins zu Grunde gelegt werden und der Sechs-Monats-Fibor schwankt zum Beispiel stärker als die Wertpapier-Rendite für zehn Jahre.

3.3 Aufgabe der Szenario-Technik

In den Abschnitten 2.1 und 2.2 wurde das Handwerkszeug des Zinsspannenmanagers beschrieben. Diese Tools können aber nur zuverlässige Angaben zur Zinsspannenentwicklung geben, wenn der Zinstrend richtig prognostiziert wurde. Um die Auswirkungen nicht erwarteter Zinsentwicklungen oder gar von einem »worst case« auf die Zinsspanne richtig beurteilen zu können, sollte der Zinsspannenmanager deshalb verschiedene Szenarien erstellen und die daraus resultierenden Zinsentwicklungen in das Elastizitätsmodell eingeben. So erhält er gemäß den Annahmen seiner Zinsszenarien die Auswirkungen auf die Zinsspanne und so auf die Haupteinnahmequelle des Kreditinstituts. Die Erstellung dieser verschiedenen Szenarien muß sehr sorgfältig durchgeführt werden, weil fehlende Informationen oder falsche Deutungen dieser Informationen zu hohen Verlusten bei den Absicherungsinstrumenten führen können. Anderseits kann eine gelungene Absicherungsstrategie dem Kreditinstitut über viele Jahre hinweg eine konstantere Zinsspanne liefern, mit der es sicher kalkulieren kann.

Deshalb muß der Zinsspannenmanager alle Faktoren, die auf die Szenarien Einfluß haben, berücksichtigen. Das können beispielsweise folgende Faktoren sein, deren Indikatoren in der Praxis zumindest beobachtet werden sollten:

Faktoren	Indikatoren, z. B.
– Bundesbankpolitik	– Geldmengenentwicklung, Pensionsgeschäfte
– Geldwertstabilität	– Inflationsrate, Immobilien-, Edelmetallpreise
– Wirtschaftspolitik der Regierung	– Außenhandelsförderungen, Subventionen, Abgaben- und Steueränderungen
– Staatsverschuldung	– Verschuldung pro Kopf, Verschuldung von staatlichen Betrieben, Nettoneuverschuldung
– neue EU-Richtlinien (KWG-Novellen)	– Forderungen (Eigenkapital der Banken)
– Europapolitik, Währungsunion	– Währungsbewegungen
– Weltwirtschaft	– Währungsbewegungen, Inlandsvergleiche
– Arbeitsmarktpolitik	– Arbeitslosenquote
– Tarifpolitik	– Forderungen bzw. Angebote der Tarifpartner
– Konjunkturentwicklung	– Veränderung des Bruttosozialproduktes, Konsum-, Spar- und Investitionsquote
– Konkurrenzlage	– neue Banken (EU), neue Finanzangebote, Versicherungen, Bausparkassen usw. ⇨ Marktbeobachtung, Marktforschung
– Bonitätsentwicklung	– Kreditausfallquote, Insolvenzrate
– gesellschaftliche Wertvorstellungen	– Geltungsbedürfnis durch Wertpapierbesitz
– Altersstruktur der Bevölkerung	– Daten vom Statistischen Bundesamt
– Vertrauen in jegliche Politik	– Meinungsumfragen, Medienäußerungen
– Naturkatastrophen, Unfälle, Kriege	– Entwicklung im Balkankrieg

Bei der Anwendung der Szenario-Technik auf die Zinsspannenentwicklung gibt es für die Interpretation der Indikatoren nur zwei Möglichkeiten. Entweder verändern sich die Marktzinsen, oder innerhalb der Bankbilanz ergeben sich Strukturverschiebungen. Das kann eine Verschlechterung der Elastizität sein, oder es kann auch zu Verschiebungen zwischen den Bilanzpositionen kommen.

4. Steuerung der Zinsspanne

4.1 Steuerungsmöglichkeiten

Eine Möglichkeit zur Erreichung einer konstanteren Zinsspanne besteht darin, daß das Kundengeschäft in die gewünschte Richtung gesteuert wird. Da das Kundengeschäft aus vielen Einzelgeschäften besteht, verursacht diese Möglichkeit allerdings viel Arbeitsaufwand. Eventuell müssen Produkte in ungünstigen Zeiten für die Bank aus dem Angebot herausgenommen werden, was einer einheitlichen und kontinuierlichen Produktpalette widerspricht. Zusätzlich müssen die Kundenberater Produkte verkaufen, die häufig nicht dem Kundenwunsch entsprechen. Da die Kundenwünsche aber vorrangig zu behandeln sind, denn schlechte Beratungen führen zu abwandernden Kunden, die nur sehr schwer zurückgewonnen werden können, ist diese Möglichkeit von den Banken nicht gewollt und ist deshalb auch nicht durchführbar.

Ein Kreditinstitut kann aber auch eine Risikokompensation betreiben, das sogenannte Hedging. Je nach Bedarf werden auf einer Bilanzseite Festzinsprodukte und auf der anderen Seite variabel verzinsliche Produkte gekauft bzw. verkauft. So ändert sich durch die neue durchschnittliche Elastizität die gesamte zukünftige Ertragslage des Kreditinstituts. Als es noch keine Derivate auf dem Markt gab, wurden Risikopotentiale so abgesichert. Solche Geschäfte, die aufgrund ihrer Größenordnung in der Regel nur unter Banken getätigt werden, erhöhen das Bilanzvolumen künstlich. Wenn diese Geschäfte auslaufen, sinkt die Bilanzsumme entsprechend sehr stark. Diese Schwankungen sind unerwünscht, weil Banken ein kontinuierliches Wachstum aufweisen wollen. Außerdem werden so die eigenen Bilanzkennziffern gegebenenfalls stark beeinflußt. Die wichtigste ist die Eigenkapitalquote, die durch zusätzliche Schulden sinkt.

Das Hedging mit Derivaten ist die derzeitige Methode, Zinsänderungsrisiken abzusichern, weil Derivate bilanzunwirksame Geschäfte sind. Es erfolgen also nur Ausgleichszahlungen, die durch veränderte Marktzinsen entstanden sind. Dabei kann es sich um Verpflichtungen oder Wahlrechte (Optionen) handeln. Zu den gebräuchlichsten Zinsderivaten für die Zinsspannenabsicherung zählen folgende Instrumente:

Zinsswaps
Beim Zinsswap tauschen zwei Vertragspartner in der Regel feste gegen variable Zinsverpflichtungen aus. Der Festzinszahler profitiert von steigenden Zinsen, während der Partner, der die variablen Zinsen zahlen muß, von sinkenden Zinsen profitiert.

Caps
Ein Cap ist eine vertragliche Vereinbarung einer Zinsobergrenze, womit

sich der Käufer durch Zahlung einer Prämie gegen steigende Zinsen absichern kann. Bei Überschreitung des Caps erhält er die Zinsdifferenz zwischen Referenzzinssatz und Cap bezogen auf das Volumen.

Floors
Ein Floor ist eine vertragliche Vereinbarung einer Zinsuntergrenze, womit sich der Käufer durch Zahlung einer Prämie gegen sinkende Zinsen absichern kann. Bei Unterschreitung des Floors erhält er die Zinsdifferenz zwischen Floor und Referenzzinssatz bezogen auf das Volumen.

4.2 Absicherung der Zinsspanne

Mit Hilfe der Szenario-Technik und der dynamischen Elastizitätsbilanzen kann das Zinsspannenrisiko für die einzelnen Szenarien quantifiziert werden. Der Zinsspannenmanager bewertet nun die einzelnen Zinsspannenrisiken unter der Berücksichtigung der Eintrittswahrscheinlichkeiten. Als Ergebnis ergibt sich für ihn ein Szenario. Falls dort Verlustpotentiale vorhanden sind, sichert er diese zum Beispiel durch einen Swap so ab, daß der vermutete Verlust durch einen entsprechenden Gewinn gedeckt wird. Der Swap wird in der Praxis am häufigsten für solche Absicherungsstrategien benutzt. Da aber die restlichen Szenarien auch alle eintreten könnten, sollte er sich ein Bild von den Auswirkungen des Swaps auf die Zinsspannenentwicklungen der restlichen Szenarien machen, um endgültig über Maßnahmen zu entscheiden.

Für die Absicherung mit Swaps wird das nötige Absicherungsvolumen benötigt, wobei der Festzinssatz immer eine Elastizität von null aufweist, wogegen der variable Zinssatz in der Regel der Sechs-Monats-Fibor ist, der die Marktzinsänderungen mitvollzieht. Am Beispiel der dynamischen Elastizitätsbilanzen von 1994 und 1995, die das wahrscheinlichste Zins-Szenario darstellen sollen, soll die Absicherung erklärt werden. Von 1994 auf 1995 steigt die Zinsspanne an (vgl. Tabelle 6), wodurch hier kein Handlungsbedarf besteht. Von 1995 auf 1996 wird aber ein Rückgang um 18 Basispunkte erwartet (vgl. Tabelle 7, S. 78).

Der Grund für den Rückgang liegt mit sieben Basispunkten an der unterschiedlichen durchschnittlichen Elastizität (0,330 – 0,260 Prozent) bei einer einprozentigen Marktzinsänderung (MZÄ) und mit elf Basispunkten am aktiven und passiven Festzinsrisiko (– 0,030 – 0,080 Prozent).

Nach der folgenden Formel kann das benötigte Swapvolumen für den Ausgleich der durchschnittlichen Elastizität ermittelt werden:

$$\text{Swapvolumen} = \frac{[\text{Bilanzsumme} \times (\varnothing \text{ passive Elastizität} - \varnothing \text{ aktive Elastizität})]}{[\text{akt. Swap-Elastizität} \times \text{akt. MZÄ} - \text{pas. Swap-Elastizität} \times \text{pas. MZÄ}]}$$

Da die passive durchschnittliche Elastizität kleiner als die aktive durchschnittliche Elastizität ist, muß auf jeden Fall ein Swap gekauft werden, bei dem das Kreditinstitut Festzinsempfänger des Swaps ist. So profitiert das Kreditinstitut als variabler Zahler von erwarteten fallenden Zinsen. Daher ist die aktive Swapelastizität Null, so daß nach der Formel automatisch ein negatives Ergebnis entsteht (beim Festzinszahler wird das Ergebnis positiv).

Als Swapvolumen errechnet sich so [1000 DM × (0,260 – 0,330 Prozent)] : [0 – 1 × (– 1 Prozent)] = – 70 DM. Bei einer erwarteten Marktzinssenkung um einen Prozentpunkt spart das Kreditinstitut so einen Zinsaufwand von 70 DM × 1 Prozent, also 0,70 DM, bezogen auf die Bilanzsumme sieben Basispunkte, die genau dem Unterschied in den durchschnittlichen Elastizitäten entspricht.

Beim Festzinsrisiko verliert das Kreditinstitut 0,030 Prozentpunkte auf der Aktivseite und 0,080 Prozentpunkte auf der Passivseite. Das Kreditinstitut verliert also auf jeden Fall elf Basispunkte. Daher ergibt sich ein zusätzliches Swapvolumen von (1000 DM × 0,110 Prozent) = 110 DM, so daß insgesamt ein Festzinsempfänger-Swap in Höhe von 180 DM zur Komplettabsicherung abgeschlossen werden muß.

Ganz wichtig bei der Auswahl eines Swaps ist seine Laufzeit. Sollte im oben genannten Beispiel ein Jahr später ein mehrjähriger Zinsanstieg folgen, so würde das Kreditinstitut die folgenden Jahre die hohen variablen Zinsen zahlen müssen. Deshalb sollten die Zins-Szenarien über circa fünf Jahre berechnet werden, um die günstigste Swaplaufzeit und die erfolgversprechendste Absicherungsstrategie ermitteln zu können.

5. Fazit

Mit der dynamischen Elastizitätsbilanz steht den Kreditinstituten ein umfassendes und für die Praxis geeignetes Konzept zur Quantifizierung des Zinsspannenrisikos zur Verfügung. Hauptfaktor für die richtige Zinsspannensteuerung ist die durchdachte Ausarbeitung von relevanten Szenarien, um auf zukünftige Störeinflüsse besser vorbereitet zu sein. Hierin liegt auch gleichzeitig die wesentliche Schwierigkeit bei der Umsetzung. Die Instrumente können eine »Zinsmeinung« nicht ersetzen, sondern nur die unterschiedlichen Folgen sichtbar machen.

Mit Hilfe von Swapgeschäften läßt sich die Zinsspanne bewußt steuern, so daß sie beim Eintreten der Vermutungen konstanter gehalten werden kann. Erkannte existenzgefährdende Entwicklungen müssen auf jeden Fall durch Derivate eliminiert werden, wobei in jedem Kreditinstitut die erzielte Zinsspanne über der individuell ermittelten Mindestzinsspanne liegen muß, um die Kosten des Kreditinstituts decken zu können.

Da die Bilanzpositionen mit ihren durchschnittlichen Zinssätzen aufgrund der täglichen Geschäfte laufend in Bewegung sind, besteht die Notwendigkeit, die Zinsspannenentwicklung und deren Indikatoren ständig zu überwachen. Dazu gehört auch, die aufgestellten Prämissen mit den entsprechenden Szenarien jederzeit in Frage zu stellen, um auf erkannte Trendwenden sofort reagieren zu können.

Kapitel 6
Verbesserung der operativen Planung im Unternehmen

Die Anwendung effizienter Absatzplanungs- und Prognosesysteme

Rudolf Lewandowski

Inhalt
1. Voraussetzung für den Einsatz moderner Absatzplanungs- und Prognosesysteme in der operativen Planung 85
2. Absatzplanung als Basis der Logistiksteuerung oder Einbindung von Klient und Markt in die Logistikkette 87
3. Erwartungen der operativen Unternehmens- und Logistikplanung an ein Absatzplanungssystem 88
4. Verbesserung der Kommunikation zwischen Marketing und Logistik 91
5. Neue Technologien der Prognose für Vertrieb, Marketing und Logistik 92
6. Neue Dimension für das Management 93
7. Kosten-/Nutzen-Relation von effizienten Prognosesystemen 94
8. Beispiele von Anwendungen moderner Absatzplanungstechniken 94
Literatur 96

1. Voraussetzung für den Einsatz moderner Absatzplanungs- und Prognosesysteme in der operativen Planung

Die kurzfristige Absatzentwicklung steht bekanntlich am Anfang der Logistikkette und entspricht dem kundenorientierten Planungsdenken. Es wird den Leser also nicht überraschen, wenn wir behaupten, daß vieles, was wir als optimale Unternehmensplanung anstreben, von der Qualität der Absatzplanung abhängt, d. h. von der Absatzprognose.

Bislang wird jedoch mit klassischen verkaufsorientierten Planungsinstrumenten gearbeitet, die zwar der traditionellen pragmatischen Vorgehensweise entsprechen, die aber kaum mit den gegenwärtigen gewaltigen Schritten in der Planungstechnologie Schritt halten.

Sicherlich hat jedes Unternehmen seine eigene Absatzplanungsorganisation entwickelt, um den eigenen Bedarf zu decken; es wird jedoch dabei übersehen, daß hier beträchtliche Verbesserungspotentiale liegen.

Seit dem Beginn der neunziger Jahre erleben wir weltweit und in allen Branchen einen bis jetzt unbekannten Wettkampf um Rentabilität und Wettbewerbsverdrängung. Es werden dramatische Personalkostenreduzierungen vorgenommen, während gleichzeitig eine deutliche Verbesserung der gesamten Serviceleistung erreicht werden soll. Wir wissen jedoch: Dies ist ein mit traditionellen Methoden unlösbares Dilemma.

Unsere internationale Erfahrung zeigt, daß einem großen Teil der Manager noch nicht bewußt ist, welche entscheidende Bedeutung die Absatzprognosequalität für die Planungsaufgaben des gesamten Unternehmens hat; mehr noch, welchen qualitativen Sprung dies für die gesamte Rentabilität bedeutet.

Wie oft werden der täglichen Vorgehensweise Absatzprognosen zugrundegelegt, die »aus dem Bauch« oder mit etwas »Marktgefühl« entstanden sind. Dabei wird leicht vergessen, daß die gesamte Unternehmensplanung von der Distribution bis zur Produktion und zum Einkauf von diesen Schätzungen abhängt. Fehlprognosen sind in Anbetracht der Zeitplanproblematik die Regel – laufende Mehrkosten auch.

In den letzten Jahren sind jedoch entscheidende Fortschritte gemacht worden, die eine systemorientierte Absatzplanung erlauben und maßgebend sind für:

- eine deutliche Verbesserung der Absatzprognose auf jeder Detailebene,
- eine deutliche Reduzierung des traditionellen Personalaufwands für die Absatzplanung und
- neue Frühwarneigenschaften ermöglichen rechtzeitiges (dynamisches) Handeln.

Eine heutige Bestandsaufnahme der Anwendung von Prognosesystemen zeigt in den meisten europäischen Ländern ein unverständliches Bild: Nur 10 Prozent der Unternehmen benutzen für die Steuerung aller operativen Planungsaufgaben in Verkauf, Marketing, Distribution und Logistik regelmäßig solche Prognosesysteme, die als effizient betrachtet werden können.

Wenn wir heutzutage unsere operative Planung angefangen von der Steuerung der Distribution über die Optimierung des Transportwesens und der Lagerbestände bis hin zur Einkaufspolitik auf Prognosesysteme stützen würden, die heute als optimal gelten, so ist mit Produktivitätserhöhungen von 1–5 Prozent in allen oben genannten Bereichen zu rechnen. Wir stützen uns dabei auf eine Studie (»Die Absatzprognose und Produktivitätsverbesserungen in der Europäischen Industrie« Studie für die Europäische Gemeinschaft im Rahmen des ESPRIT-Projektes Force4, Marketing Systems, Essen, 1996) über Erfahrungswerte, die bei 100 europäischen Unternehmen erhoben wurden.

Aber welche sind in der Verwirrung von Lösungsansätzen die neuen Technologien, die diese Mehrkosten entscheidend reduzieren? Dieser Beitrag dient dazu, diese Fragen zu klären.

2. Absatzplanung als Basis der Logistiksteuerung oder Einbindung von Klient und Markt in die Logistikkette

Immer mehr Unternehmen verstehen die Planungsaufgabe in einem integrierten Zusammenhang, d. h., Entscheidungen werden entlang der Logistikkette von Klient bis zu Produktion/Einkauf getroffen und optimiert.

Man braucht nicht lange zu suchen, um festzustellen, daß wenn das erste Glied der Kette (die Absatzprognose) nicht optimal arbeitet; kein nachgelagertes Produktions- und Logistiksystem kostengünstig arbeiten kann. Wenn man nicht genau weiß, was die Kunden morgen benötigen bzw. bestellen werden, kann kein Logistikmanagement optimal gesteuert werden.

Es geht also darum, kundenspezifisch und produktspezifisch zu prognostizieren, was morgen bestellt werden wird. Es geht mithin um die Beantwortung der fünf W's:

- welche Produkte/Artikel (was)?
- an welchem Ort (wo)?
- bei welchem Kunden (wer)?
- in welcher Menge (wieviel)?
- zu welchem Zeitpunkt (wann)?

Unserer Meinung nach gibt es heute wenige Unternehmen, die diese fünffache Verknüpfung der Nachfragebedingungen mit der notwendigen Prognosegenauigkeit bewältigen.

Die Menge der aus diesen fünf W's zu verarbeitenden Informationen ist zu groß, um ihrer mit traditionellen Mitteln Herr zu werden; moderne Methoden der Prognostik liefern dagegen die Schlüssel zur Lösung dieser Planungsproblematik in Vertrieb und Logistik.

3. Erwartungen der operativen Unternehmens- und Logistikplanung an ein Absatzplanungssystem

Es scheint nicht überflüssig zu wiederholen, daß die Qualität der Absatzprognosen die Rentabilität des Unternehmens in entscheidender Weise beeinflußt. Prognosefehler produzieren auf allen Ebenen des Unternehmens Mehrkosten und diese müssen in allen Fällen erheblich reduziert werden.

Wie die nachstehenden Untersuchungen zeigen, sind heute für fast alle Unternehmen in allen Branchen und Größen erhebliche Produktivitätsverbesserungen möglich.

50 Prozent Prognosefehlerreduzierung ist möglich

Wir werden uns bei unseren Aussagen über die Erhöhung der Produktivität in der Logistik und über die potentielle Verbesserung der Prognosequalität durch gut funktionierende Prognosesysteme auf die Erfahrungen mit dem System FORSYS (in der internationalen Literatur auch als Lewandowski-Methode bekannt) beschränken (Auszüge dieser Methodik sind in »Prognose- und Informationssysteme«, Lewandowski 1991 dargestellt).

Dieses System hat, wie ein internationaler Methodenvergleich (vgl. Makridakis et al. 1984) ergab, der unter der Kontrolle von INSEAD durchgeführt und publiziert wurde, gegenüber jedem anderen Prognoseverfahren eine Reduzierung der Prognosefehler zwischen 25 und 50 Prozent zur Folge. Dies hat sich bei über 300 Unternehmen in Europa bestätigt.

Dieser Vergleich gibt eine Erklärung für die heutigen Anwendungsmißstände in der Praxis:

1. Über 90 Prozent der bekanntesten mathematischen Prognoseverfahren schaffen nicht den notwendigen Qualitätssprung zur Akzeptanz und

Verbesserung der operativen Planung 89

Anwendbarkeit. 30 Prozent aller Prognoseverfahren scheinen für die Praxis sogar unbrauchbar.

2. Diese schlechte Prognosequalität der meisten Prognosemethoden erklärt darüber hinaus, warum fast alle Firmen in ihrer jüngsten Vergangenheit mehrmals ihre Prognosesysteme umgestellt (abgestellt) haben, was sicherlich zu einer gewissen Verwirrung führt: »Unsere Produkte lassen sich nicht durch ein Prognosesystem prognostizieren ...«.

3. Da nachweislich eine Verbesserung der Prognosequalität bis zu 50 Prozent fast immer möglich ist – vorausgesetzt, man wählt das richtige Prognosesystem –, sollte bei der Auswahl von Prognosesystemen auf die Prognosequalität unbedingt geachtet werden.

Die folgende Abbildung verdeutlicht diese Aussagen noch einmal graphisch (vgl. Abbildung 1).

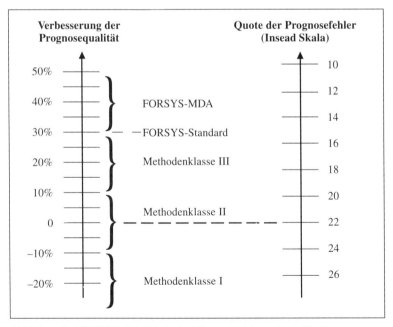

Abbildung 1: FORSYS-MDA (Method of Dynamic Adaptation): Ein Experten-System mit Optimierungseigenschaften für jede Zeitreihe

Es besteht zweifelsohne eine direkte Abhängigkeit zwischen der Prognosequalität und den Kosten in der Logistik, die wir aufgrund umfangreicher konkreter Beispiele quantifizieren können.

Bis zu 30 Prozent Lagerreduzierung

In der Praxis hat sich herausgestellt, daß für die Logistik die Volumen der zu prognostizierenden Absätze sehr hoch sein können. Wenn z. B. bei einem Unternehmen mit circa 1000 Artikeln laufend eine Distributionslogistik mit 50 Verkaufspunkten (dezentrale Läger) geplant wird, resultiert daraus ein Volumen von circa 50 000 Items, die z. B. wöchentlich zu bewältigen sind.

Folgende Regel hat sich weiterhin in allen Fällen bestätigt, nämlich: Je größer die Anzahl der zu prognostizierenden Items, desto größer ist die Reserve an Prognosequalitätsverbesserungen gegenüber den traditionell angewandten Methoden. Beispielsweise muß bei 10 000 laufend zu prognostizierenden Items mit einer Prognosequalitätsverbesserung, d. h. mit einer Prognosefehlerreduzierung, zwischen 25 und 50 Prozent gerechnet werden, je nach Produkten und nach Branchen.

Eine Prognosefehlerreduzierung in der oben erwähnten Größenordnung bedeutet gleichzeitig, d. h. über den Lagerreduzierungseffekt von circa 10–30 Prozent, eine Verbesserung der Lieferbereitschaft von 5–15 Prozent. Obwohl eine finanzielle Quantifizierung dieser Serviceleistung in den meisten Fällen schwierig ist, ist jedoch unumstritten, daß eine solche Verbesserung einen wichtigen Konkurrenzvorteil in der modernen kundenorientierten Strategie bedeutet.

Gesamtverbesserungen in der Logistikkette

So wie Verbesserungen im Marketing, Vertrieb und in der Materialwirtschaft (wie oben erwähnt) erreichbar sind, so sind Verbesserungen auch in allen anderen Bereichen des Managements zu erzielen (vgl. Lewandowski 1992). Ein Beispiel hierfür ist die Bedeutung der Früherkennung von kritischen Situationen für das Management. Auch hier steht außer Zweifel, daß eine direkte Verbindung zwischen der Prognosequalität und einer frühen Identifikation von zukünftigen kritischen Entwicklungen besteht:

1. 25–50 Prozent Prognosequalitätsverbesserung bedeuten, daß in allen Unternehmen eine frühe Identifikation von Absatztrendänderungen im Detail (d. h. nach Artikeln, nach Absatzregionen, nach Key-Accounts) 3–6 Monate im voraus erreicht werden kann. Es müßte damit deutlich sein, welch enorme Reaktionsverbesserung bzw. Flexibilitätsvorteile für die Gesamtplanung des Unternehmens resultieren.
2. Solche Früherkennung bedeutet Anwendungsmöglichkeiten des Management-by-Objectives von der Logistik bis hin zum Controllingbereich.
3. Letztlich sind für die Wiederbeschaffung von Rohprodukten unter anderem solche mittelfristigen Verbesserungen der Prognosequalität von entscheidender operativer Bedeutung und mit anderen Mitteln kaum erreichbar.

Wir glauben, hiermit die Bedeutung von effizienten Prognosesystemen für die operative Planung und besonders für die Distribution, Logistik und Produktion verdeutlicht zu haben.

4. Verbesserung der Kommunikation zwischen Marketing und Logistik

Aus der traditionellen Arbeitsweise zwischen den einzelnen Unternehmensbereichen entstehen Diskrepanzen und Konfliktzonen, z. B. daß der Bedarf an »Prognosetiefe« nach den fünf W's (Was, Wo, Wer, Wieviel, Wann) für eine optimale Logistik *nicht* oder äußerst selten von Marketing und Vertrieb gedeckt wird.

Als Beispiel: Für ein Unternehmen mit nur 500 Artikeln und zehn Absatzgebieten mit je 20 Key-Accounts bedeutet eine laufende Prognose für fünf Monate im voraus circa 0,5 Millionen Prognosen, die monatlich herzustellen wären. Mit klassischen Mitteln ist dies nicht zu bewältigen. Folglich limitiert sich das Marketing auf eine Prognose nach Produkten (z. B. 500 Artikel), der Vertrieb auf Produktgruppen (z. B. zehn PG) und nach wichtigen Key-Accounts (z. B. 15 KA) also auf circa 150 × 5 Prognosen, d. h. circa 750 Prognosezahlen pro Monat. Die Distribution und die Logistik sind also gezwungen, mit »einfachen« und uneffizienten Mitteln »ihr« Problem zu lösen. Damit ist ein optimaler Konsensus mit traditionellen Methoden kaum möglich.

Ein entscheidender strategischer Vorteil von modernen Prognosesystemen sind deren Integrationsmöglichkeiten im Hinblick auf einen gemeinsamen Planungsprozeß im Unternehmen.

5. Neue Technologien der Prognose für Vertrieb, Marketing und Logistik

Voraussetzung für eine signifikante Qualitätsverbesserung von Prognosen ist die Verwendung sogenannter dynamischer adaptierbarer Methoden, die es gestatten, auf der operativen Ebene, d. h. auf Artikelebene und Verkaufspunktebene, gesicherte Prognosen zu erstellen.

Dies bedeutet in den meisten Fällen, daß wir es bei der laufenden Analyse und Prognose mit mehreren 100 000 Absatzzeitreihen zu tun haben. Um dies zu präzisieren: Für eine Steuerung der Außenläger werden für rollierende Prognosen nach Artikel und Verkaufspunkt z. B. 10 000 Artikel × 50 Filialen (Läger) = 0,5 Millionen Absatzzeitreihen benötigt.

Bei der oben beschriebenen Datenmenge ist es heute möglich, für jede dieser Absatzreihen (also hier circa 500 000 Absatzzeitreihen), die zu prognostizieren sind, ihre wesentlichen Komponenten zu quantifizieren, insbesondere:

– die dynamischen Trends,
– die spezifischen Saisonalitäten,
– die spezifischen Kalender- und Temperatureinflüsse,
– die spezifischen Einflüsse von Aktionen und Sonderereignissen sowie
– die spezifischen Einflüsse von externen Faktoren (wie Preise).

Wie die oben genannte INSEAD-Untersuchung zeigt, sind nur wenige Prognosetechnologien in der Lage, diese Komponenten so zu analysieren, daß die angestrebten Verbesserungen erreicht werden können. Die Grundzüge solcher optimaler Prognosesysteme (die FORSYS-MDA [Method of Dynamic Adaptation] ist von allen Methoden aufgrund ihrer Prognosequalität die international bekannteste) sind:

1. Automatische Identifikation, welcher Prognoseansatz bzw. -methode für jede einzelne zu prognostizierende Zeitreihe geeignet ist, auch wenn wir mit Hunderttausenden von Zeitreihen zu rechnen haben.

2. Automatische Quantifizierung der saisonspezifischen Komponente.
3. Verwendung von Verfahren der »künstlichen Intelligenz« zur optimalen Bestimmung der einzelnen Parameter in jeder Periode und für jede Zeitreihe.
4. Integration und automatische Quantifizierung von Marketing- bzw. Vertriebsaktionen auf den Absatz jedes einzelnen Produktes.
5. Integration und automatische Quantifizierung von firmen- bzw. marktspezifischen explikativen Einflußgrößen (z. B. Branchenkennziffern, Konjunkturdaten etc.).
6. Adaptierungsmöglichkeiten an die Besonderheiten der Zielsetzungen der unterschiedlichen Planungsgegebenheiten im Unternehmen.

Auch hier zeigt sich uns, welche hohen Anforderungen an ein Prognosesystem gestellt werden, um den Erwartungen an die Effizienz gerecht zu werden. Um diesen Anforderungen gerecht zu werden, hat die Europäische Union die Firma Marketing Systems beauftragt, in Zusammenarbeit mit einigen Universitäten die Entwicklung von neuen Technologien basierend auf der Lewandowski-Methode durchzuführen (Lewandowski, 1996).

6. Neue Dimension für das Management

Mit Hilfe der beschriebenen automatischen und intelligenten Detailanalysen von Absatzzahlen mit hocheffizienten Analyse- und Prognosesystemen ist man heutzutage in der Lage, alle Daten des Unternehmens besser zu analysieren, zu kontrollieren und – last but not least – zu prognostizieren. Daraus resultieren die Möglichkeiten

1. eines laufenden effizienten Management by Exception, das zur großen Entlastung aller Planungsebenen bis hin zum Top-Management führt;
2. einer effizienten Zielsetzungsdefinition auf jeder Planungsebene mit den dazugehörigen effizienten Kontrollmechanismen;
3. erheblich besserer Planungsmöglichkeiten, wie z. B. der Produkt-Filialanalyse für Produktgruppen, Warengruppen und den zentralen Einkauf;
4. einer systematischen, effizienten, filialen-orientierten Analyse und letzten Endes der Einsatz als übergeordnetes Controlling-Instrument.

7. Kosten-/Nutzen-Relation von effizienten Prognosesystemen

Wenn wir uns die Frage der Kosten-Nutzen-Analyse stellen, müssen wir feststellen, daß die Gesamtkosten der Einführung und laufenden Benutzung eines solchen integrierten Analyse- und Prognosesystems in der Regel unter 100 000 DM *pro Jahr* (alle Kosten inbegriffen) zu veranschlagen sind.

Dagegen liegt die Gesamtkostenreduzierung, die direkt von der Prognosequalität abhängt, für die meisten Unternehmen zwischen einer Million und 50 Millionen DM. Die Erfahrung mit über 300 effektiven Anwendungen zeigt, daß sich die Kosten-/Nutzen-Relation zwischen ein Zehntel und ein Hundertstel bewegt.

Da solche neuen Technologien nicht nur eine deutliche Verbesserung der operativen Qualität jedes Planungssystems bewirken, sondern darüber hinaus zu einer deutlichen Verbesserung der operativen Managementaufgaben führen, ist damit zu rechnen, daß dieser Bereich der operativen Informationsbearbeitung im Unternehmen in der nächsten Zeit als strategische Dimension betrachtet werden wird.

8. Beispiele von Anwendungen moderner Absatzplanungstechniken

Die in diesem Beitrag formulierte bereichsübergreifende Bedeutung von Prognosen hat in den letzten Jahren verstärkt internationale und kostenbewußte Manager motiviert, die hier beschriebene Problematik der Absatzprognosen zu lösen. Um die unterschiedlichen Anwendungen zu zeigen, haben wir als Beispiel:

BMW-München

Unter anderem muß dieser renommierte Automobilhersteller damit kämpfen, daß kaum ein verkauftes BMW-Fahrzeug mit einem anderen verkauften BMW identisch ist. Fast jeder Käufer verlangt eine andere Ausstattung (Options). Die Anzahl der Kombinationen aller unterschiedlichen Sonderausstattungen liegt bei über 100 000. Die einzelnen Options müssen prognostiziert werden, um die Lieferzeiten im ganzen halten zu können (weniger als zwei Monate).

Die Einführung eines intelligenten Prognosesystems für diese Art der Absatzreihen – äußerst sporadische (seltene) Verkäufe und große Mengen an Absatzreihen (über 100 000) – wurde 1993 beschlossen und ist seit Anfang 1994 operativ. Die Resultate sind überzeugend: Prognosequalitätsverbesserung (d. h. Prognosefehlerreduktion) über 30 Prozent gegenüber der alten bis dahin verwendeten Technik.

UNILEVER-Gruppe

Diese internationale Gruppe beschloß 1990 die Einführung eines professionellen Prognosesystems zur Unterstützung ihrer Planungsaufgaben entlang der Logistikkette. Folgende Funktionalitäten wurden vorausgesetzt:

- äußerst genaue Prognosen,
- volle Unterstützung der marketing- und verkaufsorientierten Aktivitäten,
- anwenderfreundlich mit guten GUI (Graphical Users' Interface),
- adaptierbar an die einzelnen Gesellschaften mit unterschiedlichen Zielsetzungen,
- internationale Anwenderunterstützung.

Zur Zeit sind weltweit über 20 Installationen für sehr unterschiedliche Produktbereiche durchgeführt worden: Food, Eiscreme, Fleisch und Konserven, Waschmittel, Backprodukte etc. Die Installationen wurden durchgeführt in den USA, Deutschland, Frankreich, Niederlande, Österreich, Italien etc. Die Resultate liegen je nach Anwendungsbereich bei einer Prognoseverbesserung zwischen 20 und 35 Prozent.

Da die Prognosewerte direkt nach Überprüfung durch den Planer in das Logistikprogramm (in den meisten Firmen wird ein Supply Chain Management eingesetzt) eingebettet sind, sind entsprechende Verbesserungen erzielt worden.

Darüber hinaus sind deutliche Verbesserungen in der Planungskonsistenz und -qualität sowie in der Kommunikation zwischen den Planungsabteilungen erzielt worden.

Literatur

Lewandowski, R. (1991), Prognose und Informationssysteme, Bd. I, edit. by Marketing Systems.

Lewandowski, R. (1992), »Die Erhöhung der Produktivität in der Logistik durch gesicherte Absatzprognosen«, Deutscher Logistik-Kongreß, Berichtsband I.

Lewandowski, R.; Solé, J.; Cartot, J. M.; Lorés, J. (1996), »The Use of Statistical Methods for Operational and Strategic Forecasting in European Industry«, in: Comstat 1996 – Proceedings in Computational Statistics, Physica Verlag.

Makridakis, S. et al., 1984, The Forecasting Accuracy of Major Time Series Methods«, John Wiley & Sons.

Kapitel 7
Analyse und Planung mit Potential-Daten im Vertrieb

Helmut Bott

Inhalt
1. Unternehmensdaten und Beratungsschwerpunkte 97
2. Verschärfter Wettbewerb zwingt zum Aufspüren ungenutzter Potentiale 98
3. Marktsegmentierung als Voraussetzung für eine erfolgreiche Marktbearbeitung 100
4. Marktpotentiale zeigen Absatzchancen auf 101
5. Vertriebscontrolling mit Potentialen 102
6. Die Potential-Datenbank als Informationslieferant 104
7. Ergebnisse der Praxis 105
8. Analysebeispiel: Portfolio-Technik mit Potentialen 106
9. Planungsbeispiel: potential-verteilte Planumsätze 109
10. Nutzen der Potential-Konzeption für das Management und Akzeptanz bei den Mitarbeitern 113

1. Unternehmensdaten und Beratungsschwerpunkte

Seit Jahren befassen wir uns in Hochschule und Praxis mit Potential-Daten-Konzeptionen. Nur in tief segmentierten Märkten, deren Potential anhand objektiver ökoskopischer Marktstruktur-Daten ermittelt wird, lassen sich für mittelständische Unternehmen Chancen und Risiken erkennen und lokalisieren.

Wir wandeln Potential-Daten in Informationen, Informationen in Analysen und Analysen gemeinsam mit unseren Mandanten in Potential-Konzeptionen um, d. h. wir bieten eine umfassende Bestandsaufnahme mit anschließender Markt- und Unternehmensanalyse an. Zum laufenden Vertriebscontrolling stellen wir die relevanten Potential-Daten und eine dazu gehörende Vertriebscontrolling-Software zur Verfügung. Schulung, Wartung sowie Weiterentwicklung von Konzeption und Software sind für uns selbstverständlich.

Zusammen mit OdiSys GmbH, Darmstadt, entwickeln wir Manage-

ment-Informationssysteme, wobei die Schwerpunkte bei Kybernet auf dem betriebswirtschaftlichen Sektor und bei OdiSys auf dem DV-Sektor liegen. Zur Zeit beschäftigen wir zwölf Mitarbeiter. Unser Leistungsangebot umfaßt:
- Beratung und Schulung mit Schwerpunkt Vertriebscontrolling
- Dienstleistungen auf Potentiale-Basis:
  - Bereitstellung von Potential-Daten
  - Potential-Recherchen
  - Marktsegmentierung
  - Markt- und Unternehmensanalysen
  - Planungskonzeptionen/-systeme und Entscheidungshilfen der Planung
  - Restrukturierung und Optimierung von Verkaufsbezirken
- Software:
  - WinRESEDA: Client-/Server-Architektur als Vertriebscontrolling-System unter Windows
  - WinRESEDA light: Einplatzsystem unter Windows

Die Konzeption des Vertriebscontrolling mit Potential-Daten ist branchenneutral. Bisher haben sich als Schwerpunkte herausgebildet:
- Grundstoff- und Investitionsgüterindustrie:
  - Baugewerbe
  - chemische Industrie
  - Maschinenbau
  - Elektroindustrie
- Dienstleistungsbereich:
  - Finanzdienstleister
  - Transportsektor
- Unternehmensberatungen (in Form von Teilleistungen zu Drittprojekten)

2. Verschärfter Wettbewerb zwingt zum Aufspüren ungenutzter Potentiale

Die bisherige Einschätzung vieler Unternehmen, daß auf ihren Märkten kaum noch Wachstumschancen bestehen, wird zunehmend in Frage gestellt. Die Skepsis ging von der Prämisse gegebener Vertriebsorganisationen und Marktstrukturen aus, wo auf gesättigten oder gar übersättigten Märkten bei der traditionellen Marktbearbeitung erhöhte Vertriebsanstrengungen nur mäßige Erfolge brachten. Im Produktionsbereich, in dem man längere Zeit ebenfalls glaubte, daß nur noch geringe Produktionssteigerungen bei perfektionierten Arbeitsabläufen möglich seien, führten Maßnahmen des Reengineering und Lean Production zu Produktivitätssprüngen, die unter den alten Rahmenbedingungen kaum denkbar gewesen wären. Entsprechendes gilt für den Marketingbereich, wenn man sich von gewohnten Denkschemata und alten Strukturen löst.

Viele, vor allem kleinere Unternehmen beschränken ihre Wachstumsstrategien auf ihre traditionellen Märkte mit dem Ziel der Erweiterung des Marktanteils unter Inkaufnahme eines harten Konkurrenzkampfes. Das ungenutzte Marktpotential blieb dagegen vielfach terra incognita. Diese unbekannten Märkte wurden nicht systematisch erobert, sondern nur gelegentlich durchstreift. Zufallstreffer führten dann zu den typischen Nischenmärkten (Abbildung 1).

Inzwischen wird aber die Notwendigkeit erkannt, durch systematisches Aufspüren von Potentialen den Markt mit den vorhandenen Ressourcen besser zu bearbeiten. In Großunternehmen mit ihren Marktforschungsabteilungen werden die Märkte systematisch untersucht, die gewonnenen Daten in marktrelevante Informationen verarbeitet und in

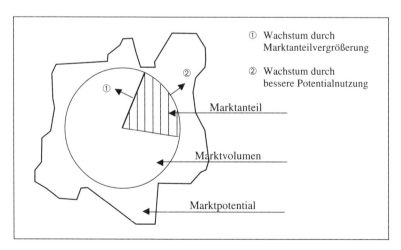

Abbildung 1: Marktanteil, Marktvolumen, Marktpotential

schlüssigen Konzeptionen in Absatzstrategien umgesetzt. Kleinen und mittleren Unternehmen fehlen häufig die Mittel, die benötigten Daten zu vertretbaren Kosten zu beschaffen sowie das Know-how, sie konzeptionell umzusetzen und die meist großen Datenmengen maßgeschneidert für ihre Belange zu verarbeiten.

Ein von uns für die spezifischen Bedürfnisse mittelständischer Unternehmen entwickeltes Vertriebscontrolling-System mit Potentialen soll nachfolgend kurz beschrieben werden. Aus unterschiedlichen Branchen werden einige Ergebnisse aus dem Teil »Analyse mit Potentialen« und »Planung mit Potentialen« dargestellt. Die Konzeption geht von folgenden Voraussetzungen aus:

– Der Markt muß nach vertriebsrelevanten Merkmalen systematisch, vollständig und tief segmentiert werden.
– Für jedes Marktsegment müssen Potential-Daten zur Verfügung stehen, die die produktspezifische Nachfrage regional und zielgruppenbezogen richtig abbilden.
– Die internen und externen Marktdaten (Umsätze und Potential-Daten) je Segment müssen mittels einer leistungsfähigen Standard-Software verarbeitet werden. Die segmentbezogenen Daten sind in ein Vertriebscontrolling-System eingebettet, das Informationen zur Markt- und Unternehmensanalyse, zur Planung und Kontrolle liefert.

3. Marktsegmentierung als Voraussetzung für eine erfolgreiche Marktbearbeitung

Ein Marktsegment ist in vorliegender Konzeption eine anhand der Merkmale Produkt, Verkaufsbezirk und Abnehmergruppe abgegrenzte Vertriebseinheit, in der mit Hilfe von Marktinformationen, d. h. hier von Potential-Daten, der Umsatz geplant, realisiert und kontrolliert wird. Der Controllingprozeß erfolgt somit segmentbezogen. Durch die multiplikative Verknüpfung von Produkt, Verkaufsbezirk und Abnehmerbranche ergeben sich selbst bei geringer Gliederungstiefe Tausende von Marktsegmenten. Werden beispielsweise 20 Produkte/Produktgruppen in zehn Verkaufsbezirken an jeweils 15 Abnehmergruppen verkauft, so entstehen 3000 Segmente ($20 \times 10 \times 15 = 3000$). Diese Marktsegmente werden bottom-up zu Teilmärkten und letztere zu Einzelmärkten aggregiert. Gemäß obigem Zahlenbeispiel werden somit aus diesen 3000 Segmenten gebildet:

- 200 Teilmärkte (= 20 × 10) als branchenunabhängige Produkt-Verkaufsbezirks-Märkte,
- 300 Teilmärkte (= 20 × 15) als regional zusammengefaßte Produkt-Branchen-Märkte,
- 150 Teilmärkte (= 10 × 15) als produktunabhängige Verkaufsbezirks-Branchen-Märkte,

die dann zu
- 20 Produktmärkten (alle Verkaufsbezirke mit allen Branchen),
- 10 regionalen Märkten (alle Produkte mit allen Branchen) und
- 15 Branchenmärkten (alle Produkte in allen Verkaufsbezirken)

zusammengefaßt werden. Das laufende Controlling erstreckt sich im Regelfall jedoch nicht auf die Marktsegmente, sondern auf die höher aggregierten Teil- oder Einzelmärkte. Erst wenn gravierende Abweichungen in den größeren Markteinheiten auftreten, können top-down die Ursachen in der Segmentbetrachtung lokalisiert werden.

4. Marktpotentiale zeigen Absatzchancen auf

Das Potentiale-Konzept besteht unter anderem darin, daß für jedes Marktsegment Potential-Daten bereitgestellt werden. Potential-Daten sind:

- Absatzpotentiale,
- Nachfragerbetriebe nach Branchen,
- Nachfragerbeschäftigte nach Branchen.

Absatzpotentiale sind Maßstab- oder Schlüsselgrößen, die sich proportional zum Umsatz verhalten. Sie werden für jedes Produkt nach Zielgruppen regional ermittelt. Diese Potentiale sind überwiegend Daten aus ökoskopischen Primär- und Sekundärstatistiken, die durch verschiedene Rechenoperationen an die Vertriebsstruktur des jeweiligen Unternehmens angepaßt werden. Es sind in der Regel zielgruppenbezogene Kennzahlen, die die Stärke der Abnehmerbranche absolut oder prozentual in einer Region angeben. Die regionalisierten Branchendaten werden mit den Produkten, die von den Zielgruppen nachgefragt werden, verknüpft. Hierdurch entstehen Produkt-/Region-/Branchen-Relationen, die inhaltlich auf die segmentierten Markteinheiten bezogen werden.

Dieser Sachverhalt soll an einigen vereinfachten Beispielen verdeutlicht werden.

Hersteller von Baufarben können z. b. ihre Leistungen an der Zahl der Maler je Region, am regionalisierten Farbengroßhandel oder am Bauvolumen messen. In weitergehenden Differenzierungen kann beispielsweise für Außenanstrichfarben die Fassadenfläche je Region gewählt werden. Für Hersteller von Waagen werden je nach Art der Waagen die Abnehmergruppen, wie z. B. Lebensmitteleinzelhandel, Metzgereien, Labors usw. in ihrer regionalen Gewichtung anhand ihres Potentials abgebildet. Für Spediteure als Paketversender wurden von uns 40 Branchen ermittelt, auf die rund 80 Prozent der Nachfrage entfielen. Dabei müssen natürlich die Branchen nachfragegewichtet werden, da z. B. die Branche »Versandhandel« einen mehr als zehnmal so hohen Anteil als die Branche »Verlage« am Paketaufkommen hat.

Entscheidend für die Akzeptanz der Potentiale-Konzeption ist die richtige Auswahl und Präzisierung der Branche und die Qualität der Potential-Daten. Je nach Vertriebsweg – direkt an die Endabnehmer, über den Großhandel, mehrgleisige Vertriebswege – werden im Beratungsgespräch die Zielgruppen und ihre Wertigkeit festgelegt. Die Potential-Daten für jede Zielgruppe werden von uns bereitgestellt, wobei eine eigene Potential-Datenbank mit über 1000 Branchen nach jeweils rund 500 regionalen Einheiten der Bundesrepublik den Grundbedarf abdeckt. Bei weiteren Differenzierungen, insbesondere für Auslandsmärkte, werden die Daten in Recherchen von externen Wirtschaftsdatenbanken beschafft.

5. Vertriebscontrolling mit Potentialen

Die Potentiale-Konzeption auf der Basis tief segmentierter Markteinheiten wird in einem Vertriebscontrolling-System mittels eigener Standard-Software WinRESEDA (= unter **Win**dows **re**gionales und **se**ktorales **da**tenbankgestütztes System) ausgewertet.

Der klassische Controllingprozeß läuft in den Phasen Planung, Realisation und Kontrolle ab, ergänzt um die Steuerung, die von den Ergebnissen der Kontrolle im Soll-Ist-Vergleich korrigierend auf die Durchführung und eventuell als Plankorrektur auf die Planung einwirkt. Die vorliegende Konzeption schaltet der Planungsrechnung eine Potentialerechnung vor, die ihrerseits Grundlage für die Planung ist.

Unter Einbeziehung der Potentiale werden in drei Modulen des Systems sachlogisch und zeitlich hintereinander folgende Vergleichsrechnungen durchgeführt:

– Potentiale-Ist-Vergleich,
– Potentiale-Soll-Vergleich,
– Soll-Ist-Vergleich.

Das Modul »Analyse« enthält ein umfangreiches potential-orientiertes Kennzahlensystem. Im Potentiale-Ist-Vergleich erfolgt die segmentbezogene Analyse. Hier werden z.B. die effektiven Umsätze im Segment den potential-verteilten Umsätzen gegenübergestellt, die mit den vorhandenen Ressourcen erzielbar sind und aufgezeigt, wie die realisierbaren Chancen genutzt wurden.

Im Modul »Planung« werden anhand der segmentbezogenen Stärken-Schwächen-Analyse im Potentiale-Soll-Vergleich unter Berücksichtigung der vorhandenen Kundenstruktur potential-orientierte Planungsrechnungen vorgenommen. Dabei ist sicherzustellen, daß leistungsschwache Mitarbeiter ohne Überforderung an eine bessere Ausschöpfung ihres Potentials herangeführt werden und leistungsstarke Verkäufer ihre Stärken halten bzw. ausbauen können.

Das Modul »Kontrolle« führt die üblichen Soll-Ist-Vergleiche (und Zeitvergleiche zur Vorperiode) durch. Die Abweichungen zeigen den jeweiligen Zielerreichungsgrad auf. Mittels eines Frühwarnsystems wird anhand verschiedener Abweichungskennzahlen festgestellt, ob z.B. eine monatliche negative Abweichung auf unproblematische zeitliche Umsatzverschiebung oder auf einen gravierenden, im Trend anhaltenden Umsatzrückgang zurückzuführen ist. Durch Rückkopplung zum Analyse-Modul können die Besonderheiten im Segment anhand einzelner Kennzahlen lokalisiert und in Steuerungsmaßnahmen umgesetzt werden (vgl. Abbildung 2).

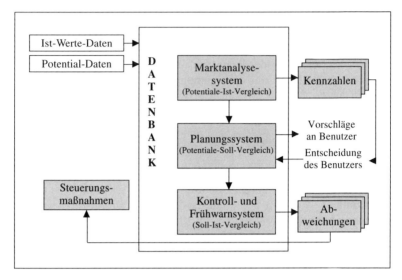

Abbildung 2: Grundstruktur des Controllingsystems

6. Die Potential-Datenbank als Informationslieferant

In der Datenbank sind bereits herstellerseitig die Potential-Daten der relevanten Marktstruktur entsprechend der Vertriebsorganisation des Unternehmens nach seinen Produkten und seinen nachfragegewichteten Branchen in der regionalen Abgrenzung seiner Verkaufsbezirke angelegt.

Über die Fakturierung läßt sich für jedes Segment der Umsatz eines Produkts in einem Verkaufsbezirk mit der Branchen-Codierung des Kunden ermitteln. Die erzielten Umsätze pro Periode im Segment werden den Potentialen im entsprechenden Segment gegenübergestellt. Die Potential-Daten sind in den Marktsegmenten sowohl Maßstab als auch Zielgröße. Hierdurch lassen sich die Stärken und Schwächen z.B. an der Marktausschöpfungsquote oder dem Marktanteil im Segment feststellen. Gleichzeitig kann dabei eine Rangordnung der Leistungsstärke nach Produkt, Verkaufsbezirk und Branche aufgestellt werden. Für die Vertriebsleitung wird in der Potential-Betrachtung beispielsweise erkennbar, daß nicht der Verkaufsbezirk mit dem höchsten Umsatz die Spitzenposition einnimmt, sondern der Verkaufsbezirk, der die vorhandenen Potentiale am stärksten nutzt.

Hieraus sind sowohl strategische als auch operativ-taktische Vertriebsziele und adäquate Maßnahmen abzuleiten, wie beispielsweise:

– Sind die Verkaufsbezirke aufgrund der vorhandenen Potentiale optimal geschnitten, oder sollten sie geographisch anders abgegrenzt werden?
– Werden einzelne Abnehmerbranchen vernachlässigt, und müssen sie folglich intensiver betreut werden?
– Gibt es bei einzelnen Produkten regionale oder branchenbezogene Defizite?
– Wie sind die Produkte, die Verkaufsbezirke und die Zielgruppen in der Portfolio-Analyse positioniert? Entspricht das Ist-Portfolio dem angestrebten Plan-Portfolio?
– Sind die Planumsätze aufgrund der aufgezeigten Potentiale und der Ist-Umsätze realistisch bzw. werden einzelne Außendienstmitarbeiter unter- oder überfordert?

Alle Antworten zu diesen Fragestellungen basieren dabei nicht auf subjektiven Einschätzungen, sondern auf objektiven, überprüfbaren Marktdaten, die durch entsprechende Kennzahlen bzw. ihre prozentualen Abweichungen zwischen Ist, Soll und Potential untermauert sind. Dem Soll-Ist-Vergleich, der in der prozentualen Abweichung den Zielerreichungsgrad angibt, müssen Rechnungen vorausgehen, die zur »richtigen« Ermittlung der Planumsätze führen.

7. Ergebnisse der Praxis

Im Analyse-Modul ist ein umfangreiches Kennzahlensystem mit potential-orientierten Absatzkennzahlen hinterlegt. Anhand von zwei Kennzahlen, der relativen Marktausschöpfungsquote und dem Marktanteil, soll beispielhaft aufgezeigt werden, wie sie für strategische und operative Vertriebsziele genutzt werden können.

Die relative Marktausschöpfungsquote

$$= \frac{\text{effektiver Umsatz im Segment} \times 100}{\text{potentiale-verteilter Umsatz im Segment}}$$

ist jeweils für jedes Gebiet nach Produkt und Branche getrennt zu ermitteln. Ein fiktives, stark vereinfachtes Zahlenbeispiel soll dies verdeutlichen.

In der Bundesrepublik beträgt der Umsatz eines Farbenherstellers in der Produktgruppe »Außenanstrichfarbe« 100 Millionen DM. Laut Potentiale-Datei gibt es in Deutschland 200 000 Beschäftigte im Malerhandwerk. Der Gesamtumsatz der Branche für Außenanstrichfarben beträgt 1,2 Milliarden DM. Der Umsatz je Malerbeschäftigten macht folglich 6000 DM aus. Der Marktanteil des Farbenherstellers liegt bei dieser Produktgruppe somit bei 8,3 Prozent.

Im Verkaufsgebiet Nord gibt es gemäß den aggregierten Werten der Potentiale-Datei 30 000 Malerbeschäftigte. Der Umsatz des Herstellers in diesem Bezirk liegt bei 12 Millionen DM. Im Bezirk Nord ist das Malergewerbe mit 15 Prozent vertreten [(30 000 : 200 000) × 100].

Bei gleichmäßiger Marktbearbeitung müßte sich ein potentiale-verteilter Umsatz von 15 Millionen DM ergeben. Da der tatsächliche Umsatz 12 Millionen DM beträgt, errechnet sich hieraus eine relative Marktausschöpfungsquote von 80 Prozent [(12 Millionen : 15 Millionen) × 100]. Das Marktvolumen im Bezirk Nord beträgt 180 Millionen DM (30 000 Maler × 6000 DM Umsatz je Maler). Bezogen auf den effektiven Umsatz errechnet sich ein Marktanteil in dieser Region von 6,7 Prozent [(12 Millionen : 180 Millionen) × 100)].

8. Analysebeispiel: Portfolio-Technik mit Potentialen

Neben den üblichen Reports, die in Tabellen Analysewerte in Form einzelner Kennzahlen ausweisen, wurde von uns ein potentiale-bezogenes Portfolio-System entwickelt, das sich formal an den üblichen Aufbau eines Produkt-Portfolios anlehnt. Auf der horizontalen Achse wird die relative Marktausschöpfungsquote in Prozent (rel. MAQ) abgetragen, wobei eine durchschnittliche Markteinheit bei 100 Prozent positioniert wird. Die relative Marktausschöpfung ist definiert als das Verhältnis des tatsächlichen Umsatzes in der jeweiligen Markteinheit (Segment, Teilmarkt, Einzelmarkt) zum potentiale-bezogenen Umsatz, der jeweils produkt- und branchengewichtet ist.

Vertikal werden die regionalen branchen- und produktgewichteten Potentiale in Prozent abgetragen. Die Gesamtpotentiale, geteilt durch die Zahl der Merkmalsausprägungen ergibt den Durchschnittswert 100 Prozent. In folgendem realen Beispiel sind im Verkaufsbezirks-Portfolio die Gesamtpotentiale durch die Zahl der neun Verkaufsbezirke geteilt und auf Basis 100 Prozent gesetzt. In dem differenzierteren Produkt-Portfolio eines Verkaufsbezirks werden die Potentiale bzw. der Umsatz des Verkaufsbezirks durch die Zahl der 13 Produkte geteilt und als Durchschnitt 100 Prozent festgelegt.

In horizontaler und vertikaler Anordnung der Durchschnittswerte 100 Prozent für Marktausschöpfungsquote und Potentiale ergeben sich die klassischen vier Quadranten, die aber andere Aussagen liefern als die Stars, Fragezeichen, Cash-Kühe und armen Hunde des Produkt-Portfolios der Boston Consulting Group.

Der 3. Quadrant ist gekennzeichnet durch einen zu klein geschnittenen Verkaufsbezirk, dessen Potentiale nur unterdurchschnittlich genutzt werden (»schwache Zwerge«). Dem 2. Quadranten sind die Bezirke mit hohen Potentiale-Anteilen zugewiesen, die ebenfalls nur unterdurchschnittlich ausgeschöpft werden (»schwache Riesen«). Im 1. Quadranten befinden sich die Verkaufsbezirke mit hohen Potentiale-Anteilen, die auch überdurchschnittlich genutzt werden (»starke Riesen«). Im 4. Quadranten liegen die kleinen Verkaufsbezirke mit geringen Potentialen, die aber intensiv genutzt werden (»starke Zwerge«) (vgl. Abbildung 3).

In allen Untersuchungen wurde unabhängig von der Branche und der Betriebsgröße festgestellt, daß die Potentiale-Anteile in den Verkaufsgebieten unterschiedlich hoch waren, d. h. daß alle Gebiete zu groß oder zu klein geschnitten waren und zum großen Teil erheblich vom Durchschnittswert abwichen. Gleichzeitig ergab sich, daß in den unterschiedlich großen Bezirken die Potentiale-Ausschöpfung sehr unterschiedlich war. Die Spreizung ging meist von weniger als 50 Prozent bis über 200 Prozent der mittleren Potentiale-Nutzung. Bei mehr als sechs bis acht Verkaufsbezirken wurden in der Regel alle vier Quadranten mit Werten belegt. Vor dieser Zuordnung wurden im innerbetrieblichen Vergleich beispielsweise hohe Umsätze von schwachen Riesen den geringen Umsätzen starker Zwergen gegenübergestellt, was bei der Bewertung der Leistung zu Fehlschlüssen führte.

Ohne die Positionierung der Verkaufsbezirke nach Leistung und Grö-

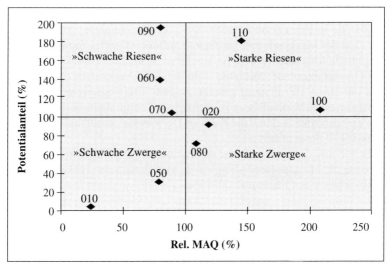

Abbildung 3: Verkaufsbezirks-Portfolio

ße kann z. B. die Umschichtung knapper Ressourcen zu der fatalen Überlegung führen, den schwachen Riesen personelle bzw. sachliche Mittel abzuziehen und sie den starken Zwergen zuzuführen, mit dem Ergebnis, daß bei ersteren bei Abzug von Ressourcen Umsatzeinbrüche und letzteren wegen der bereits hohen Ausschöpfung vorhandener Potentiale nur geringe Umsatzsteigerungen zu verzeichnen sind.

Die strategischen und operativen Vertriebsziele sind nach zwei Richtungen zu optimieren. Sie müssen bei der Unternehmensleitung hinsichtlich Verkaufsbezirkszuschnitt neu überdacht werden, wobei nicht zu verkennen ist, daß regionale Neugliederung nicht nur ein rechnerisches Kalkül nach Potentialen und geographischer Größe ist, sondern daß auch die historisch gewachsene Kundenstruktur berücksichtigt werden muß. Beim Außendienst müssen durch Lokalisierung der Schwächen in einzelnen Segmenten Schulungsmaßnahmen der Mitarbeiter bzw. potential-orientierte Umverteilung der Ressourcen vorgenommen werden.

Das folgende konkrete Beispiel aus der Praxis soll dies verdeutlichen. Neun existierende Verkaufsbezirke verteilen sich in Abbildung 3 mit starker Spreizung vom Mittelwert auf alle vier Quadranten.

Untersucht man die Quellen des Erfolgs beim Verkaufsbezirk 110 als »starken Riesen« mit den Werten 46 Prozent Leistung über dem Durchschnitt und 80 Prozent Potentiale über der durchschnittlichen Bezirksgröße (Koordinaten 146/180), so zeigt sich im Produkt-Portfolio dieses Bezirks, daß er umsatzmaximierend handelte, was bei seiner Produktselektion nicht unbedingt dem Unternehmensinteresse dienen muß. Als Größenmaßstab wurde hier der Umsatz anstelle der Potentiale gewählt. Geradezu lehrbuchartig schöpft dieser Bezirk produktselektierend hohe Umsatzträger (ALP, RSE) mit hohem Leistungseinsatz maximal aus, während er sich um geringe Umsatzträger (= Nachwuchsprodukte PAS, LPE) kaum kümmert (vgl. Abbildung 4). Im Verkaufsbezirks-Portfolio schlechter positionierte Verkaufsbezirke weisen in ihrem Produkt-Portfolio Streuwerte auf, die keine zielorientierte Strategie erkennen lassen.

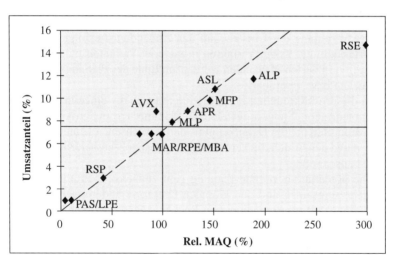

Abbildung 4: Produkt-Portfolio des Verkaufsbezirks 110

9. Planungsbeispiel: potential-verteilte Planumsätze

Die Analysedaten liefern die Basis für eine realistische Planung. Planungsrechnungen ohne Potentiale-Betrachtung berücksichtigen im wesentlichen drei Parameter:

- den Vorjahres-Umsatz,
- die globale Planvorgabe und
- die gewachsene Kundenstruktur,

während die Planung mit Potentialen zusätzlich noch
- die Marktausschöpfungsquote

einbezieht.

Jede Umsatzplanung orientiert sich – bei »alten« Produkten – am ›Ist‹ der Vorperiode. Die Marktforschung liefert Informationen über die mutmaßlichen Entwicklungen der Produkte in den jeweiligen Märkten. Die angestrebten Umsatzveränderungsraten, global oder je Produkt, werden von der Unternehmensleitung vorgegeben. Nachfolgend werden Veränderungsraten als geplante Steigerungsraten unterstellt. Analog können Rückgangsraten für Produkte, die zurückgefahren oder ganz aus dem Markt genommen werden sollen, geplant werden.

Die Verteilung der Umsätze auf den Außendienst erfolgt durch die Vertriebsleitung, wobei Verfahren in vielerlei Varianten möglich sind. Die differenzierten Planzahlen werden am Ende des Planungsprozesses festgelegt bzw. vereinbart.

In dieser traditionellen Form orientieren sich die einzelnen höheren oder niedrigeren Steigerungsraten der Planumsätze an den Argumenten der Verkäufer, die die Detailkenntnis der gewachsenen Kundenstruktur haben und denen sich die Vertriebsleitung mangels besserer Kenntnisse meist anschließt.

Die potentiale-bezogene Planung geht zunächst ebenfalls von den Vorjahresumsätzen und den globalen Umsatzveränderungen aus. Die Verteilung selbst erfolgt in einem Rechengang anhand der Potentiale, d.h. der Nachfragerstruktur und nicht nur der Kundenstruktur. Die bisherige Nutzung des Marktes wird beim Vorjahresumsatz anhand der relativen Marktausschöpfungsquote dargestellt.

Die Planungsphilosophie lautet: Wer in seiner Markteinheit (Segment, Teilmarkt, Einzelmarkt) die Potentiale nur unterdurchschnittlich nutzte, muß eine überdurchschnittliche Steigerungsrate akzeptieren. Wer dagegen als Verkäufer in seiner Markteinheit die vorhandenen Potentiale im Vergleich zu den übrigen Verkäufern überdurchschnittlich ausschöpfte, braucht nur eine unterdurchschnittliche Steigerungsrate zu realisieren.

Da der gesamte Markt in Umsatz und Potential segmentmäßig vorstrukturiert ist, können in einer potentiale-bezogenen Systemverteilung die (vorläufigen) Planumsätze sofort errechnet werden. Die Systemverteilung erfolgt – in stark vereinfachter Darstellung – nach folgendem Algorithmus für Umsatzplanungen nach potentiale-orientierten Steigerungsraten.

Die (vereinfachte) Verteilungsfunktion lautet:

$$y = p - \frac{p - v}{m - 100} \times (x - 100)$$

Dabei bedeuten:
y = geforderte Steigerungsrate je Markteinheit
p = geplanter globaler Steigerungsprozentsatz
m = maximale Marktausschöpfungsquote der leistungsstärksten Markteinheit
x = bisherige Marktausschöpfungsquote je Markteinheit
v = vereinbarte Steigerungsrate der leistungsstärksten Markteinheit

Das Segment bzw. die jeweilige Markteinheit mit der höchsten Ausschöpfungsquote (VB_{max}) soll (zunächst) den Vorjahresumsatz als Planumsatz erzielen. Die Markteinheit mit der durchschnittlichen Ausschöpfungsquote von 100 Prozent (VB_d) soll die durchschnittliche Steigerungsrate erreichen.

Trägt man in einem Koordinatensystem die einzelnen Marktausschöpfungsquoten auf der horizontalen Achse und die Steigerungsraten auf der vertikalen Achse ab und verbindet die Punkte der besten Markteinheit mit der Umsatzsteigerung null und der durchschnittlichen Markteinheit mit der durchschnittlichen Steigerungsrate, so erhält man eine Verteilungsgerade als Potentiale-Gerade in den beiden oberen Quadranten des Koordinatensystems. Die unteren Quadranten werden für Rückgangsraten benötigt und bleiben hier außer Betracht.

Im 1. Quadranten der Markteinheiten mit hoher Ausschöpfung steigt der Prozentsatz von null des besten Segments bis zum Durchschnittswert des Durchschnittssegments an. Im 2. Quadranten mit unterdurchschnittlichen Ausschöpfungsraten steigt der Prozentsatz um so stärker über den Durchschnittssatz, je weniger die Potentiale in den Segmenten ausgeschöpft wurden (vgl. Abbildung 5).

Hierdurch wird erreicht, daß der leistungsstarke Verkäufer nicht überfordert und der leistungsschwache nicht unterfordert wird. Legt man in das Koordinatensystem eine Parallele zur Horizontalachse in Höhe des

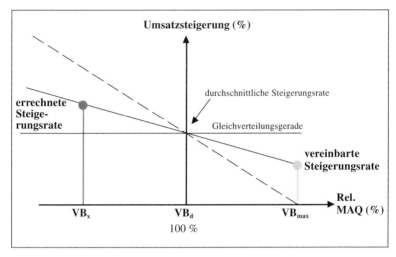

Abbildung 5: Potential-verteilte Steigerungsraten der Planumsätze

durchschnittlichen Steigerungssatzes, so erhält man eine Gleichverteilungsgerade. Potentiale-Gerade und Gleichverteilungsgerade bilden nun für jedes Segment den Planungskorridor, wobei Ober- und Untergrenze des Korridors in den beiden Quadranten vertauscht sind.

Differenzieren kann man diese prozentuale Verteilung der produktbezogenen oder global vorgegebenen Planumsätze dadurch, daß z. B. der Außendienstmitarbeiter im leistungsstärksten Segment einen höheren Wert als den des Vorjahrs, d. h. eine Steigerung größer null akzeptiert. Hierdurch wird die Potentiale-Gerade flacher; die leistungsschwachen Verantwortlichen werden für ihre Segmente in den Steigerungssätzen entlastet.

Selbstverständlich ist es notwendig, daß die systemerrechneten Planumsätze korrigiert werden können. Bei der Begründung der Planumsätze wird aber die Beweislast umgekehrt. Im Gegensatz zu den üblichen Planungsverfahren muß nicht die Vertriebsleitung begründen, weshalb der Mitarbeiter einen höheren Umsatz erzielen könnte, sondern der Verkäufer muß Fakten darlegen, weshalb er diesen geplanten Umsatz nicht erreichen kann.

In mehreren Unternehmen wurden mittels dieser Planungstechnik einvernehmlich Planumsätze akzeptiert, die in der Errechnung der Summen bottom-up höhere Steigerungsraten ergaben, als dies die Unternehmensleitung vorschlug. Es liegt auf der Hand, daß individuelle Korrekturen bei hunderten oder gar tausenden von Segmenten nicht segmentweise, sondern in höher aggregierten Markteinheiten vorgenommen werden müssen. Jede vorgeschlagene Änderung in einer Markteinheit zeigt in einer Szenariotechnik anhand des vorstrukturierten Marktes die unmittelbaren Konsequenzen für den Gesamtumsatz des Unternehmens.

10. Nutzen der Potential-Konzeption für das Management und Akzeptanz bei den Mitarbeitern

Ein vorstrukturierter Markt, der die Potentiale in den tief gegliederten Marktsegmenten aufzeigt, schafft eine Markttransparenz, die es ermöglicht, die sich schnell ändernden Marktbedingungen zu erkennen und Chancen wahrzunehmen.

Ein an die jeweilige Marktstruktur angepaßtes, DV-gestütztes Vertriebscontrolling erleichtert und verringert die administrativen Tätigkeiten. Nach verschiedensten Aspekten können frei selektierbare Auswertungen für den Vertriebsinnendienst erstellt werden. Für die Leitung schaffen komprimierte Reports eine schnelle Übersicht über die »Großwetterlage« am Markt. Planungen in Szenario-Technik zeigen erfolgversprechende Alternativen auf.

Das Vertriebscontrolling-System ist flexibel ausgestaltbar. Zum einen können Erweiterungen unter Potential-Aspekten in das System integriert werden, zum anderen ist es in andere Systeme, beispielsweise in ein umfassendes Managementinformationssystem integrierbar.

Ergänzt werden kann z. B. die Potential-Konzeption durch ein ›Computer aided selling System‹. Diese CAS-Systeme gehen meist vom Kundenpotential, nicht aber vom gesamten Nachfragepotential aus. Detailliert werden hier die Kundenstruktur und die Intensität der Kundenbeziehungen aufgezeichnet, während das Feld der potentiellen Kunden nur gestreift wird.

Eine andere Möglichkeit der Systemerweiterung ist die Einbeziehung der Deckungsbeitragsrechnung. Den segmentierten Umsätzen nach Produkt, Verkaufsbezirk und Zielgruppe werden die relevanten Deckungsbeiträge zugeordnet, wodurch eine Segment-Deckungsbeitragsrechnung in den verschiedensten Aggregationsstufen vorgenommen werden kann.

Weiterhin können erfolgsbezogene Vergütungssysteme mit der Potential-Rechnung verknüpft werden, wobei zumindest eine Entgeltkomponente die Ausschöpfung vorhandener Potentiale bildet.

Es soll jedoch nicht verhehlt werden, daß die Potential-Konzeption bei den Außendienstmitarbeitern zunächst auf Vorbehalte stößt. Ganz allgemein führt jede organisatorische Änderung auf Widerstand, da man sich an die bisherigen Regelungen gewöhnt hat. Insbesondere verändern bzw. ergänzen die Potentiale den bisherigen Leistungsmaßstab – der Umsatz -, an dem letztlich jeder Verkäufer gemessen wird.

Nunmehr ist nicht mehr derjenige der beste Verkäufer, der den höchsten Umsatz erzielt, sondern derjenige, der die Potentiale seines Bezirks an stärksten ausschöpft.

Hilfreich vor der Umsetzung des Konzepts war immer die Einbeziehung des Außendienstes, wo zunächst zu verdeutlichen war, daß eine Potential-Orientierung keine direkte Kontrolle über die Leistung der Mitarbeiter bedeutet, sondern eine Unterstützung darstellt, den Markt besser zu erkennen. Schwächen können lokalisiert und durch Schulung und andere Maßnahmen abgebaut werden.

Nach unseren Erfahrungen wird die Konzeption vom Außendienst akzeptiert, sobald sie das Potential-Konzept verstanden, die Potential-Daten als objektiven Maßstab anerkannt haben und Vertriebsleitung und Mitarbeiter bei der ersten Analyse ihrer Märkte sich in den Segmenten und ihren Aggregationen wiedererkennen.

Kapitel 8
Strukturierende Moderation im »Brainstorming«
Planungstechnik zur Zielfindung in Projekten der Stadtentwicklung

Margret und Wolfgang Schultes

Inhalt
1. Gesprächseinstieg und Beratererfolg 115
2. Fallbeispiel »Mittelstadt im wirtschaftlichen Strukturwandel sucht Standortmarketing« 117

1. Gesprächseinstieg und Beratererfolg

SC ist eine Unternehmensberatungsgesellschaft, die hauptsächlich kommunale Auftraggeber bei der Planung von neuen oder erneuerungsbedürftigen Stadtteilen berät. Im Schwerpunkt sind wir Projektentwickler von großen Gewerbegebieten und Marketingberater beim Stadt- und Standortmarketing.

Jedes unserer Projekte steht im Spannungsfeld zwischen Kommunalpolitik, Verwaltung und unternehmerischer Wirtschaft. Meist stehen am Beginn der Projekte »offene Rechnungen« zwischen den Akteuren aus, die der Berater als Moderator relativieren oder zum späteren Ausgleich adressieren muß. Erst wenn Einvernehmen über eine gemeinsame Arbeitsbereitschaft und Zielorientierung besteht, gelingt der Projekteinstieg. Die »üblichen Sprüche« am Projektbeginn dienen der Herstellung von Gesprächsbereitschaft. Dazu gehört das fast immer notwendige »Hierarchenkillen«: In jeder dieser Diskussionen gibt es die Rechthaber und Schlaumeier, die sowieso schon alles zu wissen vorgeben und deshalb erst einmal bloßgestellt werden müssen, damit gleiche Voraussetzungen zur Diskussionsteilnahme geschaffen werden.

In der Mehrzahl der Projekte gibt es nur diffuse Vorstellungen auf der Auftraggeberseite, was nun wirklich untersucht und geschehen soll. Begriffe wie »Marketingplan« oder »Rentabilität« liegen meist außerhalb der Vorstellungsreichweite der Teilnehmermehrheit. Also bedarf es einer Einführung im Repetitoriums-Stil. Ist es gelungen klarzumachen, was eigentlich geleistet werden soll (und kann), folgt die für die meisten Teilnehmer überraschende Aufforderung zum »Mitmachen«; dabei bestehen 50 Prozent des Beratungserfolges aus dem »Unterhaltungswert« des Beraters, ohne den keine Mitwirkung geweckt werden kann. Es bedarf also besonderer Anstrengung, den/die Auftraggeber davon zu überzeugen, daß sie selbst etwas leisten sollen und auch können, daß also das meiste eigentlich schon bekannt ist und nur »geweckt« werden muß. An dieser Stelle muß der Berater natürlich klar machen, daß sein eigener Beitrag den eigentlichen Wert darstellt; denn sonst schwindet die Akzeptanz für seine Honorarforderung. Für die Motivation am Projektbeginn zählt der Situationswitz des Beraters doppelt, hier wird über Erfolg oder Mißerfolg der Beratung entschieden – egal, was für tolle Charts er danach noch auflegen kann.

Auch wenn die gute alte »Tafelbild-Methode« des Quickborner Teams schon mindestens 30 Jahre alt ist, für die meisten Partner ist sie neu und ungewöhnlich. Meistens finden es auch angejahrte Manager/Politiker »einfach toll«, daß gerade ihr Beitrag auf der Tafel dokumentiert und als strukturierend gewürdigt wird. Nicht selten knien Leute vor den Tafeln, die sonst gar nicht auf die Idee kämen, hofknicksähnliche Stellungen einzunehmen: »Vor der Tafel werden alle Ebenen gleich« ist deshalb das Vehikel für ein erfolgreiches Brainstorming.

Aber wehe dem Berater, der nicht weiß, wohin die Geistesblitze blitzen sollen: Man kann das Brainstorming auch mit der Hoffnung zu Tode reiten, daß sich schon irgendeine gedankliche Struktur von selbst ergeben wird. Nie hat sich diese Hoffnung erfüllt, wenn nicht vorher eine Idee vom Ziel besteht – die meisten Teilnehmer sind intelligent genug, daß sie selbst eine solche Vorstellung entwickeln können und die Qualität des Moderators danach messen, ob er rechtzeitig zu einer konsensfähigen Zielebene findet und diese stellvertretend für die Teilnehmer als Zusammenfassung formuliert, so daß seine Expertenrolle durch Applaus bestätigt werden kann.

2. Fallbeispiel »Mittelstadt im wirtschaftlichen Strukturwandel sucht Standortmarketing«

In einer westfälischen Mittelstadt mit 55 000 Einwohnern, Noch-Zechenstandort und bedeutender Standort des verarbeitenden Gewerbes ohne hinreichende Zentralität für erfolgreichen Einzelhandel am östlichen Ruhrgebietsrand wird das Standortmarketing diskutiert: Ein »Initiativkreis« örtlicher Unternehmer hat sich gebildet, der den Strukturwandel forcieren und mehr Einfluß auf die Stadtentwicklung gewinnen will. Darunter sind reiche Unternehmer/Bürger, die – in vorgerückten Lebensjahren – an ihrem räumlichen Lebensmittelpunkt bereit sind, in die Projekte zu investieren, die den Standort fördern, die aber auch nach ihren Unternehmer-Maßstäben »wirtschaftlich und sinnvoll« sein müssen. Und schließlich – nicht zuletzt – sollen diese Projekte auch den Sponsor als Person »wesentlich machen«. Sie treffen dabei auf eine Politik bzw. auf Politiker, die jahrzehntelang ein Feindbild vom »Unternehmer als Klassenfeind« gepflegt und internalisiert haben, die skeptisch bleiben im Hinblick auf die Ehrlichkeit der Motive der Geldgeber und sich schwer tun, den eigenen Maßstab zu weiten für eine offenere, unvoreingenommene Sicht auf die Chancen, die sich plötzlich anbieten. Dazu kommt, daß es schwer wird, der eigenen Klientel den Sinneswandel zu erklären, der zu einer möglichen Kooperation mit den früheren »Gegnern« führt. »Public-Private-Partnership« ist zwar das Modewort im Standortmarketing, aber wo wird es eigentlich praktisch (vor-)gelebt?

Die äußeren Rahmenbedingungen sind gut: Das Tagungshotel ist behaglich und komfortabel, Speisen und Getränke sind von guter Qualität, der Service ist freundlich – eine Atmosphäre, in der man einfach nicht unfreundlich sein kann. Die beiden Moderatoren sind erfahren und haben ihre spezifischen Talente – der eine ein Methodenmann für »unbedingte« Kreativität (bis zur Erschöpfung der Teilnehmer), der andere ein ideenreicher Politikberater mit »Wanderpredigertalent« für den richtigen Ausgleich zur rechten Zeit. Der Weg ist unbestimmt; klar ist nur, daß am Ende so etwas wie ein Programm stehen soll, das politische Beschlußlage werden kann. Viele, die nicht teilnehmen, wissen von dem Treffen der ungleichen Partner und warten gespannt auf den Ergebnisbericht – es muß also wesentlich sein, was berichtet werden kann. Am Ende sind alle froh (und kompromißbereit), daß ein geschlossenes Statement von hoher konzeptioneller Qualität übermittelt werden kann.

Zum »Warmlaufen« wird ein »Stärken-Schwächen-Profil« diskutiert – überraschend für alle ist die Übereinstimmung zu den einzelnen Aspekten: Stadtgestaltung – Hauptgeschäftslage – Wohn- und Gewerbegebiete – Technologieorientierung des verarbeitenden Gewerbes – Attraktivität für Neubürger – Freizeitqualität und Landschaft. Für die meisten Teilnehmer neu ist der Bericht des Beraters, der die Stadt als »unvoreingenommener Fremder« flächendeckend besucht hat und seine Eindrücke unter dem Stichwort »städtebauliche Kriminalitätsstatistik« bildkräftig berichtet. Erst jetzt wird dem einen und anderen bewußt, daß er bestimmte Bereiche der relativ kleinen Stadt seit Jahren nicht mehr gesehen hat und nicht aus eigener Anschauung beschreiben kann.

Überrascht und in ihren Vorurteilen enttäuscht werden die Teilnehmer beider Seiten auch durch die Einschätzung des Beraters, daß die Stadt offensichtlich gut verwaltet wird – gemessen an den Projektideen und den dafür eingeworbenen Fördermitteln. Nichts ist erfrischender als unvorhergesehenes Lob und Enttäuschung von Vorurteilen, die danach ganz schnell obsolet werden. Hier scheiden sich die Geister schneller als bei einer noch so differenzierten Situationsanalyse, die im ganzen doch nur bei einer eher negativen Standortbewertung endet. Alle sind überrascht, daß der »weltläufige« Berater ihrer kleinen Stadt positive Aspekte abgewinnt.

Danach sind die Teilnehmer »reif« für eine Beschreibung der wirklichen Strukturprobleme ihrer Stadt. Aus den verdeckten Statements der 15 Teilnehmer ergeben sich – nach beharrlicher Moderation – 20 Themen, die als Projektfeld, Projekt oder Instrument der Wirtschaftsförderung diskutierbar sind. Die Themen und Aspekte sind wirklich von den Teilnehmern formuliert und nicht von den Moderatoren vorgegeben worden – es sollten eben 20 Themen zur späteren Zusammenfassung werden. Nach dreistündiger Diskussion wird das Ende der Teilnehmergeduld erreicht, ein gutes Abendbrot und freundschaftliche Gespräche über die bisher gewohnten Grenzen hinaus beenden einen langen Tag.

Am nächsten Tag – dem 2. und abschließenden Programmtag – wollen die Teilnehmer »zum Punkt« kommen und nicht mehr über Ober- und Subziele diskutieren. Die Moderation schiebt deshalb einen Diskussionsblock zur künftigen Organisation der Stadtentwicklung ein. Plötzlich sind alle wieder wach und teilnahmebereit. Die gremienerfahrenen Teilnehmer bewegen sich auf vertrautem Gelände, sie bestätigen den von den Moderatoren zur Generalprojektleitung vorgeschlagenen ehemaligen Bürgermeister als »Elder Statesman« mit hoher Akzeptanz, obwohl er »noch vor sieben Jahren« in einer Links-Koalition die bürgerlichen Kräfte im Rat von einer Mitbestimmung in der Stadt ausgeschlossen hat. Zwei Tage persönlicher Nähe haben gereicht, um sich ganz neu zu begegnen und als Person zu erkennen, die über Positionen hinaus bekannt und sympathisch geworden ist. Die Moderatoren haben natürlich dazu beigetragen, indem sie die prinzipielle Bereitschaft »gespürt« und den unumstrittenen Vorschlag rechtzeitig formuliert haben.

Am Ende der Organisationsdebatte steht die schnelle Verständigung über die inhaltlichen Ziele der künftig gemeinsamen Stadtentwicklung, in die die Unternehmer immerhin einen millionenschweren Grundstücksfonds als Finanzierungsbasis einbringen wollen. Es ist ein 5-Punkte-Programm formulierbar, das im Rat der Stadt, der Werbegemeinschaft der Einzelhändler und im Initiativkreis der Industriellen präsentiert werden soll. Die Tagung endet mit eingestandener Überraschung der unterschiedlichen Lager, wie nahe man sich gekommen ist. Es klingt aber auch die Sorge durch, wie man diese Übereinstimmung seiner jeweiligen Klientel verständlich machen soll. Erfreulicherweise werden die Moderatoren aufgefordert, die Erklärung dafür in den Gremien zu liefern – so beginnen Beratungsprojekte, die jahrelange Beauftragung und relativ ergiebige Honorare nach sich ziehen.

Kapitel 9
Assoziative Marken-Analyse (A.M.A)
Ein empirisches Instrument zur Markenprofilierung

Jens Pätzmann

Inhalt
1. Einleitung: Die Abteilung »Strategische Planung« der BRAND FACTORY als anwendende Instanz von A.M.A.-Techniken 121
2. A.M.A-Techniken: Ziele, Inhalte, Anwendungsmöglichkeiten 122
3. Über die Anwendung von A.M.A.-Techniken im Rahmen eines Experten-Workshops für Feinkostsalate 124
   3.1 Das Briefing des Kunden 124
   3.2 Der Analyseplan der Agentur 124
   3.3 Der Fragenkatalog für den Workshop 125
4. Ausgewählte Ergebnisse des Experten-Workshops 125
   4.1 Mögliche Zugangsbarrieren beim Feinkostsalat 125
   4.2 Das Idealbild eines Salates 127
   4.3 Produktverbesserungsmöglichkeiten beim Feinkostsalat 129
5. Resümee 131

1. Einleitung: Die Abteilung »Strategische Planung« der BRAND FACTORY als anwendende Instanz von A.M.A.-Techniken

Als eine von wenigen Marketingagenturen hat die BRAND FACTORY eine Abteilung für »Strategische Planung«. Während der Begriff »Strategische Planung« in Unternehmen eine betriebswirtschaftliche Komponente besitzt, bedeutet »Strategische Planung in Marketingagenturen etwas anderes. Die Abteilung hat hier die Rolle des Anwalts des Verbrauchers und der Marke. Strategische Planung in Marketingagenturen ist also für die Markenführung aus Verbrauchersicht zuständig.

Der Unterschied zur klassischen Marktforschung ist dieser: In der Regel endet der Auftrag eines Marktforschers mit der Abgabe eines Berichtsbandes. Beim Strategischen Planer beginnt die eigentliche Arbeit nun erst. Er gießt die Erkenntnisse aus qualitativer und quantitativer

Feldforschung in strategische Plattformen für Produkte, Marken, Unternehmen und Institutionen.

Das Arbeitsspektrum eines Strategischen Planers reicht jedoch über die reine Verbraucherperspektive weit hinaus. Ein Strategischer Planer der BRAND FACTORY führt Kreativ-Workshops mit Textern und Grafikern durch, moderiert Namensfindungs- und Produktinnovations-Workshops und konzipiert Experten-Workshops. Letztendlich ist das Maß aller Dinge aber immer wieder der Verbraucher, denn der Verbraucher entscheidet über die Tragfähigkeit neuer Produkte, die Relevanz von Marktsegmentierungen und über mögliche Positionierungskorrekturen in der Kommunikation.

Die Abteilung »Strategische Planung« gehört neben den zwei Kernbereichen »Kundenberatung« und »Kreation« zur dritten Säule der BRAND FACTORY. Bemüht man das Theater als Metapher, so ist der Kundenberater der Intendant – als Manager und Repräsentant des Hauses. Der Strategische Planer ist der Dramaturg – als derjenige, der die Stücke aussucht oder schreibt, die das Publikum sehen will. Und der Kreative ist der Regisseur – als kunstvoller Umsetzer der Stücke.

2. A.M.A-Techniken: Ziele, Inhalte, Anwendungsmöglichkeiten

A.M.A-Techniken – also projektive, kreative und expressive Techniken – dienen der Strategischen Planung als ein Instrument (von mehreren) für die qualitative Forschung. Sie entlassen den Teilnehmer eines Workshops – egal ob er nun Verbraucher oder Experte ist – aus seiner rationalen Verantwortung. Dadurch überwindet man die Fassade stereotyper Behauptungen und kommt an den Kern von Problemen heran. Eine Marketingagentur interessieren in der Hauptsache Probleme der Markenführung. A.M.A-Techniken kann man aber für die unterschiedlichsten Fragestellungen anwenden. Eine Reihe von Techniken stammt deshalb auch aus der angewandten Psychologie (z. B. Traumreisen, Pantomimen oder Collagen). Andere Techniken wurden in der Kreativitätsforschung entwickelt (z. B. Analogiebildungen, Synektik-Techniken oder morphologische Analysen).

Es gilt drei Faustregeln zu beachten, wenn man ein Konzept – wir nennen es Drehbuch – für einen Workshop mit projektiven, kreativen und expressiven Techniken schreibt:

1. *Vom Rationalen zum Emotionalen.* Genormte Meinungen, stereotype Äußerungen – der ganze rationale Ballast muß am Anfang über Bord geworfen werden. Am besten durch lockere Aufwärmspiele, die zum Thema hinführen. Erst dann ist der Kopf frei. Erst jetzt haben die Emotionen eine Chance, die Ratio in den Hintergrund zu drängen.
2. *Vom Allgemeinen zum Besonderen.* Die ersten Spiele sollten das Untersuchungsthema generell behandeln. Später sollten die Spiele einzelne Aspekte des Themas aufgreifen. Man kann den Workshop mit einer Rahmenhandlung durchführen – z. B. einen Sprengel-Workshop als Reise zu einem Schokoladen-Planeten – oder verschiedene Spiele ohne inhaltliche Klammer aneinanderreihen.
3. *Vom Einen zum Anderen.* Ein Workshop mit A.M.A.-Techniken lebt von der Kreativität in der Gruppe. Damit die Teilnehmer nicht überfordert werden, muß es Abwechslung bei den Spielen geben. Auf ein Einzelspiel folgt ein Gruppenspiel. Wobei es auch Mischformen gibt. Auf ein verbales Spiel folgt ein visuelles Spiel und umgekehrt.

In der täglichen Arbeit eines Strategischen Planers werden A.M.A.-Techniken meistens bei folgenden fünf Aspekten der Markenführung eingesetzt:

1. Produktnutzen

Das ist die materielle Basis der Marke; ihre rationale Seite; Sinn und Funktion für den Verwender. Aufgabenbeispiel: Eines Tages gibt es auf der Welt keine BMW´s mehr. Welche Konsequenzen hätte das?

2. Markenpersönlichkeit

Das ist das Wesen der Marke; ihre Seele; ihre emotionale Seite; der Charakter. Aufgabenbeispiel: Das geheime Tagebuch von BMW wird gefunden. Was steht drin?

3. Markeninszenierung

Das ist das Auftreten der Marke; ihr Stil; ihre extrovertierte Seite. Aufgabenbeispiel: BMW gibt eine Party und lädt alle Automarken der Welt ein. Anlaß? Verlauf? Gäste? Ausstattung? Gesprächsthemen?

4. Markenprofil

Das sind die Stärken und Schwächen der Marke; ihre Besonderheiten.

Aufgabenbeispiel: BMW steht vor Gericht. Wie lautet die Anklage der Staatsanwaltschaft? Wie argumentiert das Plädoyer der Verteidigung?

5. Markenvision
Das ist die Zukunft der Marke. Welche Stärken sollten beibehalten werden? Welche Schwächen gilt es auszumerzen? Aufgabenbeispiel: Wir schreiben das Jahr 2050. Nur zwei Automarken haben die letzten technischen Revolutionen überlebt. BMW und XYZ. Es kommt zum finalen Showdown zwischen den beiden Rivalen. Wer ist der Rivale von BMW und warum? Wer gewinnt diesen letzten Kampf und warum?

3. Über die Anwendung von A.M.A.-Techniken im Rahmen eines Experten-Workshops für Feinkostsalate

Die Ergebnisse aus dem Experten-Workshop für Feinkostsalate werden auf den nächsten Seiten nur auszugsweise dargestellt. Außerdem sind alle die Marke des Kunden betreffenden Ergebnisse weggelassen worden. Die Ausführungen sollen nur demonstrieren, wie in der Praxis mit A.M.A.-Techniken umgegangen wird.

3.1 Das Briefing des Kunden

Aufgrund von Marktveränderungen und wachsendem Wettbewerbsdruck muß das Feinkostsalate-Sortiment spitzer positioniert werden und mehr Profil bekommen.

3.2 Der Analyseplan der Agentur

Der Analyseplan bestand aus drei Phasen, um ganzheitlich die vielfältigen Facetten des Feinkostsalates beleuchten zu können. Die erste Phase umfaßte ein Brainstorming mit Vertretern des Kunden und der Agentur. Es konnten fünf Problemkomplexe identifiziert werden. In der zweiten Phase, die aus einem interdisziplinären Experten-Workshop mit Teilnehmern aus den Fachabteilungen F&E, Marketing und Vertrieb (Kunde) und Kundenberatung und Strategische Planung (Agentur) bestand, wurden die einzelnen Problemkomplexe weiter verdichtet und ausgearbeitet. Die dritte Phase bestand aus mehreren Verbraucher-Workshops, in denen die gewonnenen Erkenntnisse auf Verbraucherrelevanz überprüft wurden.

3.3 Der Fragenkatalog für den Workshop

1. Was sind die Hemmschwellen gegenüber Feinkostsalaten? 2. Was ist dran an dem Idealbild des selbstgemachten Salates? 3. Was sind die Grundanforderungen an Feinkostsalate? 4. Was macht eine eigene Produkttypik für Feinkostsalate aus? 5. Was könnte eine sinnvolle Sortimentsstruktur sein?

4. Ausgewählte Ergebnisse des Experten-Workshops

Die Ausführungen auf den folgenden Seiten beziehen sich auf die ersten drei Punkte des Fragenkatalogs.

4.1 Mögliche Zugangsbarrieren beim Feinkostsalat

Die ZEIT-Kolumne des Gourmetpapstes

Aufgabe: Wolfram Siebeck schreibt im Zeitmagazin einen hämischen Artikel über Feinkostsalate. Wie lautet das Textmanuskript? Ziel: Es sollten Detailinformationen im Hinblick auf Hemmschwellen bei abgepackten Feinkostsalaten gewonnen werden. Art: Einzelarbeit, schriftlich. Material: Vorbereitete DIN-A4-Blätter mit einem Foto von Wolfram Siebeck und dem ZEIT-Logo. Dauer: 15 Minuten (vgl. Abbildung 1).

Die Experten vermuten – nach selbstkritischer Beurteilung –, daß sich die Zugangsbarrieren auf drei unterschiedliche Ebenen beziehen: den Inhalt, die Verpackung und das Produktversprechen. Im einzelnen bedeutet das, daß sich der abgepackte Feinkostsalat in einem Dilemma zwischen Anspruch und Wirklichkeit befindet (vgl. Abbildung 2).

Der abgepackte Feinkostsalat bewegt sich – überspitzt formuliert – in einem Bermudadreieck zwischen undefinierbaren Inhaltsstoffen, einer unnatürlichen Anmutung und einem daraus resultierenden unglaubwürdigen Produktversprechen.

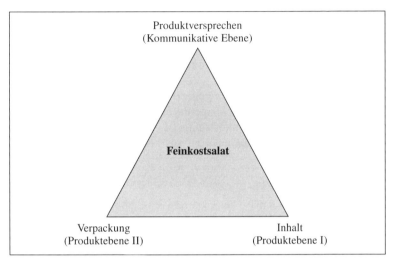

Abbildung 1: Das Bermudadreieck des Feinkostsalates

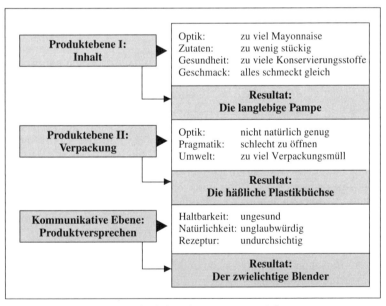

Abbildung 2: Der Feinkostsalat hält nicht, was er verspricht

4.2 Das Idealbild eines Salates

Von fernen Ländern

Aufgabe: Im ersten Schritt ging es darum, zwei Länder zu beschreiben, die weit weg von Europa – am anderen Ende der Welt – liegen. Das eine Land bekam den Titel »selbstgemachter Salat« und das andere »abgepackter Feinkostsalat«. Anschließend wurden die Unterschiede und Gemeinsamkeiten beider Salatvarianten noch einmal herausgearbeitet, ohne zu projizieren. Ziel: Der erste Teil der Aufgabe sollte die emotionale Seite der Salatvarianten deutlich machen. Der zweite Teil die rationalen Merkmale. Art: Gruppenarbeit, schriftlich. Material: Vorbereitete DIN A3-Bögen mit Schnittmengen-Grafiken. Dauer: 30 Minuten (vgl. Abbildung 3).

Das Land des abgepackten Salates	Das Land des selbstgemachten Salates
Hier gibt es Geld im Überfluß, man hat wenig Zeit, konsumiert im Vorübergehen, lebt in Großstädten, ist hektisch und setzt seine Ellenbogen ein, um nach oben zu kommen. Auf der anderen Seite ist die Technik so weit fortgeschritten, daß es sich bequem leben läßt.	Hier ist man arm, aber glücklich. Die guten alten Werte wie Familiensinn und Ehrlichkeit zählen noch etwas. Es gibt eine vielfältige Flora und Fauna. Von Emanzipation allerdings haben die Menschen noch nichts gehört. Außerdem wird die Umwelt aus Unkenntnis und mangelnder Technik verschmutzt.

Abbildung 3: Großstädtische Bequemlichkeit vs. dörfliche Idylle

Bei beiden Ländern wird deutlich, daß eine Medaille immer zwei Seiten hat. Zwar ist das Land des selbstgemachten Salates nach wie vor als Idealbild zu interpretieren, doch wer möchte schon auf die angenehmen Seiten der Technik verzichten? Eine unreflektierte Glorifizierung des selbstgemachten Salates findet aus Expertensicht nicht statt. Diese Annahme läßt sich noch weiter präzisieren (vgl. Abbildung 4).

Deutlich wird, daß der selbstgemachte Salat aus der Sicht der Experten nicht der unangreifbare Fixstern ist. Er hat auch Nachteile (Zeitmalus, Kontinuitätsmalus, Professionalitätsmalus, Trendmalus). Daher sollten auf die Vorteile des Feinkostsalates gesetzt – und diese verstärkt werden (Kontinuitätsbonus, Conveniencebonus, Leistungsbonus). Aber

Selbstgemachter Salat	Feinkostsalat
• Vorteile	
Frischebonus a. frische Rohwaren b. keine Konservierungsstoffe	*Kontinuitätsbonus* a. gleichbleibende Qualität b. lange Lagerung
Erlebnisbonus a. individuelle Rezepte b. Profilierungsmöglichkeit bei Gästen	*Conveniencebonus* a. kein Arbeitsaufwand b. Vielfalt durch kleine Größen c. für den ›kleinen Hunger‹
Qualitätsbonus a. hohe Stückigkeit b. wenig Fett/Dressing	*Leistungsbonus* a. ab und zu etwas Exklusives b. günstiges Preis-/Leistungsverhältnis
• Nachteile	
Zeitmalus a. viel Zeitaufwand b. schnelles Verzehren nötig	*Qualitätsmalus* a. Konservierungsstoffe b. unnatürliche Zusatzstoffe c. vorverarbeitete Rohwaren d. zuviel Fett
Kontinuitätsmalus a. schwankende Qualität b. saisonale Rohwaren	*Umweltmalus* a. Verpackungsmüll b. undurchsichtiges Produktionsverfahren
Professionalitätsmalus a. geeignet für Kochexperten b. meistens große Mengen	*Erlebnismalus* a. keine individuellen Geschmacksstufen b. Einheitskompositionen
Trendmalus oft traditionelle Salate	

Abbildung 4: Januskopf: Wo Licht ist, ist auch Schatten

auch die Vorteile des selbstgemachten Salates lassen sich zur Produktprofilierung von Feinkostsalaten nutzen. Deshalb bietet es sich an, die positiven Attribute (Frischebonus, Erlebnisbonus, Qualitätsbonus) – so weit möglich – dafür zu verwenden, um Feinkostsalate noch besser zu machen.

4.3 Produktverbesserungsmöglichkeiten beim Feinkostsalat

Die Schatztruhe

Aufgabe: In der Truhe des Königs der Feinkostsalate befindet sich das Geheimnis des unnachahmlichen Feinkostsalates. Was ist in der Truhe?
Ziel: Mit dieser Aufgabe sollten die Eckpfeiler einer eigenständigen Produktcharakteristik skizziert werden. Art: Einzelarbeit, schriftlich.
Material: Vorbereitete DIN-A3-Bögen mit gezeichneter Schatztruhe.
Dauer: 20 Minuten (vgl. Abbildung 5).

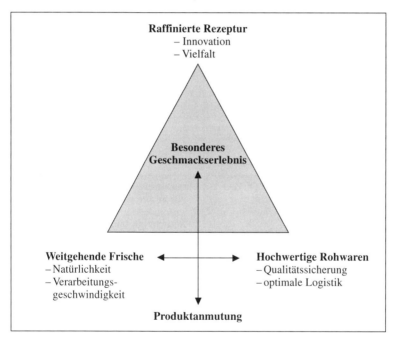

Abbildung 5: Die Gaumenpyramide

Das Auge ißt mit. Es kommt darauf an, den Gaumen und das Auge gleichermaßen zu bedienen. Ein Salatblatt, das nicht mehr knackig frisch aussieht – obwohl es per Definition noch frisch ist – führt zu Irritationen bei der Produktanmutung und damit zu einem defizitären Geschmackserlebnis. Welche Produktverbesserungen im Detail möglich sind, zeigt Abbildung 6.

Qualität	Natürlichkeit
– Top-Lieferanten – professionelle Verarbeitung – optimierte Verpackung – gute Logistik – beste Ingredienzen – Kühlkette optimieren – ergonomische Verpackungsoberseite – keine billige Kunststoffverpackung – klarsichtige Verpackung, damit der Inhalt zu sehen ist – hochwertige Verpackung, um sich vom Umfeld abzuheben – Glas- bzw. Mehrwegverpackung – Gütesiegel auf die Packung drucken (Reinheitsgebot) – Einrichtung eines Beratungsdienstes – wiederverschließbare Verpackung	– weniger Mayonnaise – keine Konservierungsstoffe – frische Zutaten – keine vorverarbeiteten Rohwaren – prompte Verarbeitung – schneller Vertrieb – Einsatz von Mineralwasser und Kaltpreßölen – Frische-Garantie-Siegel – Veranstaltung einer Frischeparty – einen natürlich anmutenden Namenszusatz entwickeln
– große, stückige Zutaten à la Zott – Salat mit Sekt-Dressing – Fleischsalat mit Fleischwurst statt Fleischbrät – Optik der Salate in der Packung verbessern (Auge ißt mit) – Geschmackstests durchführen – Verpackung ›appetitlicher‹ machen	– der reifende Salat – eßbare Verpackung – saisonale Angebote (Mon Chèrie, Swatch, Mövenpick) – Gemüsesäfte – Snackrolle mit Wurstmantel und Salatfüllung – Salat mit isotonischer Rezeptur – Salat mit Vitaminen und Mineralien für den Après-Sport – Salat, den man veredeln kann – Salat zum Überbacken – Salat, den man selbst mischen kann – Salat mit Garnitur und Löffel zum Sofortverzehr – Salat für Rentner, Diabetiker, Kinder
Genuß	**Innovation**

Abbildung 6: Die Quadratur des Salates

Die Dimensionen Qualität, Natürlichkeit, Genuß und Innovation sind die Eckpfeiler einer Produktprofilierung aus Herstellersicht. Sie dienen aber nur einem einzigen Ziel: dem Aufbau von Geschmackskompetenz (vgl. Abbildung 7).

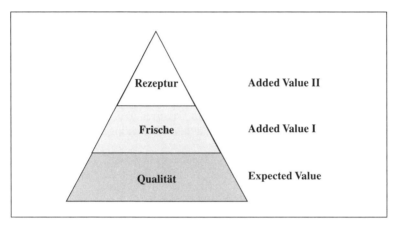

Abbildung 7: Vorsprung durch Geschmackskompetenz

Geschmackskompetenz erreicht man, indem erstens die Qualität des Feinkostsalates stimmt. Das wird vorausgesetzt (Expected Value). Zweitens muß der Feinkostsalat weitgehend frisch sein – so frisch wie ein abgepackter Feinkostsalat eben sein kann (Added Value I). Und drittens ist es unerläßlich, durch neuartige, aber auch erprobte Rezepturen der Geschmackskompetenz ein anfaßbares Profil zu verleihen (Added Value II). Einige der Möglichkeiten, ganz konkret Geschmackskompetenz aufzubauen, haben die Beispiele der vorhergehenden Seiten gezeigt.

Die Experten vermuten – nach selbstkritischer Beurteilung –, daß sich die Zugangsbarrieren auf drei unterschiedliche Ebenen beziehen: den Inhalt, die Verpackung und das Produktversprechen.

5. Resümee

- Der Einsatz von A.M.A-Techniken erzeugt eine große Breite und Tiefe von Informationen. Aufgabe des Strategischen Planers ist es – so wie

hier geschehen –, diese anschließend so zu strukturieren und zu verdichten, daß sie in für das Marketing relevante Handlungsanweisungen münden.
- In diesem Fall wurden die Techniken auf eine Marke angewendet. Genauso kann man sie verwenden, um Unternehmen zu profilieren; wobei Marken oft für Unternehmen stehen.
- Die hier gezeigten Beispiele stellen aus wettbewerbstechnischen Gründen nur einen ganz kleinen Ausschnitt der Ergebnisse des Experten-Workshops dar. Der Autor hofft dennoch gezeigt zu haben, wie leistungsfähig projektive, kreative und expressive Techniken sein können.
- Im Anschluß wurden die aus dem Experten-Workshop gewonnenen Hypothesen in mehreren Verbraucher-Workshops überprüft, teilweise widerlegt und erweitert.

Kapitel 10
Projektmanagement in Bauunternehmen

Monika Bergmann

Inhalt
1. Einleitung 133
2. Begriffliche Vielfalt 134
3. Wettbewerbsvorteile durch PM 135
4. Aufgaben und Ziele des PM 135
5. Einführung eines PM 137
6. Aufbauorganisation des PM 138
7. Ablauforganisation des PM 140
   7.1 Normative Leistungsphasen nach HOAI 140
   7.2 Leistungsbild des PM 141
   7.3 Struktur des PM 142
8. Ausgewählte Instrumente und Methoden des PM 144
   8.1 EDV-Einsatz 144
   8.2 Umwelt- und Qualitätsmanagement 144
   8.3 Wirtschaftlichkeitsuntersuchung 148
   8.4 Kostenplanung 149
   8.5 Finanzierungsplanung 150
   8.6 Bauzeit- und Terminplanung 150
9. Schlußbetrachtung 151
Literatur 152

1. Einleitung

Die Realisierung eines Bauprojektes bedeutet einen – oft erheblichen – Eingriff in bestehende Strukturen von Städten oder Kommunen. Die Anforderungen, technisch und wirtschaftlich optimale Projektergebnisse unter Berücksichtigung der Umwelt- und Umfeldbedingungen zu erzielen, nehmen ständig zu. Diese umfassende Aufgabenstellung setzt ein effektives und effizientes Projektmanagement voraus.

Seit einigen Jahren gewinnt das Projektmanagement zunehmend an Bedeutung. Die Wettbewerbsfähigkeit zu erhalten und zu verbessern, um den zukünftigen Markterfolg zu sichern, ist z. B. in mittelständischen

Bauunternehmen nur zu erreichen, wenn »... ein leistungsfähiges Instrument zur Projektabwicklung zur Verfügung steht« (Hassbach, 1995, S. 9).

Der Einsatz eines Projektmanagements ermöglicht eine systematische Planung, die erforderliche Entscheidungsvorbereitung und das Aufzeigen von Handlungsalternativen in den einzelnen Projektphasen, um eine optimale Abwicklung des gesamten Projektes in bezug auf Bauleistungen, Bautermine und Baukosten zu gewährleisten.

2. Begriffliche Vielfalt

Projektmanagement (PM) konkurriert im Hochbau mit einer Vielzahl von Begriffen wie z. B. Baumanagement, Baucontrolling, Projektsteuerung und Projektentwicklung. Eine Kollision der Begriffe soll hier durch die Bündelung unter dem Begriff PM vermieden werden. Eine Konkretisierung erscheint dennoch sinnvoll.

Nach dem in den USA entwickelten Modell des »Systems Engineering« ist PM ein übergeordneter Begriff für planende, koordinierende, kontrollierende und steuernde Maßnahmen bei der Um- und Neugestaltung von Systemen. Im Vordergrund steht hier nicht die Lösung selbst, sondern die Vorgehensweise, die zur Lösungserreichung führt, sowie die hierzu erforderlichen Personen und Mittel und deren Einsatz und Koordinierung (vgl. Haberfellner, 1976/77, S. 150).

Eine weitere Integrationsstufe trägt den engen Verknüpfungen zwischen PM und Systemtechnik Rechnung und vereinigt »... die Denkrichtungen des Ingenieurs (Systemtechnik), des Betriebswirts (Controlling) und des Juristen (Vertragsabwicklung) im Interesse eines gemeinsamen Ziels, nämlich dem Projektziel, zu einer einheitlichen Denkrichtung ...« (Madauss, 1994, S. 14). PM wird nach DIN 69 901 als »Gesamtheit von Führungsaufgaben, -organisation, -techniken und -mittel für die Abwicklung eines Projektes« definiert. Jedoch wird der in der HOAI § 31 verwendete Begriff »Projektsteuerung« als adäquat für PM im Sinne des Systems Engineering angesehen. Postuliert wird, weil es zukünftige Diskussionen erleichtere, daß »... auch im Bauwesen analog zu anderen Industriebereichen für die Gesamtheit der planenden, koordinierenden, kontrollierenden und steuernden Maßnahmen, die bis zur Fertigstellung eines Objektes ergriffen werden müssen, der Begriff »Projektmanagement« verwendet werden würde« (Kuhne, 1992, S. 2).

3. Wettbewerbsvorteile durch PM

Der zunehmende internationale Wettbewerbsdruck erfordert es, in Bauunternehmen alle wirtschaftlichen und technischen Möglichkeiten zu nutzen, bestehende Positionen zu sichern und auszubauen.

Die Deutsche Gesellschaft für Mittelstandsberatung (DGM) ermittelte 1994 in der »Branchenstudie Bauwirtschaft«, daß sich in der mittelständischen Bauindustrie kein ausgeprägtes PM etabliert hat, in Bauunternehmen jedoch die Notwendigkeit der Verbesserung der Projektabwicklung durch ein professionelles Instrumentarium besteht. Schwachstellen wurden darin erkannt, daß z. B. der Fertigstellungsgrad und Baufortschritt nicht transparent sind, unklare Zuständigkeiten in der Projektleitung zu Abstimmungsproblemen führen, Planabweichungen und mangelndes Kostenbewußtsein durch Qualifikationsdefizite der Bauleiter im kaufmännischen Bereich bedingt, und Steuerungsinstrumente, die ein zeitnahes Eingreifen bei drohenden Abweichungen ermöglichen würden, unterentwickelt sind. Deshalb werde nicht selten »... die gute Markt- und Wettbewerbssituation verschenkt durch vermeidbare Fehler in Planung und Bauabwicklung« (DGM, 1994, S. 73).

Die Instrumente des PM ausgewogen einzusetzen, »... erlaubt die Beurteilung der Effektivität von Vorhaben hinsichtlich Attraktivität, Priorität, Ressourcenbindung und Risiko«, und »... stellt die Durchführungseffizienz hinsichtlich der Ideenherleitung, Planung, Entscheidung, Überwachung und Steuerung sicher« (Hirzel/Mattes, 1992, S. 14). Um die Erzielung von Wettbewerbsvorteilen durch PM zu stärken, sollten Bauunternehmen den Rahmen ihrer Markt- und Kundenorientierung komplementär um die Perspektive der Ökologie- und Qualitätsorientierung erweitern.

4. Aufgaben und Ziele des PM

Die Aufgabenstellung, technisch und wirtschaftlich optimale Projektergebnisse unter Berücksichtigung aller Nebenbedingungen zu erzielen, setzt ein professionelles PM voraus. Um ein leistungsfähiges PM aufzubauen, sollte zweckmäßigerweise zwischen der funktionalen und der institutionalen Betrachtungsweise unterschieden werden. Bei der institutionalen Betrachtung sind die Art und Anordnung von Arbeitsgruppen sowie Steuerungs- und Entscheidungsgremien, deren Aufgaben, Kompetenzen, Organisationsgrad und Beziehungen interessant. Eine funktionale Betrachtung stellt die Planungs- und Steuerungstätigkeiten, z. B. Planung, Kontrolle, Information etc., in den Vordergrund, welche »… notwendig sind, um ein Projekt in Gang zu bringen bzw. zu halten« (Haberfellner, 1976/77, S. 150).

Um das PM für alle Maßnahmen, die bis zur Fertigstellung eines Bauprojektes ergriffen werden müssen, einzusetzen, ist die Definition des Projektziels unerläßlich. Hauptsächlich sollten die Aufgaben eines ganzheitlichen PM auf drei Ziele, die einer wechselseitigen Beeinflussung unterliegen, gerichtet sein: *Leistung, Termine und Kosten* (vgl. Rinza, 1994, S. 22f.; ähnlich: Kuhne, 1992, S. 3).

Voraussetzung zur Wahrnehmung dieser Aufgaben durch das PM ist die grundsätzliche Festlegung, welche Leistungen an einem Bauprojekt unternehmensintern erbracht werden können, und welche externalisiert werden müssen. So können z. B. die Planungsleistungen der Architekten und Fachingenieure intern erbracht oder extern vergeben werden. Diese ›Make-or-buy‹-Entscheidung kann neben Kosten- auch aus Imagegründen zugunsten externer Architekten ausfallen.

Der Leistungsumfang der Bauplanung, und auch der des Kerngeschäfts der Bauunternehmen, der Bauausführung, richtet sich, wenn er im Auftrag eines Bauherrn erbracht wird, nach der Vertragsgestaltung. Auch Leistungen der Bauausführung werden jedoch möglicherweise als Teilleistungen, die nicht selbst erbracht werden können oder sollen, durch Unteraufträge an Sub-Unternehmer vergeben. Im Rahmen einer Diversifizierungsstrategie kann ein Bauunternehmen z. B. selbst als Bauherr bzw. Investor auftreten, und damit zu einem großen Teil die unternehmenseigenen Ressourcen nutzen bzw. diese aufbauen. Dieser für jedes Bauprojekt variierende und deshalb immer wieder zu überprüfende Leistungsumfang ist entscheidend für die Gestaltung des PM und der daraus resultierenden Aufgabenstellung.

Angesichts der bestehenden wechselseitigen Abhängigkeiten der in Phasen verlaufenden Abwicklung eines Bauprojektes erscheint eine Abgrenzung der Leistungen des PM in Bauunternehmen von denen des Architekten als notwendig: Dem PM kommt die Führungsaufgabe zu, eine optimale Projektdurchführung durch die Fachabteilungen, im Rahmen der gesamten Projektabwicklung, zu gewährleisten (Abbildung 1).

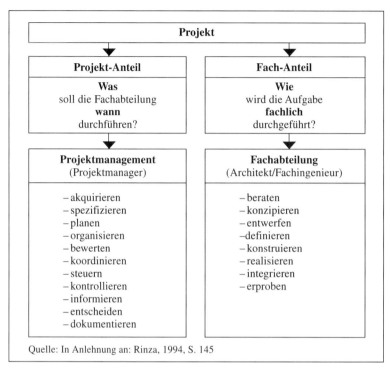

Abbildung 1: Aufteilung der Projektaufgaben

5. Einführung eines PM

Beobachtungen der deutschen Industrie und Wirtschaft zufolge verwenden viele Unternehmen verschiedener Größenordnung PM einerseits erfolgreich und entwickeln seine Methoden ständig weiter. Andererseits wurde die methodische Anwendbarkeit als zu schwierig empfunden. Gründe für das Scheitern der Anwendungsmethoden des PM lagen ursächlich in der mangelhaften Einführung begründet. Probleme wurden in sozialen (Macht, Autorität) und in instrumentellen Bereichen identifiziert (vgl. Rinza, 1994, S. 157f.).

Bestätigend kommt die Deutsche Gesellschaft für Mittelstandsberatung (DGM) in ihrer »Branchenstudie Bauwirtschaft« zu dem Ergebnis, daß durch rasches Unternehmenswachstum, aber auch neue Geschäftsfelder und Kunden viele Bauunternehmen vor der dringenden Notwendigkeit stehen, ihre handwerklich geprägte Betriebsorganisation durch ein professionelles Projektabwicklungsinstrumentarium zu verbessern. Weiterhin wurde ein fehlendes oder unzureichendes Projektmanagement und schwach ausgeprägte Steuerungsinstrumente für die ergebnisorientierte Planung und Kontrolle von Baustellen als ein Kernproblem im Mittelstand identifiziert (vgl. DGM, 1994, S. 73).

Die effektive Einführung eines PM für Hochbauprojekte bedarf einer Spezifizierung in den anwendenden Bauunternehmen, sollte aber generell in den Phasen

- Planung,
- Vorbereitung,
- Einführung und
- Anwendung

erfolgen. Mit der Konzeption der Einführungsplanung sollte eine zentrale Stelle, z. B. eine Stabsstelle, beauftragt werden. Die Einführung eines PM bedeutet zunächst Zeit- und damit Kostenaufwendungen.

»Für die gesamte Einführung von der Planung bis zu dem Zeitpunkt, an dem das Projektmanagement relativ reibungslos läuft, kann mit einem Zeitaufwand von ein bis zwei Jahren gerechnet werden« (Rinza, 1994, S. 158).

6. Aufbauorganisation des PM

Für den erfolgreichen Ablauf von Bauprojekten ist es erforderlich, das PM effektiv in der Zielhierarchie des Bauunternehmens zu positionieren.

In einer vorhandenen Organisationsform kommt oft nur das Instrumenten- und Methodenkonzept, nicht aber auch das Organisationskonzept des PM zur Anwendung (vgl. Rinza, 1994, S. 128).

Die organisatorische Integration des PM stellt häufig ein Problem dar und setzt deshalb institutionelle Zielvorgaben der Unternehmensführung voraus. Durch z. B. unklare Zieldefinitionen können für das PM erhebli-

Projektmanagement in Bauunternehmen 139

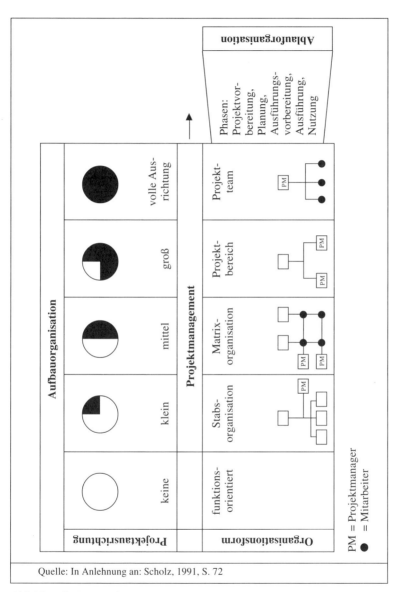

Abbildung 2: Formen des PM

che Zielkonflikte entstehen. In der hierarchischen Ordnung eines Unternehmens sollten die Anforderungen, die an das PM von Bauprojekten gestellt werden, abgestimmt und in eine entsprechende Organisationsform eingepaßt werden. Die Aufbauorganisation des PM kann in vier Varianten erfolgen. Gewählt werden könnte nach Stärke der Projektausrichtung die Stabsorganisation, die Matrixorganisation, die Projektbereichsorganisation oder das Projektteam (vgl. Scholz, 1991, S. 72). Organisatorische Unterschiede in der Ausrichtung können z. B. in dem Auftragsvolumen bestehen (vgl. Abbildung 2, S. 139).

Der neben der Aufbauorganisation nachfolgend ebenfalls dargestellte organisatorische Ablauf des PM orientiert sich an den Projektphasen.

7. Ablauforganisation des PM

7.1 Normative Leistungsphasen nach HOAI

Der in Phasen verlaufende Bauprozeß ist an den normativen Leistungsphasen nach HOAI ausgerichtet. Sie trat 1977 basierend auf dem MRVG von 1971 in Kraft und stellt *die* zentrale Orientierung im Hochbau dar. Die inzwischen fünfte Novellierung (5. ÄndVo) der HOAI wurde zum 1. 1. 1996 wirksam. Die HOAI gilt nach § 1 »… für die Berechnung der Entgelte für die Leistungen der Architekten und der Ingenieure (Auftragnehmer), soweit sie durch Leistungsbilder oder andere Bestimmungen dieser Verordnung erfaßt werden.« Umstritten ist jedoch immer noch, ob die HOAI ausschließlich berufsstandsbezogen oder auch leistungsbezogen Anwendung findet. Vorherrschend allerdings wird die HOAI leistungsbezogen ausgelegt, so »… daß sie auch auf Berufsfremde anzuwenden wäre« (Werner/Pastor, 1995, S. XXIX).

Die Leistungen werden in der HOAI in Grundleistungen und besondere Leistungen unterteilt, welche in die Leistungsphasen 1–9 (Abbildung 3) gegliedert sind. Für Schwierigkeitsgrade der Leistungsanforderungen wurden Honorarzonen geschaffen.

Für die unterschiedlichen Leistungen der einzelnen Berufsgruppen (Architekt, Ingenieur unter anderem) gelten gemäß HOAI spezifische Leistungsbilder, die überwiegend den jeweiligen Leistungsphasen 1–9 zugeordnet sind. Aus den Leistungsbildern ergibt sich, im Falle einer Beauftragung, welche einzelnen Leistungen von der Berufsgruppe zu

Leistungsphasen nach HOAI
1. Grundlagenermittlung 2. Vorplanung (Projekt- und Planungsvorbereitung) 3. Entwurfsplanung (System- und Integrationsplanung) 4. Genehmigungsplanung 5. Ausführungsplanung 6. Vorbereitung der Vergabe 7. Mitwirkung bei der Vergabe 8. Objektüberwachung (Bauüberwachung) 9. Objektbetreuung und Dokumentation

Abbildung 3: Leistungsphasen nach HOAI

erbringen sind. Die HOAI ermöglicht eine stufenweise Beauftragung der Leistungsphasen. Dies kann der Bauherr aus ökonomischen Gründen entsprechend nutzen. In einer Variante können alle Leistungsphasen an ein Bauunternehmen vergeben werden, welches seinerseits z. B. für die Planung entweder über eigene Kapazitäten verfügt, oder diese Leistungen an externe Architekten vergibt.

7.2 Leistungsbild des PM

Nach dem Verständnis der HOAI umfaßt das PM die Leitung und Steuerung eines Bauprojektes. In der HOAI § 31 Abs. 1 sind die Aufgaben eines PM nicht nach Leistungsphasen 1–9, sondern in einer Aufgabenaufzählung definiert. Der Deutsche Verband der Projektsteuerer (DVP) hat hierfür ein Leistungsbild entwickelt, in welchem die Projektphasen den Leistungsphasen zugeordnet und nach Aufgabenfeldern bzw. Handlungsbereichen strukturiert wurden. Die Handlungsbereiche werden in jeder Projektphase durchlaufen (vgl. Diederichs, 1994, S. 49).

Ergänzend wird in der Projektphase 5 (Nutzung) das Facility Management (FM) für ein vollständiges Leistungsbild des PM angenommen. Die als Vision vom »Intelligent Building« in den USA entstandene Methode FM ermöglicht CAD-gestützt ein effizientes Gebäudemanagement (Gebäudeverwaltung, Steuerung und Überwachung technischer Anlagen, Umbauten, Reparaturen, Umnutzungen etc.) während der gesamten Nutzungsphase bis zum Nutzungsende und kann als Dienstleistung des PM angeboten werden (vgl. Abbildung 4).

Projektphasen des PM	Leistungsphasen	Handlungsbereiche
1. Projektvorbereitung	0 Vorlaufphase 1 Grundlagen- ermittlung	1. Org., Info., Koord., Dok. 2. Qualitäten u. Quantitäten 3. Kosten u. Finanzierung 4. Termine und Kapazitäten
2. Planung	2 Vorplanung 3 Entwurfsplanung 4 Genehmigungs- planung	

3. Ausführungsvor-
   bereitung
	5 Ausführungsplanung
	6 Vorbereitung der
	  Vergabe
	7 Mitwirkung bei der
	  Vergabe	

4. Ausführung 5. Nutzung	8 Objektüberwachung 9 Objektbetreuung und Dokumentation 10 Facility Management	1. Org., Info., Koord., Dok. 2. Qualitäten u. Quantitäten 3. Kosten u. Finanzierung 4. Termine und Kapazitäten

Quelle: In Anlehnung an: Diederichs, 1994, S. 49

Abbildung 4: Leistungsbild des PM

7.3 Struktur des PM

Generell sind die Phasen eines PM nicht übereinstimmend definiert. Jedoch werden sie in der Regel auf die Leistungsphasen der HOAI bezogen und diesen zugeordnet. In Anlehnung an den Deutschen Verband der Projektsteuerer (DVP) werden hier die PM-Phasen Projektvorbereitung, Planung, Ausführungsvorbereitung, Ausführung und Nutzung übernommen (Anm. d. Verf.: Der DVP definierte Nutzung als Projektschluß; vgl. Diederichs, 1994, S. 49).

Um Instrumente und Methoden des PM zuordnen zu können, werden im weiteren die vom DVP strukturierten Handlungsbereiche

- Organisation, Information, Koordination, Dokumentation,
- Qualitäten und Quantitäten,
- Kosten und Finanzierung,
- Termine und Kapazitäten

Projektmanagement in Bauunternehmen 143

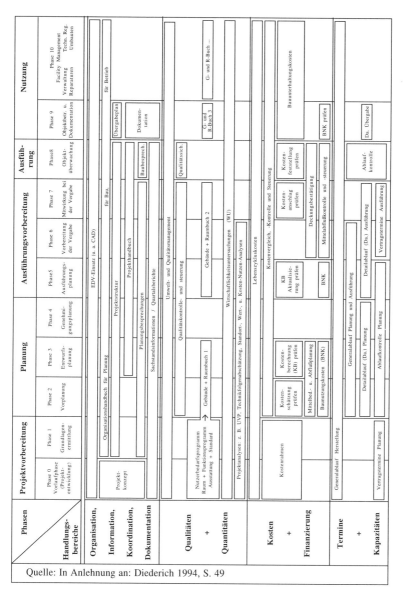

Abbildung 5: Projektmanagement im Projektablauf

für die Vorgehensweise in einem Bauprojektablauf entsprechend verwendet (vgl. Deutscher Verband der Projektsteuerer e.V. (DVP), 1989, S. 30; und Diederichs, 1994, S. 49) (vgl. Abbildung 5, S. 143).

8. Ausgewählte Instrumente und Methoden des PM

8.1 EDV-Einsatz

Um eine Wahl der richtigen Hard- und Software-Komponenten zu treffen, muß der Bedarf spezifiziert werden. Inzwischen werden für alle Sparten des Bauwesens hervorragende Software-Produkte angeboten. Als modulares System aufgebaut, weisen die meisten Produkte einen hohen Kompatibilitätsgrad durch Schnittstellen auf. Dem Bedarf entsprechend sollte eine Client-/Server-Architektur als optimale Lösung anderen Möglichkeiten vorgezogen werden. Durch dieses vernetzte Datenbanksystem kann das PM, um z.B. die Kostenkontrolle vorzunehmen, problemlos auf die Daten zugreifen, die gleichzeitig von der Fachabteilung zu Kostenschätzung, -berechnung, -anschlag und -aufstellung genutzt werden. Projektdaten sind jedoch generell für die Abwicklung von Bauprojekten von größter Bedeutung.

In einer funktionsfähigen Projektorganisation sollte sichergestellt sein, daß alle Projektbeteiligten rechtzeitig Datenzugriff zu notwendigen Informationen haben. Die große Anzahl Beteiligter »... erfordert eine klare Regelung der Informationsflüsse in der Bauprojektorganisation, die Definition verschiedener Informationssysteme für das Bauprojekt und die Festlegung von Schnittstellen zwischen den verschiedenen Systemen« (vgl. Scheifele, 1991, S. 15).

Projektbezogene Daten können aufgeteilt werden in Projektdaten und lokale Bearbeitungsdaten (vgl. Abbildung 6).

8.2 Umwelt- und Qualitätsmanagement

Ökologie- und qualitätsorientiertes Unternehmensverhalten sollte im Konsens mit ökonomischer Effizienz und gesellschaftlicher Verantwortung gesehen werden. Ein Konvergieren dieser Komponenten ist für Bauunternehmen, und damit auch für das PM, im Hinblick auf die Herstellung und die Verwendung umweltfreundlicher Bauprodukte und deren Qualität von besonderer Relevanz.

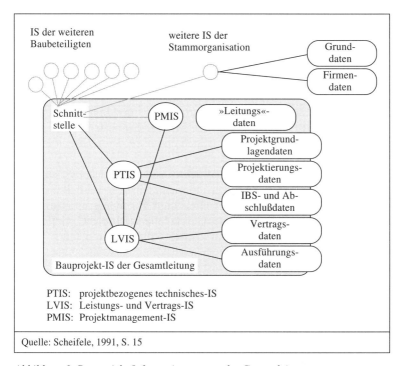

*Abbildung 6: Bauprojekt-Informationssystem der Gesamtleitung
(IS = Informations-System)*

Schwerpunkte des Umweltmanagements liegen einerseits in der systematischen Analyse und der Wahrnehmung marktbezogener Chancen: z. B. dem Aufspüren, Entwickeln und Erhalten gegenwärtiger und zukünftiger Erfolgspotentiale; andererseits sollten die Aktivitäten auch auf Erfassung und Vermeidung von Risiko- und Gefahrenpotentialen gerichtet sein (vgl. Meffert/Kirchgeorg, 1993, S. 302f.). Neben der Anpassung bestehender Instrumente an umweltorientierte Entscheidungen können in Bauunternehmen umweltorientierte Informations- und Planungsinstrumente (z. B. Stoff- und Energiebilanzen) bis hin zu betrieblichen Umweltinformationssystemen entwickelt werden.

Mit der 1993 in Kraft getretenen EG-Audit-Verordnung »über die freiwillige Beteiligung gewerblicher Unternehmen an einem Gemeinschaftssystem für das Umweltmanagement und die Betriebsprüfung« dürfen Unternehmen, die sich beteiligen, mit einem EU-einheitlichen Symbol auf das fortschrittliche Umweltniveau ihres Betriebes aufmerksam machen. Die Verordnung ist als umweltpolitisches Instrument der EU zur Verwirklichung einer dauerhaft umweltgerechten Entwicklung zu sehen und mangels ausreichender methodischer Erprobung auf längere Zeit als umweltbezogene Selbstkontrolle auf freiwilliger Basis anzuwenden (vgl. SRU, 1994, S. 20 ff.). Mit der Einbeziehung der Bauwirtschaft in die Verordnung ist jedoch erst nach deren Überarbeitung 1998 zu rechnen.

Während der Umweltschutz unternehmensintern noch entwickelt oder ausgebaut werden muß, findet er unternehmensextern auf Baustellen bereits langjährig Anwendung. Die Leistungserbringung auf Baustellen ist durch regulierende Eingriffe des Gesetzgebers (BImSchG, GefStoffV, AbfG etc.) mit der Einhaltung von Umweltschutzzielen befaßt.

Neben dem Umweltmanagement hat der Anspruch an ein kundenorientiertes Qualitätsmanagement inzwischen die gesamte deutsche Wirtschaft erfaßt. Qualität als entscheidendes Element im Wettbewerb erlangt durch Zertifizierung bei Einhaltung der internationalen und nationalen Normen zentrale Bedeutung. Die Deutsche Bauindustrie hat »Zehn Leitsätze zum Qualitätsmanagement in der Bauwirtschaft« aufgestellt und damit eindeutig Position bezogen. Unterstützend wurde ein Merkblatt Qualitätsmanagementplan (QM-Plan) mit Hinweisen zu dessen Erstellung entworfen. Nach diesem Verständnis soll ein QM-Plan »... die Zusammenstellung der relevanten Vorgaben und Regelungen für ein spezielles Bauprojekt bzw. eine bestimmte Bauleistung« (Hauptverband der Deutschen Bauindustrie, 1995, S. 1) enthalten.

Der potentielle Bauherr (Kunde) wird die Qualität eines Bauunternehmens nach dessen Preis-/Leistungskriterien beurteilen. In Bauunternehmen wird die Qualität des Auftragsdurchlaufes z. B. daran gemessen, wie qualifiziert eine Baumaßnahme in Ausführungseinheiten strukturiert ist, so daß Kapazitäten (Menschen, Material und Maschinen) in technischer und wirtschaftlicher Hinsicht optimal eingesetzt werden können. Um ein Konvergieren dieser Qualitäten zu erreichen, wird in der Hauptniederlassung Hamburg der Wayss & Freytag AG das Qualitätsmanagement-System nach DIN ISO 9001 für alle Organisationseinheiten verbindlich angewendet. Beschrieben ist das QM-System des Bauunternehmens, das erfolgreich zertifiziert wurde, in dem Qualitätsmanagement-Handbuch (QMH). Das QMH ist in die Abschnitte 1. Grundsatzerklärung der Geschäftsleitung, 2. Hinweise für die Benutzung des Handbuches und 3. Das Qualitätsmanagement-System gegliedert. Den Schwerpunkt bildet das QM-System mit 22 QM-Elementen (Abbildung 7), welche in den projektunabhängigen Unterlagen durch Verfahrens- und Arbeitsanweisungen ergänzt werden (vgl. Wayss & Freytag AG, 1994, S. 7).

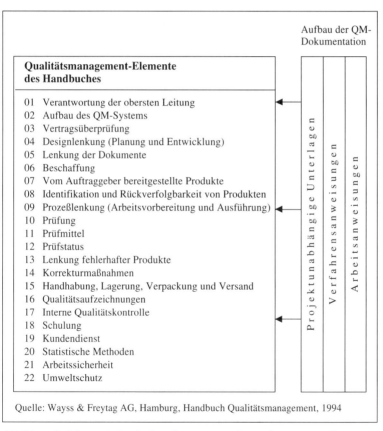

Abbildung 7: Schematischer Aufbau der gesamten QM-Dokumentation der Wayss & Freytag AG, Hauptniederlassung Hamburg

8.3 Wirtschaftlichkeitsuntersuchung

Die Wirtschaftlichkeitsuntersuchungen eines Bauprojektes sind gekennzeichnet durch begriffliche Vielfalt. Zur Abgrenzung können die verschiedenen Verfahren nach Wirtschaftlichkeitsberechnung (WB) und Nutzen-Kosten-Untersuchung (NKU) unterschieden und entsprechend untergliedert werden (Abbildung 8).

Die WB gehören zur betriebswirtschaftlichen Investitionsrechnung. Mit Hilfe dieser Methoden kann die Vorteilhaftigkeit einzelwirtschaftlicher Investitionsmaßnahmen geprüft und in bezug auf die betriebliche Zielsetzung des jeweiligen Bauherrn/Investors bewertet werden. Bei den NKU steht die gesamtwirtschaftliche Betrachtungsweise im Vordergrund. Sie finden bei Investitionsvorhaben Anwendung, die nicht nur betriebliche, sondern auch gesellschaftliche Zielsetzungen berühren.

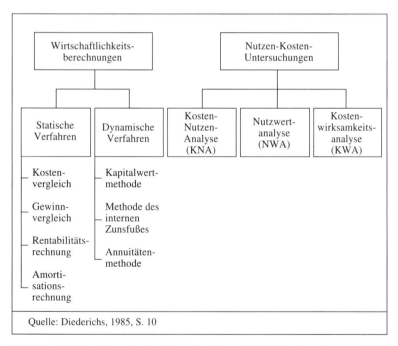

Abbildung 8: Einteilung der Verfahren für Wirtschaftlichkeitsberechnungen (WB) und Nutzen-Kosten-Untersuchungen (NKU)

Bauinvestitionen der privaten und gewerblichen Wirtschaft oder auch der öffentlichen Hand haben einen hohen Stellenwert, da sie mit großen Investitionsausgaben verbunden sind, und nach Baubeginn nicht mehr rückgängig gemacht werden können. Mit WB und NKU können einzel- und gesamtwirtschaftliche Vor- und Nachteile eines Bauprojektes antizipativ untersucht und mögliche Alternativen transparent dargestellt werden. Im Rahmen der Gesamtabwicklung eines Bauprojektes treten in den einzelnen Projektphasen unterschiedliche Fragestellungen der Wirtschaftlichkeit auf, die durch die WB und/oder NKU beantwortet werden können (vgl. Diederichs, 1985, S. 125f.).

8.4 Kostenplanung

Unter einer Kostenplanung nach DIN 276 werden im Hochbau alle Maßnahmen zur Kostenermittlung, Kostenkontrolle und Kostensteuerung verstanden. Sie stellt eine Methode zur systematischen Erfassung aller Ursachen und Auswirkungen der Kosten dar. Die Kostenplanung begleitet alle Projektphasen eines Bauprojektes. Je nach Planungsfortschritt werden unterschiedliche Arten der Kostenermittlung angewendet.

Neben der generellen Festlegung eines Kostenrahmens besteht die Kostenplanung nach DIN 276 aus den Elementen Kostenschätzung, Kostenberechnung, Kostenanschlag und Kostenfeststellung. Der Aufbau einer Kostenermittlung erfolgt in einer Gliederung nach Kostengruppen. Nach DIN 276 werden in den sieben Kostengruppen, unterteilt in drei Kostenebenen, alle Leistungen des Hochbaus erfaßt.

Der Grad der Genauigkeit einer Kostenplanung ist für den Bauherrn von erheblicher Bedeutung. Mit den Kostenplanungsmethoden können in der Regel folgende Werte erreicht werden:

- für Kostenrahmen +/- 20 Prozent,
- für Kostenschätzung +/- 15 Prozent,
- für Kostenberechnung +/- 10 Prozent,
- für Kostenanschlag +/- 5 bis 10 Prozent,
  (vgl. Mayer/Schub, 1989, S. 392).

In der Kostenfeststellung werden die Mehr- oder Minderkosten gegenüber dem Kostenanschlag anhand der Schlußrechnungen geprüft.

8.5 Finanzierungsplanung

Unter dem Begriff Finanzierung sind alle Formen einer zeitlich befristeten Kapitalbeschaffung zu verstehen. Hauptziel einer Baufinanzierungsplanung ist es, die ständige Liquidität des Bauherrn sicherzustellen, d. h. durch eine richtige ablauforientierte Finanzierung eine ständige Zahlungsfähigkeit herzustellen. Der Bauherr/Investor wird sich deshalb an den traditionellen finanzwirtschaftlichen Kriterien Rentabilität, Liquidität und Sicherheit orientieren. Die bauherrenseitigen Finanzierungsprozesse umfassen nach Müller:

– die Planungs-Finanzierungsleistungen
– die Bau-Finanzierungsleistungen } Erstellungs- oder Bauwerksfinanzierung

Für die Objektfinanzierung und/oder die Zwischenfinanzierung wird ein Finanzierungsplan erstellt. Hierzu müssen die folgenden Kosteneinflußfaktoren vorgeklärt bzw. »... zur Entscheidung gebracht werden: Planungszeit, Bauzeit, gesamte Herstellungskosten (Kostenrahmen), Kosten der Zwischenfinanzierung, Proportionierung von Fremd- und Eigenkapital, Erfolgskalkulation (Verhältnis Erlös: Aufwand), Kosten der Objektfinanzierung (Annuitäten, Laufzeit)« (Müller, 1982, S. 134). Der Finanzierungsplan ist in Abhängigkeit von der Organisationsplanung und der Bauzeit- und Terminplanung zu sehen, da speziell diese Faktoren die Zwischenfinanzierungskosten bestimmen.

Mit der Nutzungsfinanzierung wird die Inbetriebnahme des Bauprojektes eingeleitet (vgl. Müller, 1982; S. 92).

8.6 Bauzeit- und Terminplanung

Die unterschiedlichen Instrumente und Methoden der Bauzeiten- und Terminplanung sind abhängig von der Komplexität eines Projektes. Bei kleineren Projekten ist ein Terminplan oder ein einfacher Balkenplan ausreichend, bei Normal- oder Großprojekten finden Balkenpläne oder Netzpläne Anwendung. Hierzu wird für jeden Vorgang die Zeitdauer bestimmt. Ausgehend von dem geplanten Starttermin erhält man für jeden Vorgang zunächst in Vorwärtsrechnung und anschließend von dem geplanten Endtermin in Rückwärtsrechnung den frühestmöglichen Anfangs- und Endtermin sowie den spätestens erlaubten Anfangs- und Endtermin (vgl. Rinza, 1994, S. 78f.).

Für diesen bei komplexen Projekten großen mathematischen Aufwand empfiehlt sich eine EDV-Unterstützung. Integrierte Lösungen, die zusätzlich Kapazitäteneinsatz und Kostenplanung bereitstellen, werden inzwischen als Software-Programme angeboten.

9. Schlußbetrachtung

Die Aufgabenstellung, technisch und wirtschaftlich optimale Projektergebnisse unter Berücksichtigung der Umwelt- und Umfeldbedingungen zu erzielen, erfordert ein professionelles PM. Jedoch ist PM in mittelständischen Bauunternehmen nur schwach ausgeprägt oder gar nicht etabliert.

Angesichts der sich verschärfenden Wettbewerbssituation in der Bauwirtschaft erscheint es notwendig, PM zu etablieren. Mit dem Organisations- und Instrumenten- bzw. Methodenkonzept des PM ist eine effiziente Bauprojektplanung und -herstellung sowie ein optimaler Ressourceneinsatz möglich. Basierend auf den Vorgaben der EDV-gestützten Erfassung von Gebäudedaten und Gebäudetechnik kann das Facility Management als integrativer Bestandteil des PM zur Bauwerkserhaltung in der Nutzungsphase ausgebaut werden.

Die Kultur des Bauens und die Komplexität einer Bauwerksherstellung und -erhaltung fordert sinngemäß von dem PM Integrität und gleichzeitig Sensibilität für die gestalterischen, technischen, ökonomischen und ökologischen Relevanzen im Hinblick auf den gesamten Lebenszyklus eines Bauprojektes. Ein besonderer Schwierigkeitsgrad besteht hier jedoch häufig in der kurzfristigen, rein ökonomischen Betrachtungsweise des Bauherrn. In diesem Zusammenhang wird gemahnt, daß die »... Schadensanfälligkeit der Billigtechnologie ...« und »... die Trübsal der oberflächlichen Architekturkosmetik ...« (Krier, 1983, S. 138) nicht den von dem Bauherrn erwünschten, wirtschaftlichen Vorteil erbringen kann.

Literatur

Deutscher Verband der Projektsteuerer e. V. (DVP) (1989): Projektsteuerung im Bauwesen. Tagung des DVP in Berlin am 10. März 1989, hrsg. vom Institut für Baubetrieb und Bauwirtschaft, Essen.

DGM (1994): Deutsche Gesellschaft für Mittelstandsberatung: Branchenstudie Bauwirtschaft, hrsg. von der Deutschen Bank AG, Neu-Isenburg, Juli 1994.

Diederichs, Claus J. (1985): Wirtschaftlichkeitsberechnungen, Nutzen/Kosten-Untersuchungen. Allgemeine Grundlagen und spezielle Anwendungen im Bauwesen, Sindelfingen.

Diederichs, Claus J. (1994): Grundlagen der Projektentwicklung. Teil 1, in: BW – Bauwirtschaft, 48. Jg., Nr. 11, S. 43–49.

Haberfellner, Reinhard (1976/77): Projekt-Management, in: Daenzer, Walter F. (Hrsg.): Systems Engineering, Leitfaden zur methodischen Durchführung umfangreicher Planungsvorhaben, Köln/Zürich, S. 120–151.

Hassbach, Friedrich (1995): Perspektiven und Strategie der mittelständischen Bauindustrie, Begrüßung des Hauptgeschäftsführers der Deutschen Bauindustrie, Presseinformation zur Veranstaltung der Deutschen Bauindustrie am 12. Januar 1995 in Bonn. S. 1–15.

Hauptverband der Deutschen Bauindustrie e.V. (Hrsg.) (1995): Merkblatt Qualitätsmanagementplan – Hinweise zur Erstellung, 15. 2. 1995, Wiesbaden.

Hirzel, Matthias/Mattes, Frank (1992): Projekt- und Innovationsmanagement: Den richtigen Weg erkennen, in: Gablers Magazin, Titelthema Projektmanagement, 6. Jg., Nr. 3, S. 11–15.

Krier, Rob (1983): Kritik an der modernen Architektur oder vom Niedergang der Baukunst, in: Schweger, Peter P./Schneider, Wolfgang/Meyer, Wilhelm (Hrsg.): Architekturkonzepte der Gegenwart – Architekten berichten, Stuttgart, S. 132–138.

Kuhne, V. (1992): Projektmanagement beim Bauen, in: VDI-Gesellschaft Bautechnik (Hrsg): Projektmanagement beim Bauen, für Industrie, Gewerbe, Kommune. VDI-Bericht Nr. 932 des VDI-Leitkongresses am 10. und 11. Februar 1992 in Hannover, Düsseldorf, S. 1–9.

Madauss, Bernd J. (Hrsg.) (1994): Handbuch Projektmanagement. Mit Handlungsanleitungen für Industriebetriebe, Unternehmensberater und Behörden, 5. Aufl., Stuttgart.

Mayer, Peter E./Schub, Adolf (1989): Kostendatenbanken und Kostenplanung im Bauwesen, in: Reschke, Hasso et.al. (Hrsg.): Handbuch Projektmanagement. GMP, Gesellschaft für Projektmanagement INTERNET Deutschland e.V., Band 1, Köln, S. 381–404.

Meffert, Heribert/Kirchgeorg, Manfred (1993): Marktorientiertes Umweltmanagement. Grundlagen und Fallstudien, 2. Aufl., Frankfurt am Main.

Müller, Paul Lothar (1982): Planungsökonomie im Bauwesen: Leitfaden der Kostenplanung, Stuttgart.

Rinza, Peter (1994): Projektmanagement: Planung, Überwachung und Steuerung von technischen und nichttechnischen Vorhaben, 3. Aufl., Düsseldorf.

Scheifele, Daniel R. (1991): Bauprojektablauf: Grundlagen und Modelle für eine effiziente Ablaufplanung im Bauwesen. Schriftenreihe der GMP, Gesellschaft für Projektmanagement INTERNET Deutschland e.V., Köln.

Scholz, Christian (1991): Projektmanagement ist Mitarbeiterführung, in: io-Management Zeitschrift, hrsg. vom Betriebswissenschaftlichen Institut der ETH Zürich, 60. Jg., Nr. 1, S. 71–73.

SRU (1994): Sachverständigenrat für Umweltfragen (SRU): Umweltgutachten 1994. Für eine dauerhaft-umweltgerechte Entwicklung. Bundestags-Drucksache 12/6995 vom 8. 3. 1994.

Wayss & Freytag AG (Hrsg.) (1994): Handbuch Qualitätsmanagement der Wayss & Freytag AG, Hauptniederlassung Hamburg.

Werner, Ulrich/Pastor, Walter (1995): Einführung, in: C. H. Beck (Hrsg): VOB/VOL, Verdingungsordnung für Bauleistungen A und B; Verdingungsordnung für Leistungen A und B; HOAI, HonorarO für Architekten und Ingenieure, 16. Aufl., München.

Kapitel 11

Maßnahmenplanung zur Steigerung von Vermittlerleistungen externer Vertriebsorgane der Finanzdienstleistungsbranche

Matthias Möbus

Inhalt
1. Problem und Aufgabenstellung 155
2. Betreuungsleistungen für die Ertragsbringer 156
3. Effektiver Marketing-Maßnahmeneinsatz durch Kategorisierung 157
4. Der individuelle Mensch muß (*als* individueller Mensch) im Mittelpunkt stehen 159

1. Problem und Aufgabenstellung

Im Vertrieb von Finanzdienstleistungen ist für Bausparkassen die Vertriebssteuerung, d. h. die Planung und Durchsetzung von Unternehmenszielen, die Motivation der Vertriebsmitarbeiter sowie das Vertriebscontrolling ein wesentlicher Faktor für den Unternehmenserfolg. Viele deutsche Bausparkassen arbeiten mit externen Vertriebsorganen zusammen. So kooperieren z. B. die Landesbausparkassen eng mit den Sparkassen und nutzen deren Filialnetz für den Vertrieb von Bausparverträgen. Versicherungsbausparkassen (z. B. Colonia Bausparkasse AG, Deutscher Ring Bausparkasse AG) bedienen sich der vorhandenen Infrastruktur von Versicherungsvertretern, um ihre Finanzdienstleistungen zu vertreiben. Andere Bausparkassen wiederum arbeiten mit Strukturvertrieben (Badenia Bausparkasse AG) oder freien Finanzdienstleistungsmaklern zusammen. Bei allen externen Vertriebsorganen bieten sich für die Bausparkassen regelmäßig jedoch nur begrenzte Einflußmöglichkeiten auf Motivation und Arbeitsweise der dort tätigen Mitarbeiter.

Der uns übertragene Auftrag einer renommierten deutschen Bausparkasse bestand darin, die Vermittlungsleistungen der Mitarbeiter einer mit der Auftraggeberin kooperierenden Bank im Bauspargeschäft mit der Privatkundschaft zu steigern. Die zu beratende Bank wies eine Bilanzsumme von 1,8 Milliarden DM aus, sie beschäftigt rd. 400 Mitarbeiter.

2. Betreuungsleistungen für die Ertragsbringer

Das grundsätzliche Beratungskonzept des Vertriebspartners Bank hat eine seit einigen Jahren im Rahmen der ABC-Analyse vorgenommene Kategorisierung der Privatkundschaft zur Grundlage (vereinfachte Strukturdarstellung, ohne Zwischenstufen):

A-Kunden: ab TDM 100 Geschäftsvolumen bzw. mtl. Kontoumsätzen ab TDM 6 bzw. herausragende Stellung im gesellschaftlichen oder politischen Leben.
B-Kunden: ab TDM 20 bis unter TDM 100 Geschäftsvolumen; mtl. Kontoumsätze etwa von TDM 3,5 bis TDM 6.
C-Kunden: unter TDM 20 Geschäftsvolumen, unter mtl. Kontoumsätzen von etwa TDM 3,5.

Dabei erhalten die A-Kunden eine dauerhafte und selbständige Betreuung durch den von der Bank eingesetzten Betreuer. B-Kunden werden von mehreren Beratern betreut, wobei hier jedoch jeder Berater eine größere Anzahl Kunden betreut als der für A-Kunden zuständige Betreuer. Die C-Kunden werden überhaupt nicht aktiv betreut und sollen ihre Bankgeschäfte vornehmlich über in den Filialen zur Verfügung gestellte Automaten bzw. durch Homebanking abwickeln. Wer sich als Berater bewährt, kann durch entsprechende Weiterbildung zum Betreuer aufsteigen.

Ebenfalls vorhanden sind eine kürzlich erstellte, differenzierte Marktstrukturanalyse sowie eine Umsatzpotentialanalyse. Hierbei wurden eigene Kunden- und Umsatzkennzahlen mit Daten des Statistischen Landesamtes auf der Ebene der Filialeinzugsgebiete abgeglichen. Aufbauend auf den Ergebnissen dieser Marktsegmentierung werden nun für die Filialen individuelle Zielvorgaben für einzelne Bankprodukte, unter Berücksichtigung von Marktausschöpfungsquote und vorhandenem Umsatzpotential, formuliert.

Die gemäß der Aufgabenstellung durchzuführenden Maßnahmen sollten eine Steigerung der Bausparproduktion bewirken. Im Aufgabenbereich sind etwa 400 Mitarbeiter tätig. Insbesondere die Technik der ABC-Analyse wurde im folgenden als Grundlage für einen möglichst effektiven Einsatz der verschiedenen Marketingmaßnahmen angewendet. Bevor die ABC-Methode jedoch angewendet werden konnte, mußten einige Vorschritte erledigt werden.

3. Effektiver Marketing-Maßnahmeneinsatz durch Kategorisierung

Um die durchzuführenden Marketingmaßnahmen für die im Verkauf tätigen Mitarbeiter möglichst standardisiert und damit effektiv einsetzen zu können, waren die Mitarbeiter in verschiedene Klassen einzuteilen. Durch eine vorab durchgeführte Primäreinteilung wurde grundsätzlich zwischen den am »Point of Sale« tätigen und den im »Back Office« tätigen Mitarbeitern unterschieden. Dann wurde für die Klasseneinteilung analysiert, inwieweit die Leistungen einzelner Mitarbeiter Anteil an den letztjährigen Filialergebnissen hatten. Dabei ist hervorzuheben, daß – obwohl das Ziel letztlich die Vermittlungssteigerung im Bausparkgeschäft war – notwendigerweise die Gesamtsituation, d. h. Verkaufserfolge aller Bankprodukte, zu betrachten waren.

Er ergab sich folgendes Einteilungsschema von Mitarbeitern, die

- im Bausparbereich gute bis sehr gute Fachkenntnisse besitzen und diese im Verkauf auch umsetzen,
- mittlere Bausparfachkenntnisse besitzen und diese im Verkauf zum Teil bereits umsetzen bzw. die in anderen Bankbereichen gute Erfolge erzielen und für Bausparen daher zu gewinnen sind,
- im Bausparbereich schlechte Fachkenntnisse besitzen, jedoch eine positive Grundeinstellung gegenüber diesem Produkt an den Tag legen und einen Verkauf anstreben.

Abbildung 1 zeigt die Umsetzung dieses Einteilungsschemas in Wertzahlen (stark vereinfachte Wiedergabe).

Nach der Wertzahlermittlung wurden Einzelgespräche mit den Mitarbeitern geführt, um die aufgrund von rein quantitativen Ergebniszahlen gefertigte Kategorisierung von Mitarbeitern zu untermauern bzw. zu

Kriterien	Gewichtung	Faktor 2 1 0	Wertzahl
1. Bausparproduktionskomponente **a. nach Bausparsumme** Produktion über TDM 500 p.a. Produktion unter TDM 500 p.a. keine Produktion	30	×	30
b. nach Anzahl Produktion über 10 Stück p.a. Produktion von 1 bis unter 10 Stück p.a. keine Produktion	20	×	20
2. Erfolge in anderen Bankgeschäftsbereichen herausragende Erfolge durchschnittliche Erfolge unterdurchschnittliche Erfolge	50	×	0
	100		50

Abbildung 1: Umsetzung eines Einteilungsschemas in Zahlen

modifizieren. Während für die grundsätzliche Ersteinteilung allein Produktionskennziffern des Bauspargeschäfts und die Verkaufserfolge anderer Bankprodukte ausschlaggebend waren (s. o.), wurde nun zusätzlich die persönliche Einstellung zum Bausparen berücksichtigt. Es ergab sich folgende Struktur:

Kategorie A: Mitarbeiter mit Wertzahlen von 200 bis über 100.
Kategorie B: Mitarbeiter mit Wertzahlen zwischen 100 und 50 und mindestens neutraler Grundeinstellung zum Bausparen.
Kategorie C: Mitarbeiter mit Wertzahlen unter 50 oder bei negativer Grundeinstellung zum Bausparprodukt.

Auf der Basis dieser Kategorien wurden die Maßnahmen der verschiedenen Marketinginstrumente wie z. B. Informationsgabe, Ausbildungsmaßnahmen, Wettbewerbe und Incentives usw. angeboten.

Für die in Kategorie A eingeteilten Mitarbeiter wurden beispielsweise ein eher spezieller Informationsdienst eingeführt (von Spezialist zu Spezialist) sowie Coaching angeboten, für die in Kategorie B eingeteilten Mitarbeiter hingegen allgemeine Fach- und insbesondere Verkaufsseminare. Für Mitarbeiter der Kategorie C wurden – nach einer nochmaligen Klassenüberprüfung – grundsätzlich keinerlei Maßnahmen angeboten.

4. Der individuelle Mensch muß (*als* individueller Mensch) im Mittelpunkt stehen

Die Klassenbildung bei Mitarbeitern mit Hilfe der ABC-Analyse hatte eine Vereinfachung – zu einem gewissen Grad also eine Pauschalisierung des Einsatzes der verschiedenen Marketingmaßnahmen – zum Ziel. Bei der grundsätzlichen Kategorisierung der Mitarbeiter ergaben sich sehr viele Einzelaspekte, die letztlich in mehreren (hier nicht näher aufgeführten) Haupt- und Zwischenstufen Ausdruck fanden. Auf endogenen Faktoren beruhende Sonderfälle waren zu berücksichtigen. Zum Beispiel stellte sich schnell heraus, daß die Marketingmaßnahmen für einen in Kategorie B eingeteilten Mitarbeiter nicht die gewünschten Erfolge erzielten wie im Durchschnitt der Mitarbeiter gleicher Klasse. Der unbeeinflußbare Faktor war hier ein in der Hierarchie höhergestellter Mitarbeiter, der für sein Verantwortungsgebiet das Produkt Bausparen ablehnte.

Beim Einsatz der Marketingmaßnahmen war ein gewisser Grad der Standardisierung das Ziel. Gleichzeitig war jedoch eine nicht zu klein zu haltende Flexibilität im Hinblick auf individuelle Maßnahmen von sehr großer Bedeutung. Gerade im Bereich der Arbeit mit Menschen ist das spezifische Eingehen auf die verschiedenen Persönlichkeiten oberstes Gebot. Um diese individuelle Ansprache zu gewährleisten, wurden die während der Tätigkeit von den Mitarbeitern erhaltenen Hinweise (z. B. Hobbys, Urlaubsziele usw.) ebenso festgehalten wie die selbst gegebenen Informationen bzw. das überlassene Informationsmaterial.

Für ein erleichtertes Controlling und für Zwecke der effektiven Datenhaltung wurde eigens eine semi-individuelle Software (Datenbank mit Verbindung zu Schreibprogramm) entwickelt und eingesetzt.

Mit einer Kombination betriebswirtschaftlicher Techniken, der individuellen Mitarbeiteransprache sowie der entwickelten Software konnte das Ziel der Vermittlungssteigerung bei den einzelnen Mitarbeitern in der Spanne von 0 Prozent bis plus 190 Prozent erreicht werden. Im Auftragszeitraum stellte sich aber auch klar heraus, daß nicht allein die Umsetzung betriebswirtschaftlicher Techniken und Maßnahmen für die Erreichung quantitativer Unternehmensziele sorgt. Insbesondere intern vorhandene Faktoren sind vom externen Berater sensibel wahrzunehmen und zu analysieren. Hier trat beispielsweise das Problem auf, daß zwar die Geschäftsführung eine Kehrtwendung der Geschäftspolitik im Hinblick auf die von den Filialen zu erfüllenden Ziele gemacht hatte, diese den Mitarbeitern jedoch offensichtlich nur unzureichend verdeutlicht wurde. Daraus erwuchsen Mißverständnisse und Unsicherheiten, die negative Auswirkungen auf die Motivation der Mitarbeiter hatten.

Zur Erzielung des maximalen Unternehmenserfolges im Finanzdienstleistungssektor benötigen die für das Unternehmen tätigen Mitarbeiter insbesondere Motivation und neben der vorauszusetzenden fachlichen Kompetenz heute vor allem auch eine persönliche soziale Kompetenz. Der Erwerb von Fachkompetenz wurde und wird von Unternehmensseite her generell in Kurzseminaren und mit Zurverfügungstellung von Produktinformationsmaterial unterstützt; die Entwicklung persönlicher sozialer Kompetenz wird dagegen immer noch unzureichend erst in wenigen Unternehmen – und hier vor allem für die Führungskräfte – durch Schulungsmaßnahmen und Coaching gefördert.

Der Wettbewerbsdruck jedoch erfordert auch und gerade das Vorhandensein persönlicher sozialer Kompetenz bei denjenigen Mitarbeitern, die Finanzdienstleistungen tagtäglich bei der Kundschaft plazieren sollen. Dabei müssen sie dem in vielen Verkaufsseminaren vergangener Jahre erlernten reinen Produktverkauf abschwören und ihre Einstellung gegenüber Kunden grundlegend erneuern. Nur wer seine Kunden bedarfsorientiert berät, sich als Helfer und Partner des Kunden etablieren kann, erhält das »unbezahlbare« Vertrauen seines Kunden, das den Ausschlag für eine langfristige Kundenbindung gibt und somit zu Wettbewerbsvorteilen verhilft.

Für einige Mitarbeiter steht die Forderung nach kundenorientiertem Verkauf im Widerspruch zu der Vorgabe von zu erreichenden Verkaufszielen. Die Erfolge bei denjenigen Mitarbeitern, die schon heute einen wirklich kundenorientierten Verkauf betreiben, lassen solche subjektiven Gefühle jedoch schnell verblassen. Insofern sind insbesondere solche Maßnahmen für die »an der Front« tätigen Mitarbeiter durchzuführen, die geeignet sind, die innere Einstellung gegenüber Kunden zu erneuern. Dabei muß Wert auf eine wirkliche (keine nur oberflächliche)

Einstellungsänderung gelegt werden, die geeignet ist, daß Mitarbeiter neutral an jeden Kunden herangehen – und zwar ohne vorher bereits die zu verkaufenden Produkte im Kopf zu haben und bei Ausschaltung des vorhandenen subjektiven Gefühls der vermeintlichen Bedarfskenntnis für bestimmte Kunden.

Durch Entwicklungsmaßnahmen zur Steigerung der persönlichen sozialen Kompetenz sowie klarer Definition und Kommunikation von Unternehmenszielen werden Motivation und insbesondere die notwendige Identifikation mit den Unternehmenszielen geschaffen. Die Geschäftsführung sollte daher Mitarbeiter größtmöglich in die Phasen der Unternehmensplanung (insbesondere der Zielfindung bei Erläuterung betrieblicher Notwendigkeiten) einbeziehen, um gemeinsam festgelegte Ziele gemeinsam zu erreichen.

Kapitel 12
Marketing flankierende Finanzplanung
Ein vernachlässigtes Planungsinstrument im Apothekenmanagement

Michael P. Zerres

Inhalt
1. Einleitung 163
2. Gegenstand, Funktion und Ziele 163
3. Formen 165
    3.1 Kurzfristig 165
    3.2 Mittel- und langfristig 168
4. Problematik und Analyse 168
5. Schlußbetrachtung 170

1. Einleitung

Die erfolgreiche Realisierung eines Marketingkonzepts im Apothekenbetrieb bedarf in der Regel der Unterstützung durch entsprechende flankierende Aktionsinstrumente. Hierzu gehören unter anderem etwa ein gut ausgebautes Rechnungswesen, insbesondere die Betriebsstatistik als Grundlage vielfältiger Markt- bzw. Standortanalysen und vor allem – im Hinblick auf das Erreichen einer optimalen Lieferfähigkeit, eines wichtigen Marketingziels – der Einsatz der Datenverarbeitung. Während die Bedeutung dieser Instrumente heute – auch in der Praxis – allgemein Anerkennung findet, wird ein anderes derartiges Aktionsinstrument immer noch weitestgehend vernachlässigt: die Finanzplanung. Die folgenden Ausführungen sollen kurz ihren Inhalt, ihre Bedeutung und ihre praktische Handhabung im Apothekenalltag darstellen.

2. Gegenstand, Funktion und Ziele

Gegenstand der Finanzplanung ist eine Erfassung, Gestaltung und Steuerung der Zahlungsbewegungen, also der Einnahmen und Ausgaben eines zu definierenden Planungszeitraumes. Die Struktur der Einnahmen und Ausgaben wird dabei in diesem Zusammenhang im wesentlichen von zwei Komponenten bestimmt: der Höhe der Einnahmen und Ausgaben des Planungszeitraumes sowie deren zeitliche Verteilung innerhalb dieses Zeitraumes. Da Einnahmen und Ausgaben aber in der Regel weder der Höhe nach übereinstimmen noch zeitpunktidentisch anfallen, hat eine Finanzplanung Informationen bereitzustellen, die geeignet sind

– finanzwirtschaftliche Ungleichgewichte und Liquiditätsengpässe während des Planungszeitraumes sowie
– finanzwirtschaftliche Dispositionsspielräume und -notwendigkeiten

aufzuzeigen, damit ein Apothekenleiter in die Lage versetzt wird, Finanzplanungsinformationen in entsprechende Maßnahmen umsetzen zu können.

Im Rahmen einer zukunftsorientierten Betrachtung der Liquidität wird dabei in der Regel dynamisch die Entwicklung der Zahlungsbewegungen zu berücksichtigen versucht, da eine rein statische, zeitpunktbezogene Betrachtung nur sehr bedingt geeignet ist, liquiditätsrelevante Informationen zur Verfügung zu stellen.

Im Hinblick auf die Liquidität signalisiert die Finanzplanung rechtzeitig den Kapitalbedarf der Apotheke hinsichtlich Zeitpunkt und Höhe. Damit wird sichergestellt, daß der Apothekenleiter in die Lage versetzt wird, rechtzeitig zu disponieren und die benötigten Deckungsmittel frühzeitig und kostenminimal zu beschaffen. Darüber hinaus werden Informationen darüber zur Verfügung gestellt, zu welchen Zeitpunkten und in welcher Höhe – über den Liquiditätsmindestbestand hinaus – Überschüsse gegeben sein werden, die am Geld- und Kapitalmarkt angelegt oder für andere, z.B. investive Zwecke eingesetzt werden können. Damit aber wird gleichzeitig dem Ziel der Verbesserung der Rentabilität Rechnung getragen.

Die Finanzplanung ist, unabhängig von ihrer Fristigkeit, gleichzeitig Ergebnis und Korrektiv planungsrelevanter Entscheidungen in den Funktionsbereichen der Apotheke.

3. Formen

Nach der zeitlichen Reichweite der Planung, dem Planungshorizont, kann grundsätzlich unterschieden werden zwischen

- kurzfristiger Finanz- (und/oder Liquiditätsplanung) mit Planungshorizont bis zu einem Jahr,
- mittelfristiger Finanzplanung mit Planungshorizont bis zu fünf Jahren und
- langfristiger Planung mit einem Planungshorizont von mehr als fünf Jahren.

Die Festlegung der Planperiode wird sich dabei in der Regel an den strukturellen Gegebenheiten sowie den mit der Finanzplanung verfolgten Zielen der jeweiligen Apotheke orientieren. Dem Grundsatz nach gilt, daß – da mit voraussichtlichen Einnahmen und Ausgaben gearbeitet werden muß – der Genauigkeitsgrad der Plandaten im Hinblick auf Höhe und zeitliche Verteilung von der zeitlichen Reichweite der Planung maßgeblich beeinflußt wird: Je kürzer die Planperiode, desto exakter werden in der Regel die Plandaten sein.

Der geringere Genauigkeitsgrad der mittel- und langfristigen Finanzplanung kann zum Teil dadurch kompensiert werden, daß aufgrund permanenter Soll-Ist-Vergleiche während des Planvollzugs, gegebenenfalls durch notwendige Fortschreibung des Finanzplanes, die Sicherheit der berücksichtigten Daten verbessert wird.

3.1 Kurzfristig

Der kurzfristige Finanzplan wird in der Regel als Liquiditätsplan erstellt, d. h., die Gesamtplanperiode von einem Jahr wird in Teilperioden gegliedert, und für jede Teilperiode wird durch Gegenüberstellung der voraussichtlichen Einnahmen und Ausgaben der erwartete Liquiditätsüberschuß bzw. die erwartete Liquiditätsunterdeckung festgestellt und kumulativ fortgeschrieben. So wird sichergestellt, daß rechtzeitig vor Beginn der Planperiode die finanzwirtschaftlichen Handlungsnotwendigkeiten und Handlungsspielräume dokumentiert werden und der Apothekenleiter in die Lage versetzt wird, rechtzeitig zu disponieren. Damit soll primär die Liquidität sichergestellt und – soweit notwendig – verbessert werden.

Dem Grundsatz nach gilt dabei, daß die Apotheke dann über ausreichende Liquidität verfügen wird, wenn sie während der Planperiode zu jedem Betrachtungszeitpunkt in der Lage sein wird, den dann fälligen Zahlungsverpflichtungen uneingeschränkt nachkommen zu können.

Das in Abbildung 1 dargestellte Finanzplanungsschema der Wirtschaftsberatungsgesellschaft für Apotheker und Ärzte mbH (ein differenzierteres findet man unter anderem in den einschlägigen Mittelstandsbroschüren der Deutschen Bank AG) zeigt auf, daß im Rahmen einer derartigen kurzfristigen Finanzplanung im wesentlichen drei Arbeitsschritte vom Apothekenleiter zu leisten sind:

– Ermittlung der Planeinnahmen und Planausgaben nach Höhe und zeitlichem Anfall sowie systematische (Gruppen-)Gliederung der Einnahmen und Ausgaben,
– Gegenüberstellung von Planeinnahmen und Planausgaben und Ermittlung des jeweiligen Überschusses bzw. der Unterdeckung und schließlich
– Erstellung eines Überschußverwendungsplanes bzw. eines Planes zum Ausgleich der festgestellten Unterdeckung.

Aufgrund der Berücksichtigung erwarteter, voraussichtlicher, also zum Teil nur im Wege der (vorsichtigen) Schätzung ermittelbarer Einnahmen und Ausgaben ist ein nicht negierbares Maß an Unsicherheit gegeben: Zum einen ist es möglich, daß die erwarteten Einnahmen (z. B. die Umsatzerlöse) aufgrund externer, nicht oder nur bedingt beeinflußbarer Gegebenheiten (z. B. Auswirkung von Kostendämpfungsmaßnahmen, Veränderung infrastruktureller Gegebenheiten usw.) nicht in der planerisch dokumentierten Höhe realisiert werden, zum anderen kann es sein, daß nicht erwartete und damit planerisch nicht berücksichtigte Ausgaben getätigt werden müssen, die zu einer notwendigen Korrektur des Finanzplanes führen. Dieser dem Grundsatz nach immer gegebenen Problematik wird dadurch Rechnung getragen werden müssen, daß der Apotheker eine ständige Liquiditätsreserve vorhält (z. B. durch Erwerb von Wertpapieren, Schaffung von Kreditspielräumen durch Abschluß von Kontokorrentkreditverträgen, Rahmenkreditvereinbarung, Vereinbarung von Dispositionskrediten usw.).

Aus einem derartigen Finanzplan kann unter Berücksichtigung der voraussichtlichen Einnahmen und Ausgaben vergleichsweise unproble-

Liquiditätsplan			Planungszeitraum								
Geldeingänge für _____ (ohne MWSt)											
Ziffer	1	ausstehende Forderungen									
	2	geplante Umsätze									
	3	Mieten									
	4	Privateinlagen									
	5	sonstige Geldeingänge									
Ziffer	A	Summe der Geldeingänge									
Geldausgänge für _____ (ohne MWSt)											
Ziffer	6	noch zu begleichende Rechnungen									
	7	Einkäufe									
	8	Personalkosten									
	9	Mieten/Pachten									
	10	Raumkosten									
	11	Betriebssteuern									
	12	Zinsen									
	13	Werbungskosten									
	14	sonstige Betriebskosten									
	15	Anschaffungen									
	16	Tilgungen									
	17	Privat und Haushalt									
	18	Sonderausgaben									
	19	private Steuern									
	20	sonstige Ausgaben									
Ziffer	B	Summe der Geldausgänge									
Ziffer	C	Überschuß (+)/Defizit (-)									

Abbildung 1: Finanzplanungsschema

matisch eine Plan-Erfolgsrechnung der voraussichtlichen Erträge und Aufwendungen der Planperiode sowie eine ergänzende Bestände-Planbilanz abgeleitet werden, so daß über die reine Liquiditätsbetrachtung hinaus weitere Informationen zur Verfügung gestellt werden, insbesondere im Hinblick auf den zu erwartenden Gewinn/Verlust der Planperiode sowie die hieraus resultierenden Auswirkungen auf die Kapitalstruktur der jeweiligen Apotheke.

3.2 Mittel- und langfristig

Im Rahmen der mittel- und langfristigen Finanzplanung wird primär das Ziel verfolgt, Informationen hinsichtlich des voraussichtlich gebundenen Kapitalbedarfs des Apothekers zur Verfügung zu stellen und darüber hinaus die Maßnahmen und Instrumente zur Deckung dieses Kapitalbedarfs (nach Art, Höhe und Bereitstellungszeitpunkt) zu planen.

Über diese primäre Zielsetzung hinaus sind dem Apothekenleiter zusätzlich liquiditätsrelevante Informationen zur Verfügung zu stellen, damit die ständige Zahlungsbereitschaft während der Planperiode sichergestellt werden kann. Daraus folgt, daß im mittel- und langfristigen Finanzplanungsbereich vorrangig eine Plan-Erfolgsrechnung sowie eine Bestände-Planbilanz erstellt werden; der jeweilige Endbestand an flüssigen Mitteln der Teilperiode wird als Bestandsgröße der Planbilanz nachgewiesen, die zeitliche Verteilung der Einnahmen und Ausgaben innerhalb der Teilperiode wird dagegen in der Regel vernachlässigt.

4. Problematik und Analyse

Zentrales Problem der Finanzplanung ist die Ermittlung künftiger Einnahmen und Ausgaben sowie – je nach Ausgestaltung des Instrumentariums – künftiger Erträge und Aufwendungen für die festgelegte Planperiode. Einnahmen und Ausgaben sind möglichst vollständig und betragsgenau sowie im Rahmen der Liquiditätsplanung auch zeitpunktgenau zu erfassen, um Fehlplanungen vermeiden zu können. Als Informationsbasis zur Ermittlung künftiger Einnahmen und Ausgaben (bzw. Erträge und Aufwendungen) kommt grundsätzlich die Apotheke selbst wie auch deren betriebliches Umfeld in Betracht, wobei zwischen vergangenheitsbezogenen und zukunftsbezogenen Informationen zu unterscheiden ist. Soweit bei den Plandaten auf Zahlen zurückliegender Rechnungsperioden zurückgegriffen wird, kommen primär Daten und Ergebnisse des Rechnungswesens, insbesondere der Finanzbuchhaltung und des hieraus abgeleiteten Jahresabschlusses in Betracht. Die Daten der Vergangenheit werden in die Zukunft extrapoliert, wobei unterschiedlich komplexe Methoden angewandt werden können: In der einfachsten Form werden Durchschnittszahlen der Vergangenheit linear in die Zukunft fortgeführt. Soweit Annahmen über künftige Entwicklungen methodisch berücksichtigt werden sollen, kommt z. B. die Methode der gleitenden Durchschnitte in Betracht. Eine vollständige Lösung des Unsicherheitsproblems kann jedoch auch damit nicht sichergestellt werden, so daß die Plandaten letztlich nur dort exakt sein können, wo Einnahmen und Ausgaben (bzw. Aufwendungen und Erträge) auf rechtliche Vorgaben oder vertragliche Vereinbarungen zurückgeführt werden können (z. B. Tilgungszahlungen, Fremdkapitalzinsen bei vertraglich vereinbarter Zinsfestschreibung, Miet- und Pachtzahlungen, Löhne und Gehälter für die Laufzeit des Tarif- oder Individualarbeitsvertrages usw.). In allen übrigen Fällen wird dagegen nur ein begrenzter Sicherheitsgrad erreichbar sein.

Zukunftsbezogene Informationen lassen sich insbesondere aus den übrigen Teilplänen ableiten, soweit der Finanzplan simultan mit den anderen Teilplänen oder am Ende des Planungsprozesses erstellt wird. Da Apotheken in der Regel über keine eigentliche Absatz-, Beschaffungs- oder Personalpläne in schriftlich dokumentierter Form verfügen, sind unter Beachtung der Erfahrungswerte der Vergangenheit und gedanklich geplanten künftigen Maßnahmen die wichtigsten Größen im Wege einer vorsichtig-realistischen Schätzung festzulegen (z. B. der Einnahmen aus Umsatzerlösen unter Berücksichtigung künftiger Sortimentsentscheidungen; der Personalausgaben unter Berücksichtigung des Personalbestandes sowie gegebenenfalls geplanter Rationalisierungsmaßnahmen, z. B. durch Einsatz von PCs).

Dem Grundsatz nach ist für einen Apothekenleiter zu beachten, daß über die betrieblichen Informationen hinaus auch solche Informationen zusätzlich zu berücksichtigen sind, die als nicht oder nur bedingt beeinflußbare Daten auf die Apotheke einwirken und zu einer Veränderung der betrieblichen Daten führen können (z. B. geplante infrastrukturelle Maßnahmen der Standortgemeinde, Veränderung von Rechtsnormen, Änderung des Käuferverhaltens, der Konkurrenzsituation usw.).

Da mittels Finanzplanung verwertbare Informationen zur Verfügung gestellt werden sollen, sollte vermieden werden, das Instrumentarium informativ zu überladen. Mit anderen Worten: Der Finanzplan ist systematisch zu gliedern und auf wenige relevante und zentrale Kerngrößen zu beschränken; die übrigen aus der Sicht der individuellen Gegebenheiten der jeweiligen Apotheke weniger bedeutsamen Größen sind zusammengefaßt auszuweisen, um ein möglichst hohes Maß an Transparenz sicherzustellen.

Die Wahl des Planungshorizontes wird letztlich von der Überschaubarkeit finanzwirtschaftlich relevanter Vorgänge und Maßnahmen abhängig sein; soweit die Überschaubarkeit nicht mehr gegeben ist und dadurch das Maß an Unsicherheit zu groß wird, sollte auf Finanzplanung verzichtet werden. Dies wird in der Apotheke insbesondere im mittel- bis langfristigen Bereich der Fall sein können. Bei kurzfristiger Finanz- (und Liquiditäts-)planung ist es zweckmäßig, die Abstände innerhalb der Planperiode (= Teilperiode) möglichst klein zu wählen.

In jedem Fall ist festzustellen, daß Apotheken – wie vergleichbare Unternehmen auch – auf eine aussagefähige Finanzplanung nicht verzichten können, wenn den finanzwirtschaftlichen Existenzbedingungen »Liquidität« und »Rentabilität« in angemessener Form Rechnung getragen und die Existenz eines eigenständigen Unternehmens sichergestellt werden soll.

5. Schlußbetrachtung

Zunehmender Konkurrenzdruck durch andere Apotheken sowie in bestimmten Sortimentsbereichen auch durch andere Formen des Einzelhandels, niedrige Umsatzrenditen, geringe Preisgestaltungsspielräume, Kostendruck im Gesundheitswesen und andere Faktoren kennzeichnen hinlänglich die Probleme, mit denen sich der Apotheker heute konfrontiert sieht. Aus der gegebenen Problemstruktur heraus resultiert aber geradezu die Notwendigkeit – besonders auch vor dem Hintergrund einer möglichst effizienten Verwirklichung des Marketinggedankens –, mit dem Instrumentarium der Finanzplanung die gegebenen Handlungsspielräume aufzuzeigen und finanzwirtschaftliche Reaktionen durch finanzwirtschaftlich geplante Aktion zu ersetzen.

Kapitel 13
Projektmanagement und Netzplantechnik in berufspädagogischen Modellversuchen

Horst Schmitt

Inhalt
1. Vorbemerkung 171
2. Aufgabenstellung: Wie etabliert man neue Berufsbilder in der berufspädagogischen Praxis? 173
3. Entwicklungs- und Evaluationsfeld: Die Deutsche Angestellten-Akademie 175
4. Projektmanagement und Netzplantechnik: Vom Projektstrukturplan bis zur Kapazitätsplanung 176
5. Projektsteuerung in berufspädagogischen Modellversuchen: Möglichkeiten und Grenzen 182
Literatur 184

> *»Wir lernen etwas ganz Neues und das auch noch ganz anders.«*
> Ein Seminarteilnehmer

1. Vorbemerkung

Bildung und Managementtechniken? Gar Bildungsmanagement? Dies mochte noch vor wenigen Jahren nicht nur für überzeugte Pädagogen fremdartig klingen. Doch die Bildungslandschaft der Bundesrepublik hat sich seit Anfang der neunziger Jahre so nachhaltig verändert, daß traditionelle Grenzziehungen oder Wahrnehmungsbarrieren zwischen ›Pädagogik‹ und ›Ökonomie‹ – bis in die öffentlichen Bildungseinrichtungen hinein – brüchig geworden sind (exemplarisch dazu Merk 1992 und Decker 1995). Dafür gibt es zahlreiche Gründe, die aus der Sicht eines gemeinnützigen Bildungsträgers hier nur stichwortartig und selektiv benannt werden können:

- der verschärfte Konkurrenzkampf auf allen Weiterbildungsmärkten mit einem teilweise ruinösen Verdrängungswettbewerb, der alle Anbieter zu einem systematischen Kostenmanagement zwingt;

- die generell zunehmenden Erwartungen an kundenorientierte Service-Leistungen und Qualitätsstandards, die sich in der intensiven Zertifizierungs- und Qualitätssicherungsdiskussion innerhalb der Bildungsbranche dokumentieren;
- der stetige Wandel betrieblicher Qualifikationsprofile, der die Anbieter im Marktsegment ›Berufliche Weiterbildung‹ zu einer kontinuierlichen, proaktiven Produktinnovation in methodisch-didaktischer und thematisch-fachlicher Hinsicht nötigt;
- die wachsenden fachlichen, berufs- und sozialpädagogischen Anforderungen an pädagogische Mitarbeiter (ausschließlich aus Gründen der Lesbarkeit wird auf die dauernde Nennung der weiblichen und männlichen Form verzichtet), die professionelle Personalentwicklungsprogramme erfordern;
- steigender Bedarf an individuell zugeschnittenen und gleichzeitig modularisierten Lehrgangs- und Seminarprogrammen, deren Umsetzung ohne reorganisierte Arbeitsstrukturen und -abläufe unmöglich ist.

Es sind jedoch nicht nur diese Entwicklungen, die die ›Offenheit‹ für elementare Managementtechniken in pädagogischen Arbeitsfeldern erhöht haben. Darüber hinaus ist die berufliche Aus- und Weiterbildung auch unter Effizienz-, Transfer- und Finanzierungsgesichtspunkten in Begründungszwänge geraten. So haben der Siegeszug moderner Informations- und Kommunikationstechnologien, die Entstehung vollkommen neuer Branchen und Berufsbilder und die Internationalisierung der Märkte volkswirtschaftlich unverzichtbare, jedoch kostenintensive Qualifizierungsbedarfe erzeugt, die von Bildungspolitikern aller Couleur und Personalentwicklern aller Branchen gleichermaßen konstatiert werden.

Allerdings wäre es unzutreffend – trotz gestiegenen Innovationsdrucks –, darin eine für die berufliche Bildung gänzlich neue Erkenntnis zu sehen. Bereits die 1969 innerhalb des Berufsbildungsgesetzes formulierte Verpflichtung, Ausbildungsordnungen »an die technischen, wirtschaftlichen und gesellschaftlichen Erfordernisse«(§ 25 Abs. 2 BBiG) anzugleichen, benennt diesen Tatbestand. Neu sind die verschärften finanziellen Rahmenbedingungen und damit der Zwang, die praktische Umsetzung dieser bildungs- und arbeitsmarktpolitisch sinnvollen Intention zu optimieren.

2. Aufgabenstellung: Wie etabliert man neue Berufsbilder in der berufspädagogischen Praxis?

Eine Optimierungsmöglichkeit besteht in der Durchführung transferorientierter Modellversuche, die in ihrer Grundstruktur klassischen Projekten entsprechen. Solche Modellversuche – sie haben in Anbetracht der »Komplexität und Interdependenz bildungspolitischer Entscheidungen ... immer mehr an Bedeutung gewonnen« (Sonntag 1987, S. 61) – lassen sich idealtypisch über folgende Merkmale charakterisieren:

- genau definierter Anfangs- und Endzeitpunkt,
- eindeutige Problem- und Zielbeschreibung,
- interdiszplinäre, transfer- und praxisorientierte Aufgabenstellung,
- vorgegebene Berichtspflichten,
- feste Budgets,
- projektspezifische Arbeitsorganisation,
- wissenschaftliche Begleitung.

Von besonderer Bedeutung sind dabei die Kriterien ›Praxisrelevanz‹ und ›Transfermöglichkeit‹. Denn es geht in pädagogischen Modellversuchen natürlich nicht um die Entwicklung und Evaluation von Lehr-/Lernsystemen, deren erfolgreicher Einsatz allein unter den besonderen Rahmenbedingungen eines Modellversuchs garantiert wäre (ausführlicher zu den Funktionen berufspädagogischer Modellversuche und der Transferproblematik Benteler 1991 und Holz 1991).

Im Mittelpunkt unseres aus Bundesmitteln anteilig finanzierten Modellversuchs standen die Büroberufe: ›Bürokaufmann/-frau‹ und ›Kaufmann/-frau für Bürokommunikation‹. Mit deren Neuordnung zum 1. August 1991 glückte zwar die lange geforderte Anpassung an gewandelte Arbeitsplatzprofile im Bürobereich (zu diesen Veränderungen und den Folgerungen für die Aus- und Weiterbildung Loewe/Schmitt 1994), doch diese Neuordnung erzeugte ebenso eine Fülle berufspädagogischer Folgeprobleme, die generell mit der fortschreitenden ›Entsinnlichung‹ kaufmännisch-verwaltender Arbeitsvorgänge und der zunehmenden ›Entfachlichung‹ beruflicher Bildung (siehe zu diesen vielschichtigen Entwicklungen die Beiträge in Wittwer 1990 und Pätzold 1992) zusammenhängen. Daher erschöpfte sich die Neuordnung auch nicht in der fachgebundenen ›Modernisierung‹ bisheriger Ausbildungsinhalte. Vielmehr wurde ein Kompetenzprofil formuliert, das einerseits den grundlegenden Wandel informations- und kommunikationstechnologischer Infrastrukturen berücksichtigte und das andererseits die allgemein gestiegene Bedeutung sogenannter »Schlüsselqualifikationen« (Beck 1993) – von der Fähigkeit zur Selbstmotivation bis hin zur Bereitschaft zum lebenslangen Lernen – aufnahm.

So setzten die Neuordnungsbeteiligten die folgenden, berufspädagogisch innovativen Eckdaten, die für Ausbildung und Umschulung verbindlich sind:

- die Fähigkeit, ›selbständig Planen, Durchführen und Kontrollieren‹ zu können, bildet ein herausgehobenes und prüfungsrelevantes Ausbildungsziel;
- ›übergreifende Zielsetzungen‹ bei der Ausbildungen – etwa der Erwerb von Lern- und Arbeitstechniken, ökologisches Bewußtsein, Team- und Kommunikationsfähigkeit – werden in den Rahmenlehrplänen der Kultusministerkonferenz (KMK) besonders betont;
- einzelne Lernzielsegmente sind in beiden KMK-Rahmenlehrpläne bewußt offen und damit ›innovationsfördernd‹ formuliert;
- auf methodische Vorgaben für den Berufsschulunterricht wird verzichtet;
- eine zweiteilige, neu eingeführte ›praktischen Prüfung‹ orientiert sich an der arbeitsplatznahen Lösung komplexer und damit fächerübergreifender Aufgabenstellungen.

Es entstand auf diesem Weg ein auf ›berufliche Handlungskompetenz‹ hin zentriertes Rahmenkonzept, dessen Umsetzung – und dies war allen Beteiligten des Neuordnungsverfahrens von Anfang an klar – mit herkömmlichen didaktischen Strategien nicht möglich sein würde. Dies galt und gilt besonders für Umschulungen. Denn hier ergeben sich bereits aus den Rahmenbedingungen – etwa die kürzere Ausbildungsdauer, das höhere Durchschnittsalter im Vergleich zur Erstausbildung und die Überrepräsentanz von Frauen mit Mehrfachbelastungen – spezielle Umsetzungsprobleme und weitreichende Innovationsfelder, die die folgende Abbildung (vgl. Abbildung 1) alleine auf einem lehrgangsbezogenen Abstraktionsniveau illustriert. Offenkundig wird jedoch schon hier, daß der bewußte Abschied von »unterrichtsorientierter Schulung« eine Vielzahl von Veränderungen erzwingt, die nicht in einem Bereich zu lokalisieren sind.

Projektmanagement und Netzplantechnik 175

Lehrgangsbezogene Innovationsfelder		
modulare Lehrgangsorganisation	Abschaffung traditioneller Pausen- und Unterrichtszeitregelungen	Rollenwechsel des Dozenten: Lernberater und Team-Mitglied
veränderte Ausstattung der Lernräume	**Leitziel: »Berufliche Handlungskompetenz«** – **Fachkompetenz** – **Sozialkompetenz** – **Methodenkompetenz**	fächerübergreifende, handlungsorientierte Lernmodule
permanente EDV-Integration	institutionalisierte Metakommunikation und Formen der Selbstkontrolle	neue Formen der Lernortkooperation: Praktikumsbetrieb – DAA

Abbildung 1: Lehrgangsbezogene Innovationsfelder

Die Entwicklung zielgruppenadäquater Curricula, handlungsorientierter Lehr-/Lernmaterialien und einer Fortbildungskonzeption für pädagogische Mitarbeiter und Ausbilder wurden daher zu unerläßlichen Arbeitsaufgaben, wenn die Neuordnungsansprüche in der Umschulungspraxis eingelöst werden sollten.

3. Entwicklungs- und Evaluationsfeld: Die Deutsche Angestellten-Akademie

Ein Modellversuch, der diese Problemstellung thematisierte, wurde 1992 an die Deutsche Angestellten-Akademie vergeben. Sie – eine Bildungseinrichtung der Deutschen Angestellten-Gewerkschaft – ist zusammen mit dem Bildungswerk der DAG e.V. bundesweit an 300 Standorten präsent. Als Veranstalter von durchschnittlich 5400 Seminaren und Lehrgängen pro Jahr und Arbeitgeber von 2200 festangestellten Mitarbeitern und 7500 Honorarkräften gehören beide gemeinsam zu den größten Trägern beruflicher Weiterbildung in der Bundesrepublik.

Da in ihren Instituten circa 2500 Teilnehmer pro Jahr in beide Büroberufe umschulen, boten sie sich als Modellversuchsträger an. In der Zentrale der DAA wurde mit Vergabe des Modellversuchs – terminiert für den Zeitraum: 1. 9. 1992 bis 31. 12. 1994 – ein Projektleitungsteam berufen. Für die wissenschaftliche Begleitung zeichnete das Institut für Berufs- und Wirtschaftspädagogik der Universität Hamburg und das Bundesinstitut für Berufsbildung verantwortlich. Darüber hinaus waren Mitarbeiter und Lehrgangsteilnehmer folgender DAA-Institute beteiligt: Bielefeld, Hamm, Hannover, Marburg und Neumünster. Das Projektleitungsteam stand in Zusammenarbeit mit wissenschaftlicher Begleitung und fünf Instituten des Modellversuchsträgers vor folgenden grundsätzlichen Projektaufgaben:

– Entwicklung und Evaluation von Umschulungskonzeptionen für die beiden neugeordneten Büroberufe ›Bürokaufmann/-frau‹ und ›Kaufmann/Kauffrau für Bürokommunikation‹ und
– Entwicklung und Evaluation einer Ausbilderqualifizierungskonzeption.

4. Projektmanagement und Netzplantechnik: Vom Projektstrukturplan bis zur Kapazitätsplanung

Es versteht sich von selbst, daß ein solches Projekt, das zehn Umschulungslehrgänge umfaßt und an dem sich zeitweise bis zu 30 Personen – von externen Beratern über Autoren bis hin zu Filmemachern – beteiligten, nicht ohne management-erprobte und gleichzeitig projektspezifische Planungsinstrumente zu kontrollieren und zu steuern war. (Ich gehe in den folgenden Ausführungen nur auf die Netzplantechnik ein, es wurden natürlich auch weitere Techniken eingesetzt, etwa Brainstorming, Moderations-, Visualisierungs- und Präsentationstechniken und Stärken-/Schwächen-Bilanzen.)

Bereits die Tatsache, daß parallel mögliche oder notwendig aufeinander aufbauende Modellversuchsarbeiten an verschiedenen Orten und allein in Kooperation mit terminlich nicht frei verfügbaren Mitarbeitern und Lehrgangsteilnehmern durchzuführen waren, illustriert den ablauforganisatorischen Koordinationsbedarf. Denn die jeweiligen Modellversuchs-Teams in Bielefeld, Hamm, Hannover, Marburg und Neumünster fungierten nicht nur als interne Multiplikatoren- und Transfergruppen gegenüber kaum zu überschätzenden »Abwehrroutinen« vor Ort, sondern sie waren natürlich ebenso an der Entwicklung und Evaluation von Umsetzungsstrategien, Lehr-/Lernmaterialien und Personalentwicklungskonzepten beteiligt. Diese Zusammenarbeit basierte – auch das war unter Planungsgesichtspunkten zu bedenken – nicht auf einem Direktionsverhältnis. Bedingt durch das pädagogische Basiskonzept des Modellversuchs und den weisungsrechtlich unabhängigen Status der beteiligten Institute kooperierten Projektleitung, wissenschaftliche Begleitung und die Mitarbeiter vor Ort freiwillig und auf der Grundlage eines gemeinsamen Interesses an curricularen Innovationen und an einer übergreifenden, systemischen Organisationsentwicklung, die grundsätzlich den »traditionellen Bruch zwischen Organisation und Pädagogik«(Schäffter 1992, S. 82ff.) problematisiert.

Ein berufspädagogischer Modellversuch dieser Größenordnung erzwang geradezu – wie schon angemerkt – die generelle Einsicht, daß »Managementprozesse nicht bloß intuitiv«, sondern allein mit Hilfe »rationaler Denkhilfen« erfolgreich zu steuern sind (Schneck 1995, S. 9). Nur so konnten während des Modellversuchsverlaufs Transparenz- und Koordinationsprobleme zumindest verringert und die vorgegebenen Kapazitäts- und Kostenbudgets – jedoch nicht das Zeitbudget, dazu später mehr – eingehalten werden.

Netzplantechnik

Für die Planung und Überwachung des 28monatigen Modellversuchsverlaufs bot sich die Netzplantechnik mit ihren üblichen, REFA-normierten Arbeitsschritten an:

- Strukturanalyse,
- Zeitanalyse,
- Kostenanalyse,
- Kapazitätsplanung,
- Projektsteuerung (siehe dazu das vollständige Ablaufschema in Franke 1994, S. 137).

Von den unterschiedlichen Netzplan-Varianten entschieden wir uns für die verbreitetste Version: den *Vorgangsknoten-Netzplan*. Und dies nicht nur, weil die von uns eingesetzte Software MS-Project auf dieser Variante basiert. Sie ist darüber hinaus im Vergleich mit *Vorgangspfeil-Netzplänen*, die den Einbau komplizierender ›Scheinvorgänge‹ erfordern, und der *Ereignisknoten-Variante* als visuelle Entscheidungshilfe weitaus übersichtlicher und damit aussagekräftiger.

Projektstrukturplan und Vorgangsliste

Es war jedoch allen Beteiligten von Anfang an klar, daß die Spezifik berufspädagogischer Modellversuche mit ihrer Vielzahl schwer kalkulierbarer Daten jeden minutiösen Planungsanspruch über Netzpläne ad absurdum führen würde. Bereits die Metaplan-gestützte Diskussion des ›vorbereitenden‹ Projektstrukturplans (vgl. Abbildung 2) zwischen Projektleitung, wissenschaftlicher Begleitung und Vertretern der beteiligten Institute erwies, daß die pädagogische Fähigkeit zur ›didaktischen Reduktion‹ auch hier unabdingbar war.

Dies lag natürlich nicht an den Bearbeitungskapazitäten der schon genannten Standardsoftware, sondern an dem komplexen »Implikationszusammenhang« pädagogischer Prozesse – ich komme darauf noch zurück –, der besonders aus der Evaluationsperspektive der wissenschaftlichen Begleitung zu beachten war. So kamen wir schon zu diesem frühen Zeitpunkt zu dem Schluß, daß für die zentrale Projektsteuerung nur ein ›Grobnetzplan‹ mit ›Arbeitsprojekten‹ oder ›Meilensteinen‹ sinnvoll sei, der allein bei Bedarf in ›Feinnetzpläne‹ – in der Sprache von MS-Project: in ›Haupt-‹ und ›Unterprojekte‹ – zerlegt werden sollte.

Die innerhalb des Projektstrukturplans aufgeführten Teilaufgaben wurden im folgenden Arbeitsschritt standardmäßig in einer Vorgangsliste erfaßt, die die jeweiligen Abhängigkeitsbeziehungen, ›Vorgänger‹ und ›Nachfolger‹, aufnahm. Während ein großer Teil der Vorgänge den ›Produktlisten‹, ›Aktivitätsplänen‹ und ›Evaluationsaufgaben‹ des Modellversuchsantrags entnommen werden konnte, erwuchs eine weitere Strukturierungshilfe durch ein detailliertes Modularisierungkonzept, das während des Zeitraums zwischen Modellversuchsbeantragung und -bewilligung entstanden war. Dieses – an den Lerninhalten und Lernzielen der KMK-Rahmenlehrpläne orientierte – Modulsystem hatte folgende Größenordung: Es beinhaltete – neben dem Orientierungs-, Prüfungsvorbereitungsmodul und den Ergänzungs- und Vertiefungsmodulen

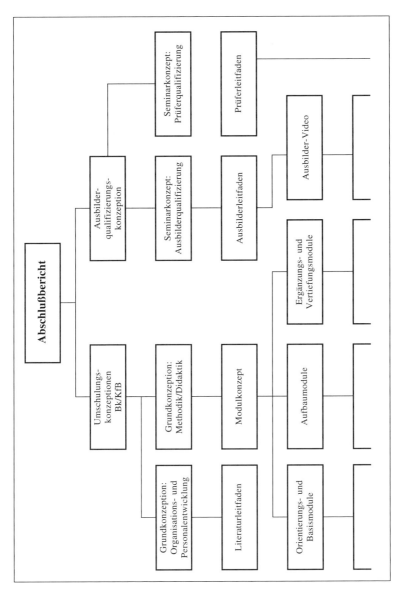

Abbildung 2: Ausschnitt: Projektstrukturplan

– 18 Basismodule für beide Büroberufe. Daran schlossen sich neun berufsspezifische Aufbaumodule für Bürokaufleute und sieben für Kaufleute für Bürokommunikation an.

Dieses Modulsystem – bestehend aus Orientierungs-, Basis-, Aufbau-, Vertiefungs- und Ergänzungsmodulen – besaß eine interne Struktur, die auch für die Netzplanerstellung bedeutsam wurde. Denn jedes dieser noch zu erarbeitenden Lernmodule – Vorgabe: jeweils abgestimmte Lernziele, Lerninhalte und Vermittlungszeiträume – konnte als eigenständiger Vorgang und damit als ›Arbeitspaket‹ oder ›Meilenstein‹ interpretiert werden. (Ein Beispiel: Basismodul ›Marketing‹, fächerübergreifende Integration von thematisch ›passenden‹ Lernzielen und Lerninhalten, abzudeckende Unterrichtsstunden laut umschulungsadäquater Umrechnung der KMK-Rahmenlehrpläne: 80 Stunden. Für alle Module galt: einheitlicher Honorarsatz pro abzudeckender Unterrichtsstundenzahl.)

Netzplan und Zeitanalyse

Die graphische Umsetzung der Vorgangsliste in einen sachlogisch korrekten Netzplan war EDV-gestützt kein Problem. Und auch die der Zeitanalyse folgende Vorwärts- und Rückwärtsrechnung sowie die Ermittlung der Pufferzeiten und des kritischen Wegs ließ sich angesichts des Leistungsumfangs der eingesetzten Software in kurzer Zeit lösen. Sehr viel schwieriger wurde für uns die im Rahmen der Zeitanalyse notwendige Schätzung von Zeitspannen für die einzelnen Vorgänge, da diese Aufgabe natürlich nicht an den Rechner delegiert werden konnte und grundsätzlich eine der häufigsten Fehlerquellen bei der Abwicklung von innovationsorientierten Projekten bildet. Es zeigte sich während des Modellversuchsverlaufs sehr schnell, daß die Validität unserer deterministischen Zeitplanungsdaten von der langjährigen Erfahrung beteiligter Mitarbeiter und deren praxisgesättigter Fähigkeit zur Analogiebildung abhing. Denn sie hatten bereits in früheren Projekten erfahren, daß pädagogische Innovationen – besonders dann, wenn sie sich auch auf das Selbst- und Rollenverständnis der ›Lehrenden‹ erstrecken – nicht zu knapp bemessener ›Pufferzeiten‹ bedürfen.

Kosten- und Kapazitätsplanung

Kosten und Kapazitäten sind – und hier unterscheiden sich auch anteilig aus Bundesmitteln geförderte Modellversuche nicht von klassischen Projekten in der Wirtschaft – ein zentraler Engpaßfaktor. Die ›zweckgebundenen Zuschüsse‹, ihre ›kassenmäßige Bereitstellung‹ zu bestimmten Terminen, die Verpflichtung, zeitlich veränderte ›Kassenbedarfe‹ rechtzeitig zu beantragen, die periodisch abzuliefernden ›Verwendungsnachweise‹: dies alles verdeutlicht, daß – neben den fixen Projektkosten – schon bei der Erstellung unseres Netzplanes die Schätzung des Mittelbedarfs je Vorgang unumgänglich war. Nur so konnten die notwendigen Plankosten ermittelt werden, die für die folgenden, periodisch durchgeführten Soll-Ist-Vergleiche im Rahmen der Kostenüberwachung und Liquiditätsplanung notwendig wurden. Denn die Finanzierungspläne bei Beantragung eines Modellversuchs sind grundsätzlich in ihrem Detaillierungsgrad zu gering, um Vorgänge als Kostenträger sichtbar zu machen und Kostenverläufe adäquat prognostizieren zu können.

Dies galt auch für die Planung der Kapazitäten – ob nun für Sachmittel oder Personal –, da sie innerhalb des Modellversuchsantrags nur für wenige Positionen und auf den Zeitraum ›Jahr‹ bezogen wurden. Die Kapazitätsplanung war jedoch schon deshalb von besonderer Bedeutung, da z. B. die antragsrechtlich obligatorische Evaluation durch eine wissenschaftliche Begleitung – allein aufgrund des personellen Rahmens – prinzipiell Kapazitätsengpässe in berufspädagogischen Modellversuchen erzeugt. Für die gezielte Abstimmung der Evaluations-Vorgänge in den beteiligten Instituten wurde daher auch in unserem Modellversuch eine sorgsame zeitliche Planung notwendig, da – bedingt durch die Beschränkung auf zwei Personen – höchstens ein Parallelvorgang zu erledigen war, die Termine vor Ort ›passen‹ mußten und gleichzeitig nur über eine begrenzte Zahl von ›Mann-Tagen‹ zu festen Tagessätzen verfügt werden konnte. So führte die Kapazitätsplanung zur nachträglichen Veränderungen der bereits vorgenommenen Struktur- und Zeitanalyse.

5. Projektsteuerung in berufspädagogischen Modellversuchen: Möglichkeiten und Grenzen

Bereits diese allein kursorischen Beschreibungen zeigen, daß man auch im Arbeitsfeld ›Berufliche Weiterbildung‹ – über die Raum- und Stundenplanung hinausgehend – mit einer Vielzahl von Planungs- und Steuerungsproblemen konfrontiert werden kann, die natürlich nicht nur für die Ausnahmesituation ›Modellversuch‹ relevant sind. Doch berufspädagogische Modellversuche machen in besonderer Weise deutlich, daß reines ›mudling through‹ ohne die Nutzung spezifischer Planungsinstrumente – in unserem Falle der Netzplantechnik – kaum zu erfolgreichen Projektabschlüssen führen kann.

Bereits die während des jeweiligen Modellversuchszeitraums fast zwangsläufig auftretenden Veränderungen auf der Zeitachse – etwa Ausfall von Mitarbeitern, Nichteinhaltung von Evaluationsterminen, Rücktritte von Autoren oder übermäßig großer Redaktionsaufwand bei bereits erstellten Lehr- und Lernmaterialien – erzwingen Umdispositionen, die über Netzpläne und die ›Pflege‹ der Daten transparent gemacht und neu abgestimmt werden können. Ob die ›Lösung‹ der Probleme durch die Verschiebung ›nicht-kritischer‹ Aktivitäten innerhalb der vorgesehenen Pufferzeiten, durch Umstellen oder gar durch Löschen von Vorgängen geschieht, dies mußten auch wir im Einzelfall klären. Entscheidend wurde für uns, das die rechnergestützte Möglichkeit von fast ›unbegrenzten‹ Soll-Ist-Vergleichen wichtige Kontroll- und Nachsteuerungschancen auf allen Planungsebenen eröffnete.

Denn Nachsteuerungsbedarfe sollten während unseres Modellversuchs aus vielfältigen Gründen notwendig werden. Schon das Motto am Anfang dieses Beitrags verrät etwas über den zumindest aus dieser Perspektive wahrgenommenen ›Innovationsschub‹. Daß dabei vielfältige Barrieren zu überwinden waren und teilweise nicht überwunden werden konnten, versteht sich von selbst. Konflikte zwischen beteiligten Modellversuchs-Mitarbeitern, oft langwierige Aushandlungsprozesse ›vor Ort‹ angesichts struktureller Veränderungswünsche, anfängliche Widerstände von Teilnehmern gegen ›pädagogische Experimente‹ – dies alles illustriert allein beispielhaft, daß in ›eigensinnigen‹ pädagogischen Handlungsfeldern nur begrenzt mit linearen Interventions- und Erfolgskausalitäten gerechnet werden kann. Verschärft wurden die Probleme durch ein grundsätzliches Dilemma, das aus dem Gegenstandsbereich des Modellversuchs – der nach dem Ausbildungsförderungsgesetz geförderten Umschulung – und deren förderungsrechtlichen Rahmenbedingungen resultierte. Denn während des Modellversuchs-Zeitraums traten grundlegende förderungsrechtliche Veränderungen in Kraft, die keineswegs nur zur Absage oder Verlegung geplanter Lehrgänge in den beteiligten Instituten führten. Vielmehr ergaben sich gravierende finanzielle Verschlechterungen für Teilnehmer und für Träger AFG-geförderter Weiterbildungsmaßnahmen, die zwangsläufig erheblichen Einfluß auch auf curriculare Entscheidungen innerhalb des Modellversuchs gewinnen mußten. So wurde beispielsweise während des Modellversuchs die Umschulungsdauer von 24 Monaten auf 21 Monate verkürzt. Es dürfte offensichtlich sein, daß sich dadurch der – im Vergleich zur Erstausbildung schon vorher größere – Lerndruck weiter verstärkte und die Bereitschaft zur Teilnahme an innovativen Projekten verringerte.

Auch das ursprüngliche Lernortkonzept mußte korrigiert werden. Während noch innerhalb des Modellversuchsantrags von einem »integrierten System der drei Lernorte Unterrichtsraum, Lernfirma und Betrieb« ausgegangen wurde, erzwang die modifizierte Förderpraxis eine grundlegende Schwerpunktverlagerung zugunsten des umgestalteten Lernorts ›Unterrichtsraum‹, da die permanente Integration einer sogenannten Übungsfirma selbst unter reinen Kostendeckungsgesichtspunkten nicht möglich war. Angesichts der schon angeführten Modellversuchsprämisse, daß die Übertragungsfähigkeit der Ergebnisse gesichert sein sollte, wäre ein Festhalten am ursprünglichen Konzept nur unter Umgehung des Transfergebots möglich gewesen. So wurde schließlich aufgrund der veränderten Förderpolitik eine – jedoch angesichts nicht ausgeschöpfter Mittel – kostenneutrale Verlängerung des Modellversuchs notwendig.

Eine Vielzahl der allein aus nicht kalkulierbaren und nicht beeinflußbaren Ereignissen resultierenden Korrekturen an unserer ursprünglichen Zeit-, Kapazitäts- und Kostenplanung wäre ohne Netzplan kaum zu ›überblicken‹ gewesen.

Doch dies bedeutet natürlich nicht, die Funktion von Netzplänen in Modellversuchen, die prinzipiell auf Innovation hin ausgerichtet sind, zu überschätzen. Von großem Vorteil ist allerdings der Zwang, den gesamten Modellversuch in der Planungsphase systematisch zu durchdenken und einen ›Blick‹ für die Komplexität und für mögliche Zeit-, Kosten- und Kapazitätsengpässe zu erhalten. Doch zu erwähnen ist auch, daß sich – angesichts der Datenfülle und gleichzeitiger Datenmängel – die Nutzung eines ›Grobnetzplans‹ und damit der bewußte Verzicht auf eine detaillierte Feinplanung als einzig angemessene und handhabbare Vorgehensweise erwies. Denn die Definition der Vorgänge als ›Arbeitspakete‹ oder ›Meilensteine‹ mit einem jeweils festen Zeitrahmen und strikter Ergebnisorientierung überließ es den beteiligten Personen, wie sie ihr Ergebnis – etwa ein Seminarkonzept, ein Video oder ein Projektplanungsprogramm – fertigstellten. Daß auch dabei Probleme auftraten, wurde schon angemerkt. Doch diese waren in bezug auf die schließlich entstandenen ›Produkte‹ wohl geringer als die Folgeprobleme einer netzplan-gestützten ›Überbürokratisierung‹ und ›Datenschwemme‹. Denn dies hätte vielleicht dazu geführt, daß das zentrale Modellversuchsergebnis allein in der empirischen Bestätigung jener Hypothese bestanden hätte, die vermutet, daß sich der »Organisationsgrad« von Projekten »umgekehrt proportional zum Innovationsgrad« verhalte (Hauschildt 1993, S. 301).

Literatur

Beck, H. 1993: Schlüsselqualifikation, Darmstadt 1993.
Benteler, P. 1991: Möglichkeiten und Grenzen der Übertragbarkeit von Modellversuchsergebnissen, in: Berufsbildung in Wissenschaft und Praxis 1991/6, S. 7–11.
Decker, F. 1995: Bildungsmanagement für eine neue Praxis, München 1995.
Franke, R. 1994: Netzplantechnik, in: ders./Zerres, M. P., Planungstechniken, Frankfurt a. M. 1994, 4., überarbeitete und erweiterte Auflage, S. 135–150.
Hauschildt, J. 1993: Innovationsmanagement, München 1993.
Holz, H. 1991: Modellversuche als angewandte Berufsbildungsforschung, in: Meyer-Dohm, P./Schneider, P. (Hrsg.), Berufliche Bildung in lernenden Unternehmen, Stuttgart/Dresden 1991, S. 77–82.
Loewe, J./Schmitt, H. 1994: Büro 2000: Die aktuelle Diskussion über die Neuordnung der Fortbildung im Büro- und Sekretariatsbereich, in: Bullinger, H.-J./Klein, B. 1994: (Hrsg.), Sekretariat der Zukunft, Baden-Baden 1994, S. 275–285.
Merk, R. 1992: Weiterbildungsmanagement, Neuwied 1992.
Pätzold, G. 1992: (Hrsg.), Handlungsorientierung in der beruflichen Bildung, Frankfurt a. M. 1992.
Schäffter, O. 1992: Arbeiten zu einer erwachsenenpädagogischen Organisationstheorie, Frankfurt a. M. 1992.

Schneck, O. 1995: Management-Techniken, Frankfurt a. M./New York 1995.
Sonntag, K. 1987: Evaluation in der Berufsbildungsforschung im Beziehungsgefüge unterschiedlicher Interessen, in: Will, H./Winteler, A./Krapp, A. (Hrsg.), Evaluation in der beruflichen Aus- und Weiterbildung, Heidelberg 1987, S. 61–74.
Wittwer, W. 1990: (Hrsg.), Annäherung an die Zukunft, Weinheim/Basel 1990.

Kapitel 14
Pilotprojekt – Prozeßkostenmanagement

Sebastian Scherg

Inhalt
1. Vorstellung der Renkhoff-Gruppe 187
2. Zielsetzung des Pilotprojektes 189
3. Pilotprojekt – Prozeßkostenmanagement in der Renkhoff-Gruppe 190
   3.1 Ziele des Prozeßkostenmanagements 190
   3.2 Phasen des Pilotprojektes Prozeßkostenmanagement 190
   3.3 Integrationsmöglichkeiten des Prozeßkostenmanagements in das Kostenrechnungssystem 201
4. Einsatzmöglichkeiten des Prozeßkostenmanagements in der Renkhoff-Gruppe 201
   4.1 Geschäftsprozeßoptimierung mit Hilfe des Prozeßkostenmanagements/Prozeßmanagements 201
   4.2 Kundenprofitabilitätsanalyse 205
   4.3 Ergebnisse aus der Kundenprofitabilitätsanalyse 207
   4.4 Interne Leistungsverrechnung von Serviceabteilungen 209
   4.5 Gemeinkostenplanung und -steuerung durch Prozeßkostenmanagement 210
   4.6 Prozeßorientierte Kalkulation 210
   4.7 Zusammenfassende Bewertung 210
Literatur 211

1. Vorstellung der Renkhoff-Gruppe

Kundenindividuelle Produkte in einer garantierten Zeit und auf einem hohen Qualitätsniveau sind die entscheidenden Wettbewerbsfaktoren, die den Erfolg der Renkhoff-Unternehmensgruppe begründen und die Gruppe damit zum Marktführer im Bereich der Sonnenschutztechnik in Europa gemacht haben.

Die Erfolgsgeschichte der Firma WAREMA begann 1955 in der ersten Fertigungsstätte, einem Pferdestall in Marktheidenfeld. Im Geschäftsjahr 1995 konnten die 1700 Mitarbeiter einen Umsatz von 270 Millionen DM erzielen. Die Gründer Karl-Friedrich **Wa**gner und Hans-

Wilhelm **Re**nkhoff sowie der Sitz der Firma, **Ma**rktheidenfeld, standen jeweils mit den ersten zwei Buchstaben ihres Namens Pate für den Namen WAREMA, der 40 Jahre später zum Inbegriff für qualitativ hochwertigen, zeitgemäßen Sonnenschutz geworden ist.

Um den Unternehmenserfolg auch langfristig zu sichern, wurde die WAREMA Renkhoff GmbH & Co. KG 1992 in die drei Tochtergesellschaften WAREMA Renkhoff GmbH, REKO electronic GmbH, REKO Kunststofftechnik und Maschinenbau GmbH aufgespalten. Daneben wurde bereits 1991 in den neuen Bundesländern die vierte Konzerngesellschaft, die WAREMA Sonnenschutztechnik GmbH in Limbach/Oberfrohna bei Chemnitz gegründet. Als Finanz- und Führungsholding fungiert die Renkhoff AG. Sie hält an allen Tochterunternehmen eine 100 Prozent Beteiligung.

Die WAREMA Renkhoff GmbH bedient als Nachfolgerin der bisherigen WAREMA Renkhoff GmbH & Co KG den Sonnenschutztechnikmarkt. Als einer der größten Komplettanbieter für Sonnenschutztechnik beeinflußt sie maßgeblich das Marktgeschehen in Europa mit. In der Fertigung bestimmt auftragsbezogene Einzel- und Variantenfertigung, überwiegend in Handarbeit, das Bild.

Die WAREMA Sonnenschutztechnik GmbH in Sachsen ist Lohnfertiger für die WAREMA Renkhoff GmbH und tritt vorläufig noch nicht selbständig am Markt auf. Ihre Fertigungsstruktur entspricht der der WAREMA Renkhoff GmbH.

Die REKO Kunststofftechnik und Maschinenbau GmbH fertigt traditionell fast alle Kunststoffteile und Maschinen, die für die Produktion der Sonnenschutzprodukte bei WAREMA benötigt werden. Dies geschieht im Bereich Maschinenbau in Einzelfertigung, im Bereich Kunststofftechnik in Serienfertigung. Seit der Umstrukturierung nimmt diese Gesellschaft auch selbständig am Marktgeschehen teil.

Die REKO electronic GmbH ging den gleichen Weg wie die Schwester REKO Kunststofftechnik und Maschinenbau GmbH. Sie produziert und verkauft ihre elektronischen Bauteile und Steuerungssysteme sowohl an WAREMA als auch an externe Kunden. Von der Fertigungsstruktur liegt hier Serien- bis Massenfertigung vor.

2. Zielsetzung des Pilotprojektes

Die Sicherung eines dauerhaften Erfolges und soliden Wachstums ist das oberste Ziel der Renkhoff-Unternehmensgruppe. In den letzten Jahren ist es immer schwieriger geworden, dieses Ziel zu erreichen. Schuld daran sind die stagnierende Konjunktur, vor allem aber der Rückgang der Bautätigkeit der öffentlichen Hand sowie ein starker Preisverfall auf dem Markt für Sonnenschutztechnik.

Bestrebungen zur Verbesserung der Qualität der Produkte und Prozesse sowie die langfristige Kostenreduzierung, vor allem im Gemeinkostenbereich, sind deshalb lebenswichtig. Die bestehenden Kostenrechnungssysteme sind jedoch dafür noch nicht ausgelegt.

Der Schwerpunkt der Kostenrechnung in der Renkhoff-Gruppe ist die Kostenkontrolle. Durch das System der starren Plankostenrechnung sind aber in der Abweichungsanalyse nur sehr begrenzt Aussagen über die Ursachen einer Kostenabweichung möglich. Hilfsrechnungen können die Transparenz vor allem in den produktiven Bereichen zwar erhöhen, in den indirekten Bereichen bleiben die Ursachen für eine Kostenabweichungen aber oft im Dunkeln.

Durch den hohen Anteil der Gemeinkosten an den Gesamtkosten sowie den hohen administrativen Aufwand, der sich durch die auftragsbezogene Fertigung ergibt, rückt die permanente »Planung, Steuerung und Kontrolle dieser Kosten, eben das Gemeinkostenmanagement« (Vikas 1995, S. 62), in den Vordergrund.

Ein Instrument, das gleichzeitig sowohl Qualitätsverbesserungen ermöglicht als auch im Sinne der langfristigen Gemeinkostenreduzierung zur Verfügung steht, ist hier das Prozeßkostenmanagement.

Aufgabenstellung und Ziel der Studie waren also, das Prozeßkostenmanagement auf Einsetzbarkeit und Tauglichkeit in der Renkhoff-Unternehmensgruppe an einem praktischen Beispiel zu analysieren und zu bewerten. Bei den Untersuchungen stand der Einsatz des Prozeßkostenmanagements im Sinne des Prozeßmanagements bzw. im Sinne der Geschäftsprozeßoptimierung im Vordergrund.

In der Literatur ist man sich bisher nicht einig, ob die Begriffe Prozeßkostenrechnung und Prozeßkostenmanagement synonym zu verwenden sind, ob der Begriff ein Bestandteil des anderen ist, ob beide zwar im Grundsätzlichen gleich, aber in den Details unterschiedlich ausgeprägt sind oder ob sich der eine aus dem anderen entwickelt hat. Prinzipiell läßt sich sagen, daß sowohl das Prozeßkostenmanagement als auch die Prozeßkostenrechnung auf der gleichen Idee aufbauen. Der Unterschied besteht aber nach Ansicht des Autors im Einsatzfeld. Während die Prozeßkostenrechnung sich eher auf eine möglichst verursachungsgerechte Produktkalkulation konzentriert, stehen beim Prozeßkostenmanagement das Gemeinkostenmanagement und die Geschäftsprozeßoptimierung, d.h. die optimale Gestaltung der Prozesse des Gemeinkostenbereichs, also die Effektivitäts- und Effizienzsteigerung der Prozeßqualität, der Prozeßzeit, der Prozeßkosten und der Prozeßproduktivität im Vordergrund.

Die grundsätzliche Ausrichtung auf Prozeßkostenrechnung bzw. -management ist entscheidend für die Ausgestaltung und Detaillierung der Prozeßstruktur (vgl. Mayer 1994, S. 2).

3. Pilotprojekt – Prozeßkostenmanagement in der Renkhoff-Gruppe

3.1 Ziele des Prozeßkostenmanagements

Für die Renkhoff-Gruppe stand von vornherein die »Geschäftsprozeßoptimierung« im Vordergrund, d.h. »die Optimierung von wertschöpfenden Geschäftsprozessen bei Reduktion von nicht wertschöpfenden Funktionen durch Optimierung von Kosten, Qualität und Zeit der Geschäftsprozesse« (Plaut-Seminar: Prozeß-Kostenmanagement, Kap. 1.30, S. 4). Wenn man davon ausgeht, daß Rationalisierung im Gemeinkostenbereich nicht nur Kostensenkung bedeutet, sondern daß vielmehr »drastische Veränderungen in der Aufbau- und Ablauforganisation«(Striening 1995a, S. 10) zum Ziel führen, ist dies eine logische Zielformulierung.

3.2 Phasen des Pilotprojektes Prozeßkostenmanagement

Bei der Einführung des Prozeßkostenmangements im Pilotfeld lehnte man sich sehr stark an die Vorgehensweisen an, die Plaut (vgl. Plaut-Seminar, Kap. 2.10, S. 1) bzw. Horvárth (vgl. Kieninger 1994, S. 12) zum »Prozeßkostenmanagement« vorschlagen. Ausgangspunkt ist danach die Definition des Projektes, also die Auswahl des Pilotfeldes, sowie die Vornahme eventuell notwendiger Abgrenzungen. Im Anschluß an die Ist-Analyse im Pilotfeld, d. h. nach der Ermittlung der Prozeßstruktur und der Kostentreiber, erfolgt die Errechnung der Prozeßkosten und der Prozeßkostensätze. Die Ergebnis- und Effizienzanalyse bildet schließlich die Entscheidungsgrundlage dafür, ob sich der Einsatz des Prozeßkostenmanagements lohnt und eine Einführung auch in anderen Bereichen sinnvoll ist. Die Projektphasen, die in der Renkhoff-Gruppe abliefen, sind in Abbildung 1 dargestellt.

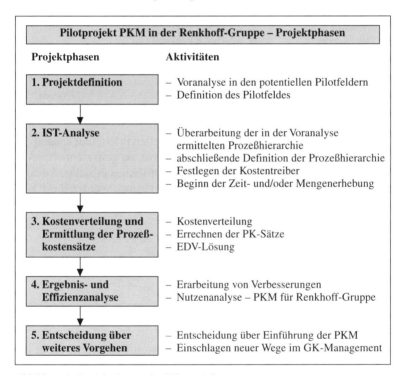

Abbildung 1: Projektphasen des Pilotprojektes

3.2.1 Voranalyse in den potentiellen Pilotfeldern

Die Vorgehensweise, das Prozeßkostenmanagement zuerst in einem Pilotfeld einzuführen, ist ideal, um sich mit der Methodik vertraut zu machen, um Erfahrungen zu sammeln und um Führungskräfte und Mitarbeiter vom Nutzen zu überzeugen, den das Prozeßkostenmanagement bietet (vgl. Kieninger 1994, S. 14). Der verantwortliche Geschäftsführer und die Abteilung Controlling-Informationswesen bestimmten folgende Abteilungen, aus denen das potentielle Pilotfeld auszuwählen war (vgl. Tabelle 1).

Versand	WAREMA Renkhoff GmbH
PC-Benutzerservice	WAREMA Renkhoff GmbH
Personalabteilung	WAREMA Renkhoff GmbH
Schulung	WAREMA Renkhoff GmbH
Buchhaltung	WAREMA Renkhoff GmbH
Auftragsabwicklung	REKO electronic GmbH

Tabelle 1: Potentielle Pilotfelder

3.2.1.1 Kriterien zur Auswahl des Pilotfeldes

Horvárth schlägt eine Bewertung der potentiellen Pilotfelder anhand der in Tabelle 2 dargestellten Auswahlkriterien vor, da gewissenhaftes Abprüfen und Analysieren der Kriterien den Erfolg des Projektes bestimmen (vgl. Tabelle 2). Auch für die Renkhoff-Gruppe wurden diese Kriterien, allerdings etwas modifiziert, angewandt.

I.	Klar abgegrenzte Prozesse
II.	Einfache Datenerhebung der Kostentreiber
III.	Interesse und Aufgeschlossenheit des Bereichs
IV.	Spektakuläre Ergebnisse
V.	Hohes Optimierungspotential

Tabelle 2: Auswahlkriterien des Pilotfeldes (vgl. Mayer 1994, S. 3.)

Kriterium I, *klar abgegrenzte Prozesse*, wurde untergliedert in die Kriterien *Prozeßstruktur* und *Schnittstellen*. Damit sollte einerseits die »interne« Prozeßstruktur auf ihre Komplexität und auf die Wiederholungsrate hin analysiert und andererseits die Anzahl der Schnittstellen zu anderen Bereichen oder Abteilungen überprüft werden. Ziel war es schließlich, einen sowohl von der externen als auch von der internen Prozeßstruktur möglichst einfachen Bereich für das Pilotprojekt auszuwählen. Um beide Kriterien prüfen zu können, mußten in allen Bereichen »grobe« Tätigkeitsanalysen durchgeführt werden.

Idealer Ausgangspunkt dafür waren sogenannte »Funktionsmatrizen«, die die Tätigkeiten aller Bereiche auflisten und im Rahmen eines anderen Projektes erstellt worden waren. Aus den Funktionsmatrizen konnten Haupt-Prozeßhypothesen und teilweise auch Kostentreiber abgeleitet werden, die bei der Voranalyse zum Einsatz kamen.

Das Kriterium II, *einfache Datenerhebung der Kostentreiber*, wurde von Plaut übernommen und bei der Ermittlung der »Prozeßstruktur« im Hinblick auf ihre »Existenz« und auf die einfache Erfaßbarkeit der Kostentreiber überprüft. Das heißt, es wurden möglichst solche Kostentreiber gesucht, die schon irgendwo und irgendwie, teilweise auch für andere Zwecke, erfaßt worden waren.

Kriterium III, *Interesse und Aufgeschlossenheit des Bereichs*, zeigte sich meist schon in den Einführungsgesprächen. Diese wurden zu Beginn der Tätigkeitsanalyse geführt, um die Abteilungsleiter in die Grundzüge des Prozeßkostenmanagements einzuweisen.

Die von Horváth vorgeschlagenen Kriterien IV und V, *Spektakuläre Ergebnisse* und *hohes Optimierungspotential*, wurden außer acht gelassen, da es um ein erstes »Kennenlernen« der praktischen Anwendung des Prozeßkostenmanagements sowie um das Sammeln von Erfahrungen bei der Einführung ging. Die zwei genannten Kriterien wären in der Renkhoff-Gruppe nur bei der Auswahl eines komplexen Bereichs erfüllt worden. Dies scheiterte aber am zeitlichen Rahmen, der für das Projekt zur Verfügung stand.

3.2.1.2 Ergebnis der Voranalyse und Definition des Pilotfeldes

Geeignet als Pilotfeld erwies sich letztendlich die Auftragsabwicklung der REKO electronic. Betrachtet wurde dabei aber lediglich die Auftragsabwicklung für das externe Geschäft. Die Auftragsabwicklung des internen Geschäfts ist durch die enge Verzahnung mit der WAREMA Renkhoff GmbH zu komplex für ein Pilotfeld. Die anderen Bereiche erwiesen sich teilweise als zu komplex bzw. als nicht unbedingt interessiert.

3.2.2 Ist-Aufnahme der Prozeßstruktur in der Auftragsabwicklung

Die Ergebnisse der Voranalyse waren ein guter Ausgangspunkt für die exakte Analyse der Tätigkeiten und der Prozesse im zu untersuchenden

Bereich. Durch neuerliche Gespräche mit den verantwortlichen Mitarbeitern wurden das Tätigkeitsbild verfeinert sowie die Prozeß- und die Kostentreiberstruktur abschließend definiert.

3.2.2.1 Tätigkeitsanalyse

Bei der Durchführung der Interviews wurde systematisch vorgegangen. Es wurde folgende »Checkliste« verwendet (vgl. Tabelle 3). Diese Vorgehensweise sichert erfolgversprechende Ergebnisse und die Unterstützung des Projektes, beseitigt Ängste und Widerstände und macht nicht zuletzt auch einen guten Eindruck bei den Interviewpartnern.

Checkliste:	Einführung der Abteilungsleiter/Mitarbeiter in die Thematik Präsentation der Vorüberlegungen, d. h. Haupt-Prozeßhypothesen und potentielle Kostentreiber Durchführen der Tätigkeitsanalyse Aufbau der Prozeßstruktur Identifizierung der Kostentreiber der Haupt- und Teilprozesse
Quelle: Abgewandelt nach Löffler 1991, S. 198	

Tabelle 3: Checkliste

Als Ergebnis der Tätigkeitsanalyse ergab sich ein kostenstellenbezogener Tätigkeitskatalog.

3.2.2.2 Verdichtung zu Teil- und Hauptprozessen und Kostentreiberanalyse

Die 25 angegebenen Tätigkeiten wurden zu neun Teilprozessen zusammengefaßt (vgl. Tabelle 4).

Für jeden Teilprozeß wurden die entsprechenden Kostentreiber (vgl. Tabelle 5) identifiziert. Teilweise konnte auf bestehendes Datenmaterial zurückgegriffen werden, teilweise mußten neue Wege gesucht werden bzw. Kompromisse gefunden werden. Der Kostentreiber *Zahl der Auftragspositionen*, der z. B. für die Teilprozesse *05 Auftragsbearbeitung* optimal gewesen wäre, konnte nicht mit vertretbarem Aufwand verfügbar gemacht werden. Statt dessen wurde als Kompromiß die Zahl der Aufträge gewählt.

Pilotprojekt PKM – Prozeßhierarchie

A-Nr.	Tätigkeitskatalog	TP-Nr.	TP-Bezeichnung
0001	technische Klärung des Angebots	TP 01	techn. Klärung
0002	Angebot erstellen (PC)	TP 02	Angebot schreiben
0003	Angebot prüfen/unterschreiben		
0004	Ablage Angebote		
0005	Angebot verschicken		
0006	Ausfüllen Stammkundenmeldung	TP 03	Bonitätsprüfung
0007	Kundenstammsatz eingeben		
0008	Auskunft anfordern		
0009	Einmalkundennummer anlegen	TP 04	Einmalkundennummer anlegen
0010	Vergleich Angebot-Bestellung	TP 05	Auftragsbearbeitung
0011	Auftragsdaten erfassen		
0012	Auftragsbestätigung drucken		
0013	Auftragsbestätigung verschicken		
0014	Lieferschein weiterleiten an Versand (REKO)		
0015	Auftrag für Rechnungsdruck freigeben		
0016	Abgangsplanung	TP 06	Versand (REKO electronic)
0017	Verpacken und Erfassen der Lieferung		
0018	Ware zum Versand (WAREMA) bringen		
0019	Rechnungstellung CTM	TP 07	Rechnungstellung
0020	Rechnungsdaten erfassen (PC)		
0021	Rechnung verschicken		
0022	Rechnung an BH (WAREMA) weiterleiten		
0023	Angebotsauswertung (PC)	TP 08	Angebotsverfolgung
0024	Nachtelefonieren		
0025	Statistiken erstellen	TP 09	Statistik

Tabelle 4: Tätigkeitskatalog der Auftragsabwicklung und Teilstrukturen

TP-/HP-NR	Bezeichnung	Kostentreiber
TP 01	techn. Klärung	Anzahl Angebote
TP 02	Angebot schreiben	Anzahl Angebote
TP 03	Bonitätsprüfung	Anzahl der Bonitätsprüfungen
TP 04	Einmalkundennummer anlegen	Anzahl Aufträge: Einmalkunden
TP 05	Auftragsbearbeitung	Anzahl Aufträge: Gesamt
TP 06	Versand (REKO electronic)	Anzahl Aufträge
TP 07	Rechnungstellung	Anzahl der Rechnungen
TP 08	Angebotsverfolgung	Anzahl der Angebote
TP 09	Statistik	Lmn-Prozeß

Tabelle 5: Teilprozesse und ihre Kostentreiber

Probleme gab es vor allem auch beim TP *06 Versand* mit den Tätigkeiten *0016 Abgangsplanung, 0017 Verpacken und Erfassen der Lieferung* sowie *0018 Ware zum Versand (WAREMA)* bringen, da auch hier kein optimaler Kostentreiber verfügbar gemacht werden konnte. Die dort anfallenden Kosten sind zum größten Teil reine Lohnkosten und werden durch die Zeit verursacht, die pro Kundenauftrag beispielsweise für das Verpacken, benötigt wird. Diese Zeit ist abhängig von den Produkten und ihren unterschiedlichen Abmessungen sowie von der zu verpackenden Stückzahl. Der ideale Kostentreiber wäre damit ein Zeitfaktor, der die durchschnittliche Verpackzeit bei einem durchschnittlichen Auftrag widerspiegelt. Im Moment werden zwar die Vorgabezeiten für die Verpackzeit der einzelnen Produkte aufgenommen, die Ergebnisse waren aber leider noch nicht verfügbar. Auch hier wählte man deshalb als Kompromiß den Kostentreiber die Zahl der Aufträge.

Als Hauptprozesse *01–02* wurden die beiden unterschiedlichen Auftragstypen festgelegt; daneben wurden noch der Hauptprozeß *03 Angebotsverfolgung* und der Hauptprozeß *04 Statistik* aufgenommen. Der Hauptprozeß *03 Angebotsverfolgung* ist zwar in den Hauptprozessen *01–02* enthalten, er tritt aber auch alleine auf, wenn ein Angebot nicht zum Auftrag wird.

Probleme ergaben sich auch bei der Zusammenfassung der Teilprozesse zu Hauptprozessen. Zwar hätte man für die Hauptprozesse eigene Kostentreiber identifizieren können, diese wären aber der Faktorkombination nicht gerecht geworden, die sich durch die Aggregation der Teilprozesse zu Hauptprozessen ergibt. Aus diesem Grund hat man auf die Erfassung von Kostentreibern für die Hauptprozesse verzichtet. Dies hat natürlich für die Berechnung der Hauptprozeßkostensätze erhebliche Konsequenzen.

Im Pilotfeld ergab sich die in Tabelle 6 dargestellte Prozeßstruktur.

3.2.2.3 Kostentreibererfassung

Die Erfassung der Kostentreibermengen erfolgte über EDV-Auswertungen, z.B. aus der Angebotsdatenbank, über Strichlisten und sonstige Aufzeichnungen. In Zukunft sollte die Erfassung der Kostentreiber ausschließlich über die bestehenden EDV-Systeme und damit automatisch erfolgen. Die optimalen Kostentreiber, z. B. die Zahl der Auftragspositionen, sollten dort verfügbar gemacht werden.

Pilotprojekt PKM – Prozeßhierarchie der Auftragsabwicklung					
A.-NR	Tätigkeitskatalog	TP-NR.	Teilprozesse	HP-NR.	Hauptprozesse
0001	technische Klärung des Angebots	TP 01	techn. Klärung A-NR: 1	HP 01	Auftrag-Einmalkunde TP-NR: 1, 2, 3, 4, 5, 6, 7, 8
0002	Angebot erstellen (PC)				
0003	Angebot prüfen/unterschreiben				
0004	Ablage Angebote		Anzahl Angebote		Anzahl Aufträge: Einmalkunde
0005	Angebot verschicken	TP 02	Angebot schreiben A-NR: 2, 3, 4, 5	HP 02	Auftrag-gel. Kunde TP-NR: 1, 2, 5, 6, 7, 8
0006	Ausfüllen Stammkundenmeldung				
0007	Kundenstammsatz eingeben		Anzahl Angebote		Anzahl Aufträge: gel. Kunde
0008	Auskunft anfordern				
0009	Einmalkundennummer anlegen	TP 03	Bonitätsprüfung A-NR: 6, 7, 8	HP 03	Angebotsverfolgung TP-NR: 8
0010	Vergleich Angebot-Bestellung				
0011	Auftragsdaten erfassen		Anzahl der Bonitätsprüfungen		Anzahl Angebote (Gesamt)
0012	Auftragsbestätigung drucken	TP 04	Einmalkundennummer anlegen A-NR: 9	HP 04	Statistik A-NR: 9
0013	Auftragsbestätigung verschicken				
0014	Lieferschein weiterleiten an Versand (REKO)		Anzahl Aufträge: Einmalkunden		Imn-Prozeß
0015	Auftrag für Rechnungsdruck freigeben	TP 05	Auftragsbearbeitung A-NR: 10, 11, 12, 13, 14, 15		
0016	Abgangsplanung		Anzahl Aufträge		
0017	Verpacken und Erfassen der Lieferung				
0018	Ware zum Versand (WAREMA) bringen	TP 06	Versand (REKO electronic) A-NR: 16, 17, 18		
0019	Rechnungstellung CTM				
0020	Rechnungsdaten erfassen (PC)		Anzahl Aufträge: Gesamt		
0021	Rechnung verschicken	TP 07	Rechnungsstellung A-NR: 19, 20, 21, 22		
0022	Rechnung an BH (WAREMA) weiterleiten				
0023	Angebotsauswertung (PC)		Anzahl der Rechnungen		
0024	Nachtelefonieren				
0025	Statistiken erstellen	TP 08	Angebotsverfolgung A-NR: 23, 24		
			Anzahl Angebote (Gesamt)		
		TP 09	Statistik A-NR: 25		
			Imn-Prozeß		

Tabelle 6: Prozeßstruktur

3.2.2.4 Zeit- und Mengenerhebung

Für die einzelnen Tätigkeiten wurden die Durchschnittszeiten pro Ausführung ermittelt. Dies geschah über Selbstaufschreibung auf Formblättern. Jeder Mitarbeiter füllte diese, seinen Tätigkeiten entsprechend, aus. Sinn und Zweck ist es, Leistungsstandards zu definieren, die z. B. zur Planung und Überwachung der Ressourcen verwendet werden könnten.

Durch Multiplikation der gewonnenen Leistungsstandards mit der Ausführungsmenge kann außerdem die zeitliche Inanspruchnahme der Mitarbeiter für REKO-Kunden errechnet werden. Damit ist es dann möglich, eine genauere Kostenverteilung der Kostenstellen (KST)-Kosten, vor allem der Lohnkosten, auf den Auftragsabwicklungsprozeß zu erzielen. Dies ist im Rahmen der Abgrenzung zwischen WAREMA-Auftragsabwicklung und REKO-Auftragsabwicklung von großer Bedeutung.

Die Form der Selbstaufschreibung zur Ermittlung der Leistungsstandards ist sicherlich nicht ganz unproblematisch. Es besteht die Gefahr, daß die ermittelten Werte Reserven enthalten. Ganz ausgeschaltet werden kann dies sicherlich nicht, dennoch ist für ein Pilotprojekt die Zeitaufnahme über die Selbstaufschreibung der Mitarbeiter ein hinreichend genauer Weg. Hinzukommt, daß die Ergebnisse der ersten Zeitaufnahme durch eine zweite Zeitaufnahme drei Monate später bestätigt wurden.

3.2.2.5 Ermittlung der Teilprozeß- und Hauptprozeßkostensätze

Die Kosten der Kostenstellen müssen zuerst um den Kostenanteil bereinigt werden, der durch den Innenumsatz der REKO electronic mit ihren Schwestergesellschaften verursacht wird. Die Bereinigung der Kosten erfolgt im Pilotfeld nach zeitlicher Inanspruchnahme, da die Lohnkosten den größten Teil der Gesamtkosten in den betrachteten Kostenstellen ausmachen. Über die ermittelten Durchschnittszeiten kann das Zeitvolumen der REKO-Kundenaufträge errechnet werden. Das Ergebnis im Verhältnis zur Gesamtarbeitszeit im Erfassungszeitraum kann als Verteilungsschlüssel für die Kosten verwendet werden.

Die Kosten, die nun für die REKO-Kundenaufträge in den betreffenden Kostenstellen ermittelt wurden, müssen nun auf die dort stattfindenden Teilprozesse verteilt werden. Auch bei der Verteilung der bereinigten Kostenstellenkosten auf die Teilprozesse wird die zeitliche Inanspruchnahme als Verteilungsschlüssel verwendet. Dieses Vorgehen ist ebenfalls damit gerechtfertigt, daß die Lohnkosten den größten Teil der Kostenstellenkosten ausmachen. Würden mehrere Kostenarten dominieren, müßten die Kosten analytisch auf die Teilprozesse verteilt werden.

Bei der Zeitaufnahme wurde die Zeit für die einmalige Durchführung der Tätigkeiten ermittelt. Durch Addition der Tätigkeiten, die dem entsprechenden Teilprozeß zugeordnet sind, erhält man die zeitliche Inanspruchnahme bei der einmaligen Durchführung des Teilprozesses. Multipliziert mit der erfaßten Kostentreibermenge ergibt sich dann der Zeitaufwand des Teilprozesses für REKO-Kunden im Erfassungszeitraum. Diese Größe muß dann nach der Formel ins Verhältnis zum gesamten Zeitaufwand der KST für REKO-Kunden gesetzt werden. Durch Multiplikation mit den bereinigten ergeben sich die Kosten des Teilprozesses:

$$\text{TP-Kosten} = \frac{x}{y} \times z$$

x = zeitliche Inanspruchnahme durch Tp
y = Zeitaufwand der KST für REKO-Kunden
z = bereinigte KST-Kosten

Um nun die Teilprozeßkostensätze der einzelnen Teilprozesse zu erhalten, müssen die Teilprozeßkosten durch die Kostentreibermengen geteilt werden.

Leistungsmengenneutrale (lmn) Prozesse sind nicht von einem Kostentreiber abhängig, deshalb können für sie keine Teilprozeßkostensätze ausgewiesen werden. In der Literatur gibt es unterschiedliche Meinungen über die Verrechnung dieser Prozesse. Im Pilotprojekt wurden die Kosten des Lmn-Prozesses, TP 9 *Statistik* über eine Umlage innerhalb der Kostenstelle auf die anderen Teilprozesse verteilt.

Die Ermittlung der Hauptprozeßkostensätze ist der letzte Schritt bei der Einführung des Prozeßkostenmanagements. An dieser Stelle verläßt man die Kostenstellenebene und begibt sich auch kostenmäßig auf eine abteilungs- bzw. bereichsübergreifende Ebene.

Zur Errechnung des Hauptprozeßkostensatzes gibt es ebenfalls mehrere Möglichkeiten. Bei WAREMA entschloß man sich, die Kosten pro Hauptprozeß nicht auf die »klassische« Weise zu errechnen, d. h.

$$\text{HP – Satz} = \frac{\text{Kosten des Hauptprozesses}}{\text{Kostentreibermenge}}$$

da dies der Faktorkombination, die sich durch die Aggregation der Teilprozesse zu Hauptprozessen ergibt, nicht gerecht wird. Der Hauptprozeßkostensatz setzt sich daher aus der Summe der Teilprozeßkostensätze zusammen, die den Hauptprozeß ausmachen.

$$HP - Satz = \sum (TP\ 01 + TP\ 02 + ... + n)$$

Die dargestellten Schritte sind abschließend in Tabelle 7 zusammengefaßt.

Rechenbeispiel:

1. Schritt: Bereinigung der Kostenstellen und Ermittlung der Teilprozeßkosten

TP-Nr.	Vorgabezeit (min)	Kostentreibermenge	Zeitaufwand	Teilprozeßkosten
1	4	2 700	180 h	14 400 DM
2	5	2 400	200 h	16 000 DM
3	3	2 100	105 h	8 400 DM
4	Lmn-Prozeß		40 h	3 200 DM
Zeitaufwand für REKO			525 h	42 000 DM
Gesamarbeitszeit			1000 h	80 000 DM

2. Schritt: Ermittlung der Teilprozeßkostensätze

TP-Nr.	Teilprozeßkosten	Lmn-Umlage (in DM)	Zeitaufwand	Kostentreibermenge	Teilprozeßkostensatz
1	14 400 DM	1187,63	180 h	2 700	5,77 DM
2	16 000 DM	1319,59	200 h	2 400	7,22 DM
3	8 400 DM	692,78	105 h	2 100	4,33 DM
4	3 200 DM		40 h	lmn	lmn-Prozeß
	42 000 DM		525 h		

3. Schritt: Ermittlung der Hauptprozeßkosten

HP-Nr.	TP 1	TP 2	TP 3	HP-Satz
HP 01	5,77 DM		4,33 DM	10,10 DM
HP 02		7,22 DM		7,22 DM

Legende: TP = Teilprozeß
HP = Hauptprozeß
lmn = leistungsmengeninduziert

Tabelle 7: Rechenbeispiel

3.3 Integrationsmöglichkeiten des Prozeßkostenmanagements in das Kostenrechnungssystem

Bei einer möglichen weiteren, »flächendeckenden« Einführung des Prozeßkostenmanagements in der Renkhoff-Gruppe wird man um den Kauf eines entsprechenden Softwaretools, z. B. Prozeßmanager, wahrscheinlich nicht herumkommen. Zum aktuellen Stand reicht aber eine selbstentwickelte EDV-Lösung aus. Durch Eingabe der Kostenstellenkosten des Abrechnungszeitraumes sowie der Kostentreibermengen werden über die als Stammdaten hinterlegte Prozeßstruktur und Leistungsstandards die Teil- und Hauptprozeßkostensätze ermittelt. Somit steht diese Lösung abseits des eigentlichen Kostenrechnungssystems. Eine Integration beider Systeme ermöglicht es, die Potentiale vollständig ausschöpfen zu können.

4. Einsatzmöglichkeiten des Prozeßkostenmanagements in der Renkhoff-Gruppe

Die Einführung des Prozeßkostenmangements in einem Pilotprojekt der Renkhoff-Gruppe wurde mit dem Ziel durchgeführt, zu prüfen, ob damit ein wirksames Instrument zur Geschäftsprozeßoptimierung aufgebaut werden kann.

Aus diesem Grund wird der folgende Abschnitt von den Einsatzmöglichkeiten des Prozeßkostenmanagements zur Geschäftsprozeßoptimierung geprägt sein. Neben einigen Anwendungsfeldern, die sich im Rahmen des Pilotprojektes als sinnvoll für das Unternehmen gezeigt haben, z. B. die Kundenanalyse, werden auch die anderen potentiellen Einsatzmöglichkeiten dargestellt, die in der Literatur geschildert werden und die in Zukunft für die Renkhoff-Gruppe interessant erscheinen.

4.1 Geschäftsprozeßoptimierung mit Hilfe des Prozeßkostenmanagements/Prozeßmanagements

Die Schwesterfirmen der Renkhoff-AG sind durch die engen gegenseitigen Kunden-Lieferanten-Beziehungen sowohl in den direkten als auch in den indirekten Leistungsbereichen sehr eng miteinander verflochten. Dadurch gibt es sehr viele Abläufe, die sich durch den gesamten Konzern ziehen und in denen große Rationalisierungspotentiale liegen. »Rationalisierung in Gemeinkostenbereichen (...) geht weit über den Rahmen selektiver oder partieller Kostensenkung hinaus. Drastische Veränderungen in der Aufbau- und Ablauforganisation der Unternehmen sind unvermeidlich« (Striening 1995a, S. 10). »Hierarchien, Bereiche, Abteilungen und Kostenstellen sind Ausdruck von Abgrenzung und verursachen als solche Zielkonflikte, Schnittstellenprobleme, organisatorische Redundanzen und erschweren Kostentransparenz« (Striening 1995b, S. 246).« Ziele für die Renkhoff-Gruppe müssen daher die Optimierung von wertschöpfenden Geschäftsprozessen nach Kosten, Qualität und Zeit sowie die Eliminierung von nicht wertschöpfenden Geschäftsprozessen sein (vgl. Plaut-Seminar, Kapitel 1.30 S. 4). Um dieses Ziel zu erreichen, muß das »Kästchendenken« in den Köpfen, das bisher durch die klassischen Organisationsformen gefördert wurde, in eine ganzheitliche Denkweise entlang der Geschäftsprozesse umgewandelt werden (vgl. Striening 1995b, S. 246). Durch einen ganzheitlichen, prozeßorientierten Denkansatz tritt das übergeordnete Ziel, das jedes Unternehmen zur Sicherung der Wettbewerbsfähigkeit und Profitabilität erfüllen sollte, die Kundenzufriedenheit, in den Vordergrund, denn es gilt: »*Hierarchien dienen dem Ego, Prozesse dienen dem Kunden*« (Striening 1995b, S. 246).

Gerade für die Renkhoff-Gruppe, die direkten Kontakt zu ihren Kunden hat und nicht für einen anonymen Markt produziert, sollte dieser Leitsatz verpflichtend sein.

Wie kann aber jetzt im konkreten Fall die Geschäftsprozeßoptimierung bzw. das Prozeßmanagement innerhalb des Konzerns aussehen?

4.1.1 Integration der indirekten Bereiche in das WAREMA-Verbesserungs-Programm

1994 wurde auf Initiative der Geschäftsleitung das WAREMA-Verbesserungs-Programm (WVP) in den Produktionsbereichen eingeführt. Es ist vom Grundgedanken eng an das Konzept des kontinuierlichen Verbesserungsprozesses angelehnt. Als zentrale Zielfelder wurden Qualität, Produktivität und Arbeitssicherheit ausgewählt. Hauptträger des Konzeptes sind sogenannte Moderatoren, die aus der ausführenden Ebene rekrutiert wurden und deren Aufgabe in der Moderation der Qualitätszirkel besteht. Ihnen zur Seite stehen die sogenannten Koordinatoren, die als »Paten« ein Projekt betreuen. Als zentrale Steuerungs- und Überwachungsstelle wurde ein Lenkungsausschuß eingerichtet. Die einzelnen WVP-Gruppen, die von je zwei Moderatoren geleitet werden, bearbeiten in maximal vier Treffen schnell umsetzbare und überschaubare Themen aus ihrem Bereich. Die Erfolge, die bisher erzielt wurden, sind sehr vielversprechend.

Um das Konzept WVP auch für die Prozeßoptimierung im Rahmen des Prozeßkostenmanagements nutzbar zu machen, ist es allerdings notwendig, es auch auf die indirekten Bereiche zu übertragen. Nach der Aufnahme der Ist-Prozeßstruktur könnten sogenannte Prozeßoptimierungsteams gebildet werden, um die Prozesse nach Zeit, Qualität und Kosten zu optimieren. Diese Prozeßoptimierungsteams sollten sich interfunktional zusammensetzen, d. h. Führungskräfte und Sachbearbeiter der betroffenen Abteilungen sowie andere »Interessierte«, ein Mitglied der EDV-Abteilung, um zum Beispiel Verbesserungen durch den Einsatz von modernen EDV-Systemen zu beurteilen, ein Mitglied der Abteilung Controlling-Informationswesen, um die kostenmäßigen Auswirkungen der Optimierung abschätzen zu können, sowie ein Moderator. Diese Teams erarbeiten mehrere Alternativen zur Verbesserung der Prozeßstruktur und wählen schließlich die optimale, d. h. nicht unbedingt die kostengünstigste Lösung aus. Im Vordergrund muß die Ergebnisverbesserung stehen und nicht unbedingt nur die Kostensenkung.

Nach der Optimierung der Prozesse durch das Team, muß ein »Prozeßbesitzer« gesucht werden, der im weiteren für optimale Prozeßzeit, -kosten und -qualität zuständig ist. Sein Prozeß könnte z. B. über die Indikatoren, Durchlaufzeit und Reaktionszeit, Zufriedenheit der externen und internen Kunden, über die Fehlerrate sowie über die Prozeßkosten kontrolliert werden (vgl. Holst 1991, S. 284f.). Ziel muß es sein, auch im Unternehmen eine Art Lieferanten-Kunden-Beziehung aufzubauen, analog bzw. in Verbindung zum Total Quality Management. Dieses Verständnis muß bei den Mitarbeitern geweckt werden, damit sie die Ganzheitlichkeit der Prozesse begreifen und ihren »eigenen Leistungsbeitrag als Teil eines größeren Leistungsprozesses« (Striening 1995c, S. 53) sehen und damit die gegenseitige Abhängigkeit erkennen.

Die neue prozeßorientierte Organisationsstruktur, die sich über die funktionale Struktur bereichsübergreifend legt, führt in der Regel auch zu Problemen. Interessenkonflikte zwischen den bereichsübergreifenden Prozeßzielen und den funktionalen Zielen sind daher in letzter Konsequenz nur durch eine Anpassung des Führungsmodells und der Aufbauorganisation an die neue Situation möglich (vgl. Schindler 1994, S. 14).

4.1.2 Reduzierung der Durchlaufzeit

Die Reduzierung der Durchlaufzeiten gehört zwar an und für sich ebenfalls zu den Faktoren, die durch WVP optimiert werden sollen, sie soll hier aber trotzdem losgelöst davon behandelt werden.

Die Zeitorientierung im indirekten Bereich ist noch wenig ausgeprägt. Für viele Unternehmen gilt: Das, was an Durchlaufzeit in der Produktion eingespart wurde, versickert irgendwo im indirekten Bereich. »Die eigentlich wertsteigernde Bearbeitungszeit eines Verwaltungsvorganges« erfordert nur »5–10 Prozent der Gesamtzeit« (Striening 1995d, S. 35). Die restliche Zeit ist also unproduktive Liege- und Transportzeit. Der Markt bestraft heute zu lange Durchlaufzeiten unerbittlich, auch deshalb weil heute die Durchlaufzeit einer der entscheidenden Wettbewerbsfaktoren ist. Aus diesem Grund muß konsequentes Prozeßmanagement neben Kosten- und Qualitätsmanagement auch ein konsequentes Zeitmanagement verfolgen (vgl. Abbildung 2 und Striening 1995d, S. 36).

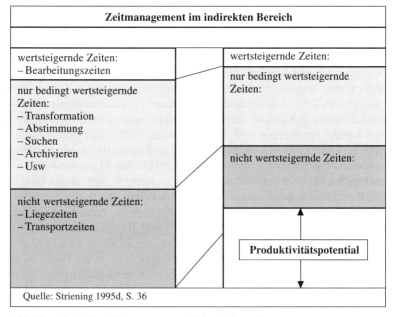

Abbildung 2: Rationalisierungspotential durch Prozeßmanagement

4.1.3 Anwendung der Geschäftsprozeßoptimierung auf das Pilotprojekt

Die Tätigkeitsanalyse und die sich anschließende Strukturierung des Tätigkeitskataloges zur Teil- und Hauptprozeßstruktur haben die Basis für die Optimierung der Prozesse geschaffen.

Im Vorfeld des Pilotprojekts wurde der Prozeß *Auftragsabwicklung* von einer Projektgruppe bereits durchleuchtet. Aus diesem Grund konnten für das Pilotprojekt keine zählbaren Ergebnisse präsentiert werden. Für das Pilotfeld ergab sich zum Beispiel das folgende Rationalisierungspotential:

Die Tätigkeiten *0011, 0019* und *0020* sind nicht-wertschöpfende Tätigkeiten. Sie sind bedingt durch die zweigleisige Arbeitsweise mit dem PC und dem bestehenden PPS-System und die damit entstehenden Medienbrüche. Im Rahmen des neuen PPS-Systems entfallen diese Tätigkeiten jedoch, da hier die Angebotsinhalte direkt in den Auftrag übernommen werden können. Von dort fließen sie direkt in die Rechnung ein. Die Einführung des neuen Systems wird in naher Zukunft erfolgen.

4.2 Kundenprofitabilitätsanalyse

Eine Anwendungsmöglichkeit, die erst im Laufe des Projektes ins Blickfeld gelangte, ist die Kundenprofitabilitätsanalyse mit Hilfe des Prozeßkostenmanagements. Die Renkhoff-Gruppe als ein sehr kundenorientiertes Unternehmen muß natürlich genaue Informationen über die Profitabilität ihrer Kunden haben. Die Fragen »*Was kostet uns ein Kunde?*« oder »*Wer sind unsere profitabelsten Kunden?*« können mit den bestehenden traditionellen Kostenrechnungssystemen nicht hinreichend genau beantwortet werden. Ein Ansatz, diese Daten zu gewinnen, ist das Prozeßkostenmanagement bzw. die prozeßorientierte Kundendeckungsbeitragsrechnung.

Eine kundenbezogene Analyse der Kosten erfordert neben einer Miteinbeziehung der Kosten der gesamten Wertschöpfungskette, d. h. auch der Kosten der Front-End-Bereiche »wie Marketing, Vertrieb und Auftragsabwicklung« (Knöbel 1995, S. 8, vgl. auch zu folgendem), eine differenzierte und verursachungsgerechte Zuordnung dieser Kosten auf Kunden bzw. Kundengruppen. Ein einheitlicher Produktpreis, der die Heterogenität der Kundenstruktur und damit die unterschiedliche Inanspruchnahme interner Leistungen wie Bonitätsprüfungen, Auftragsabwicklung etc. nicht berücksichtigt, führt zu »Quersubventionierungen zwischen einzelnen Kunden« (Knöbel 1995, S. 8). Dies führt dazu, daß Kunden, die interne Leistungen nur wenig in Anspruch nehmen, also profitabel sind, zu viel bezahlen. Damit besteht die Gefahr, diese Kunden zu verlieren. Ziel muß daher sein, die Kosten der »Front-End-Bereiche« den Kunden bzw. Kundengruppen zuzuordnen, um somit eine Aussage über ihre Profitabilität zu erhalten.

Vorausgehen müssen aber eine Analyse der Kosten- und Kundenstrukturen sowie die Einführung des Prozeßkostenmanagements in den Front-End-Bereichen.

Die Kostenstrukturen können ähnlich der stufenweisen Fixkostendeckungsbeitragsrechnung in verschiedene Ebenen eingeteilt werden (vgl. Abbildung 3).

Die *Produktkosten* lassen sich leicht aus den bestehenden Kostenrechnungssystemen ableiten. Durch das Prozeßkostenmanagement müssen die restlichen Kosten in die einzelnen Hierarchieebenen eingeteilt wer-

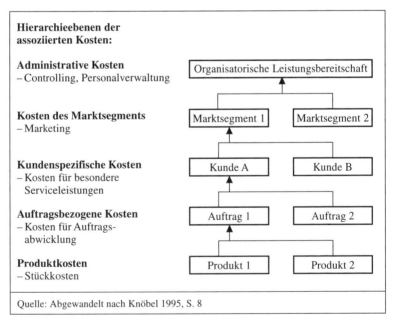

Abbildung 3: Hierarchie der relevanten Kosten

den, »um somit eine Profitabilitätsanalyse auf jeder Ebene durchführen zu können« (Knöbel 1995, S. 8, vgl. auch zu folgendem). Wie oben dargestellt, gibt es die sogenannten *auftragsbezogenen Kosten*, d. h. Kosten, die direkt mit einem Auftrag in Verbindung gebracht werden können, wie z. B. Auftragsabwicklungskosten, die *kundenspezifischen Kosten*, d. h. Kosten, die durch spezielle Kundenwünsche entstehen, z. B. Kosten für Serviceleistungen, die *Kosten des Marktsegments*, z. B. Kosten für Marketing, und die *administrativen Kosten*, die keiner der vorigen Ebenen zuordenbar, aber »für die Erhaltung der Leistungsbereitschaft der Organisation notwendig sind« (Knöbel 1995, S. 9).

Für die REKO electronic ist durch das Prozeßkostenmanagement bisher nur eine Assoziierung der auftragsbezogenen Kosten möglich.

4.3 Ergebnisse aus der Kundenprofitabilitätsanalyse

Die Kundenstruktur in der REKO electronic teilt sich auf in das Stammkundengeschäft sowie das Einmalkundengeschäft. Das Auftragsvolumen der Stammkunden beträgt 72 Prozent, bei einem Anteil von knapp 52 Prozent an der Zahl der Aufträge. Entsprechend haben die Einmalkunden einen Auftragsvolumenanteil von circa 28 Prozent und einen Anteil von circa 48 Prozent an der Zahl der Aufträge (vgl. Abbildung 4).

Die beiden Hauptgruppen, Stammkunden und Einmalkunden, führen durch den unterschiedlichen Ablauf zu unterschiedlichen Kosten, die sich im Hauptprozeßkostensatz widerspiegeln.

Durch Multiplikation der Hauptprozeßkostensätze mit der Zahl der Aufträge je Kundengruppe lassen sich nun detaillierte Informationen

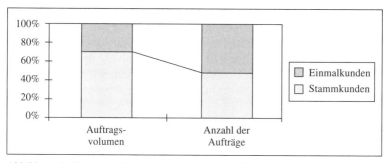

Abbildung 4: Kundenanalyse: Auftragsvolumen und Zahl der Aufträge

über die Kosten der Auftragsabwicklung gewinnen. Als Ergebnis ergibt sich für die Stammkunden sowie die Einmalkunden folgende Verteilung. Die Stammkunden verursachen einen Anteil an den Auftragsabwicklungskosten in Höhe von circa 45 Prozent, die Einmalkunden einen Anteil von 55 Prozent (vgl. Abbildung 5).

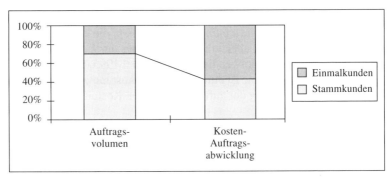

Abbildung 5: Kundenanalyse: Umsatz und Kosten der Auftragsabwicklung

Was läßt sich aus diesem Ergebnis ableiten? Tatsache ist, daß die Einmalkunden bei einem relativ niedrigen Auftragsvolumenanteil sehr hohe Kosten in der Auftragsabwicklung verursachen. Dafür gibt es zwei Gründe. Zum einen sind die Hauptprozeßkostensätze höher, da die Einmalkunden sehr viel mehr Teilprozesse in Anspruch nehmen als die Stammkunden. Zum anderen ist zwar die Zahl der Aufträge nahezu genauso hoch wie bei Stammkunden, aber Aufträge von Einmalkunden haben zu 70 Prozent ein Auftragsvolumen bis zu DM 1500. Deshalb fallen die Umsätze, die mit diesen Aufträgen gemacht werden, entsprechend niedrig aus.

Auch bei Stammkunden sind nahezu 65 Prozent der Aufträge bis zu einem Volumen von DM 1500 zu verzeichnen, diese haben dort aber nur einen Umsatzanteil von circa 9 Prozent. Im Gegensatz dazu gibt es aber Stammkunden, die mit einem einzigen Auftrag einen Umsatz von über DM 10 000 verbuchen. Diese sind also die sogenannten Key-accounts der REKO electronic.

Zum Aufbau einer aussagekräftigen Kundendeckungsbeitragsrechnung müßte das Prozeßkostenmanagement und damit die Möglichkeit einer Kostenaufspaltung in die dargestellten Ebenen auf alle indirekten Bereiche der REKO electronic ausgedehnt werden.

Trotzdem können auch jetzt schon Maßnahmen aus den gewonnen Informationen abgeleitet werden. Nachgedacht werden könnte z. B. über einen »Mindermengenzuschlag« für Einmalkunden bei einem Auftragswert von unter DM 1500 . Jedoch ist der Einwand berechtigt, daß die Weitergabe dieser Kosten, die eigentlich »haus-gemachte Ineffizienzen« (Knöbel 1995, S. 11) darstellen, zu einer Verschlechterung der Wettbewerbsstellung führen könnten. Empfehlenswert ist es daher, die Kosten durch Optimierung der Prozesse oder durch Änderungen in der Rabattstruktur auszugleichen.

4.4 Interne Leistungsverrechnung von Serviceabteilungen

Eine wichtige Einsatzmöglichkeit des Prozeßkostenmanagements innerhalb der Konzernstruktur der Renkhoff-AG ist sicherlich die interne Leistungsverrechnung von Dienstleistungen. Die einzelnen Tochtergesellschaften sollen ein möglichst objektives Bild über ihr Ergebnis liefern. Deshalb müssen die gegenseitig erbrachten Dienstleistungen möglichst verursachungsgerecht verrechnet werden.

Die Abteilungen Controlling-Informationswesen, Einkauf, Buchhaltung, Personalmanagement, Personalverwaltung, EDV und CAD-Betreuung sind noch im ehemaligen Einheitsunternehmen WAREMA Renkhoff GmbH eingegliedert. Bisher erfolgt eine interne Verrechnung der Leistungen dieser Abteilungen für die Schwesterunternehmen über grobe Verteilungsschlüssel. Die Kosten des Einkaufs werden z. B. anteilig über das Einkaufsvolumen der jeweiligen Schwesterfirma verrechnet. Durch das Prozeßkostenmanagement werden für diese Servicebereiche genaue, verursachungsgerechte Verrechnungspreise, die Prozeßkostensätze, gewonnen werden, über die die interne Leistungsverrechnung erfolgen kann. Die Kosten des Einkaufs würden dann über die Inanspruchnahme des Prozesses Einkauf verrechnet werden. Bei einem Prozeßkostensatz von DM 30 würden bei 1000 Bestellungen, die für eine Schwestergesellschaft getätigt werden, im Abrechnungszeitraum DM 30 000 auf dieses verrechnet werden.

4.5 Gemeinkostenplanung und -steuerung durch Prozeßkostenmanagement

Die Nutzung des Prozeßkostenmanagements in der Renkhoff-Gruppe zur Verbesserung der Gemeinkostenplanung und -kontrolle ist auf absehbare Zeit noch nicht sinnvoll. Folgende Gründe sind anzuführen:

1. Es können in dem bisherigen Pilotbereich keine aussagefähigen Ergebnisse vorgewiesen werden.
2. Es müssen über einen längeren Zeitraum im Gesamtkonzern Erfahrungen und entsprechendes Datenmaterial gesammelt werden, um auch eine entsprechend genaue Planung durchführen zu können.

4.6 Prozeßorientierte Kalkulation

Die prozeßorientierte Kalkulation ist gemäß der eingangs vorgenommenen Abgrenzung nicht unbedingt ein Haupteinsatzgebiet des Prozeßkostenmanagements, sondern eher der Prozeßkostenrechnung. Aus diesem Grund soll deshalb auf eine Darstellung verzichtet werden, obwohl bei der Einführung des Prozeßkostenmanagements auch meist wertvolle Informationen zur Verbesserung der Produktkalkulation abfallen.

4.7 Zusammenfassende Bewertung

Mit dem Pilotprojekt »Prozeßkostenmanagement« in der REKO electronic GmbH konnten erste, durchweg positive Erfahrungen im Umgang mit diesem relativ neuen Kostenrechnungsinstrument gesammelt werden.
Gerade die Einsatzmöglichkeit Geschäftsprozeßoptimierung wird in Verbindung mit einer geplanten Einführung des WAREMA-Verbesserungs-Programms auch in den indirekten Bereichen für Transparenz sorgen und damit große Rationalisierungspotentiale in diesen Bereichen erschließen und nutzen. Obwohl im Rahmen des Pilotprojektes keine konkreten Ergebnisse ausgewiesen werden konnten, so konnten doch die Einsatzpotentiale deutlich gemacht werden. Bei einer Anwendung des Prozeßkostenmanagements in komplexeren Bereichen sind auch konkrete Ergebnisse zu erwarten.
Zusammen mit der Kundenprofitabilitätsanalyse ergeben sich damit

die Einsatzschwerpunkte des Prozeßkostenmanagements in der Renkhoff-Gruppe, die sich zur Zeit ohne größeren Aufwand realisieren lassen. Die Kundenprofitabilitätsanalyse sollte durch eine Ausweitung des Prozeßkostenmanagements in allen indirekten Bereichen der REKO electronic entsprechend verfeinert werden, um die gewonnenen Ergebnisse zu verbessern und um den Aufbau einer Kundendeckungsbeitragsrechnung zu ermöglichen.

Die Umsetzung weiterer Einsatzmöglichkeiten hängt auch von der Entscheidung des Vorstandes über eine Ausweitung des Pilotprojektes auf andere Bereiche sowie von der Schaffung der EDV-technischen Voraussetzungen ab.

Den Punkten Gemeinkostenplanung und -kontrolle mit Hilfe des Prozeßkostenmanagements sowie der Produktkalkulation wurden aus genannten Gründen keine Bedeutung beigemessen. Dennoch sollten beide Aspekte für die Zukunft nicht außer acht gelassen werden

Die Resonanz im Betrieb auf das Pilotprojekt ›Prozeßkostenmanagement‹ war insgesamt sehr positiv. Aus diesem Grund hat der Vorstand kürzlich beschlossen, die Abteilung Versand in das Projekt miteinzubeziehen.

Literatur

Brühl, Rolf (1995): Informationen der Prozeßkostenrechnung als Grundlage der Kostenkontrolle, in: Kostenrechnungspraxis 2/95, S. 73–79.
Buggert, Willi (1994): Neuere Verfahren des Kostenmanagements in den Gemeinkostenbereichen, in: Controller Magazin 2/94, S. 90–102.
Holst, Joachim (1991): Prozeß-Management im Verwaltungsbereich der IBM Deutschland GmbH, in: IFUA Horváth & Partner (Hrsg.): Prozeßkostenmanagement, München 1991.
Horváth, Péter/Mayer, Reinhold (1993): Prozeßkostenrechnung – Konzeption und Entwicklungen, in: Kostenrechnungspraxis Sonderheft 2/93, S. 15–28.
Kieninger, Michael (1994): Prozeßkostenmanagement – Methodisches Basiswissen, in: Horváth & Partner: Fachkonferenz: Prozeßkostenmanagement Methodisches Basiswissen, Stuttgart 1994.
Knöbel, Ulf (1995): Was kostet ein Kunde? Kundenorientiertes Prozeßmanagement, in: Kostenrechnungspraxis 1/95, S. 7–13.
Löffler, Joachim (1991): Prozeßkostenrechnung im Beschaffungs- und Logistikbereich bei Hewlett-Packard – Ziele, Umsetzung und Erfahrungen, in: IFUA Horváth & Partner (Hrsg.): Prozeßkostenmanagement, München 1991.

Lohmann, Ulrich (1991): Prozeßkostenrechnung – ein Erfahrungsbericht, in: Controller Magazin 5/91, S. 265–275.

Mayer, Reinhold (1994): Die zehn Todsünden bei der Einführung des Prozeßkostenmanagements, in: Horváth & Partner: Fachkonferenz: Prozeßkostenmanagement Erfahrungsberichte, Stuttgart 1994.

Pfohl, Hans-Christian/Stölzle, Wolfgang (1991): Anwendungsbedingungen, Verfahren und Beurteilung der Prozeßkostenrechnung in industriellen Unternehmen, in: Zeitschrift für Betriebswirtschaft 11/91, S. 1281–1305.

Plaut-Seminar Prozeß-Kostenmanagement, Unterlagen zum Seminar C 16 der Plaut Seminar GmbH, Ismaning, o. J.

Schindler Erich (1994): Prozeßkostenrechnung in einem Unternehmen der Opto-Elektronik, in: Horvath & Partner: Fachkonfernez: Prozeßkostenmanagement-Erfahrungsberichte, Stuttgart 1994.

Striening, Hans-Dieter (1995a): Einleitung, in: Striening, Hans-Dieter (Hrsg.): Chefsache Gemeinkostenmanagement, Landsberg/Lech 1995.

Striening, Hans-Dieter (1995b): Der Wandel vom Krisen zum Chancenmanagement, in: Striening Hans-Dieter (Hrsg.): Chefsache Gemeinkostenmanagement, Landsberg/Lech 1995.

Striening, Hans-Dieter (1995c): Prozeßmanagement: Ein Weg zu erhöhter Wettbewerbsfähigkeit, in: Striening Hans-Dieter (Hrsg.): Chefsache Gemeinkostenmanagement, Landsberg/Lech 1995.

Striening, Hans-Dieter (1995d); Die Herausforderungen, in: Striening Hans-Dieter (Hrsg.): Chefsache Gemeinkostenmanagement, Landsberg/Lech 1995.

Vikas, Kurt (1995): Von der Gemeinkostenwertanalyse zum Prozeßkostenmanagement, in: Striening Hans-Dieter (Hrsg.): Chefsache Gemeinkostenmanagement, Landsberg/Lech 1995.

Kapitel 15

Total Quality Management

Stefan Kraft, Wolfgang Kring, Karl Bosshard

Inhalt
1. Einführung 213
2. Grundlagen 214
   2.1 TQM: Definition und Grundsätze 214
   2.2 Hauptnutzenpotentiale von TQM für die Unternehmung 217
3. Realisierung von TQM 218
   3.1 Stufenweise Einführung von TQM 218
   3.2 Typische Problemfelder bei der Implementierung von TQM 225
4. Vorteile für den einzelnen Mitarbeiter durch TQM 226
5. Perspektiven 227

1. Einführung

Qualität ist zu einem entscheidenden Kriterium für den Kauf eines Produktes oder einer Dienstleistung und somit zu einem strategischen Erfolgsfaktor geworden. Neben Flexibilität und Schnelligkeit bei der Auftragsabwicklung und Produktentwicklung sowie einem ausgeprägten Kostenbewußtsein ist Qualität der entscheidende Faktor für die Erhaltung der Wettbewerbsfähigkeit einer Unternehmung. Konsequente Kundenorientierung und kontinuierliche Verbesserung von Arbeitsprozessen sind daher unabdingbare Voraussetzungen zur Erreichung eines Qualitätsstandards, der der Konkurrenz standhält. Auf der Suche nach einem geeigneten Instrumentarium, mit dessen Hilfe diese veränderten Anforderungen erfüllt werden können, stößt man immer häufiger auf den Begriff des »Total Quality Management« (TQM).

Ziel dieses Beitrages ist es zum einen, den Begriff TQM und die Philosophie, die sich hinter dieser Wortschöpfung verbirgt, zu erläutern, wobei insbesondere auch auf den Nutzen von TQM-Projekten sowohl für die Unternehmung als auch für den einzelnen Mitarbeiter eingegangen werden soll. Zum anderen wird die von der Kienbaum Personalberatung erarbeitete Strategie zur Einführung von TQM in der Unternehmung mit den damit verbundenen typischen Problemfeldern in Vertriebs- und Handelsorganisationen vorgestellt.

2. Grundlagen

2.1 TQM: Definition und Grundsätze

Hinter dem Begriff TQM verbirgt sich ein langfristiges Unternehmenskonzept, um die Spitzenqualität von Produkten und Dienstleistungen durch die Mitwirkung aller Mitarbeiter und Unternehmensbereiche zeitgerecht und zu günstigen Kosten zu gewährleisten sowie kontinuierlich zu verbessern, um damit eine optimale Kundenzufriedenheit und -bindung zu erreichen.

Schon aus der Definition wird ersichtlich, daß sich TQM von der traditionellen Denk- und Handlungsweise im Unternehmen unterscheidet, die unter anderem durch folgende Merkmale gekennzeichnet ist:

- funktionale Arbeitsteilung,
- ausgeprägte Hierarchie,
- hohe Nacharbeitungs- und Ausschußraten,
- Endprüfungsorientierung bei Produkten,
- ausgeprägtes Bereichsdenken.

Im folgenden werden zur Verdeutlichung die wichtigsten Grundsätze des TQM vorgestellt und kurz erläutert:

- Kundenorientierte Ausrichtung aller Mitarbeiter und Unternehmensbereiche

  Die wohl wichtigste Veränderung, die durch TQM auf allen Stufen des Unternehmens erreicht werden soll, ist, den Kunden als das zentrale Element des Geschäfts zu betrachten. Der externe Kunde soll an allen Kontaktpunkten mit dem Unternehmen (vgl. Abbildung 1) mit einer hohen Qualität bedient und zufriedengestellt werden. Dies gilt gleichermaßen für das optische Erscheinungsbild, das Mitarbeiterverhalten sowie für die dazugehörigen kundenorientierten Geschäftsprozesse.

  Es hat sich gezeigt, daß Defizite in einem Einzelbereich (z. B. unzu-

Total Quality Management 215

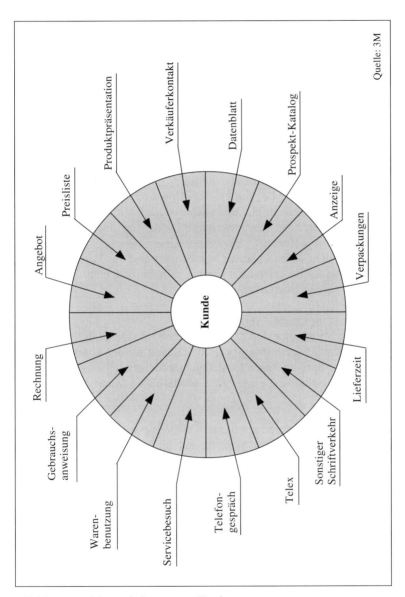

Abbildung 1: Erlebniswelt des externen Kunden

reichende Erreichbarkeit von Mitarbeitern) schon genügen können, um Kunden erst gar nicht zu gewinnen oder zu verlieren. Des weiteren ist zu beachten, daß es nicht nur externe Kunden für ein Unternehmen gibt, sondern daß jeder Mitarbeiter auch interne Kunden hat (jeder Mitarbeiter ist Kunde und Zulieferer zugleich im Unternehmen), und daß das Zufriedenstellen dieser firmeninternen Kunden der Schlüssel zur Leistungssteigerung ist.

- Verantwortung des Top-Managements und Verpflichtung der Führungskräfte

Die Etablierung des Qualitätsbewußtseins im Unternehmen ist eine reine Managementaufgabe. Nur ein Top-Down-Ansatz, der bei der obersten Hierachieebene ansetzt und nach und nach alle darunterliegenden Ebenen umfaßt, kann das notwendige Umdenken auslösen und TQM somit zum Erfolg führen. Lippenbekenntnisse alleine oder hochgesteckte Ziele, die nicht durch konkrete Maßnahmen und ein Vorbildverhalten der Führungskräfte unterstützt werden, richten sonst mehr Schaden an, als daß sie einen Nutzen bringen.

- Jeder ist für Qualität verantwortlich

Sämtliche Mitarbeiter sind darin zu schulen, wie Qualitätsverbesserungen in ihrem Verantwortungsbereich realisiert werden können und was der einzelne dazu beitragen kann. Qualitätssicherung ist daher nicht nur Aufgabe des Qualitätsbeauftragten, sondern aller Mitarbeiter und Führungskräfte.

- Ständiges Lernen und kontinuierliche Verbesserung

Die Bereitschaft des Managements und der Mitarbeiter, ständig dazuzulernen und sich kontinuierlich zu verbessern, muß die oberste Devise bei Verbesserungsprozessen sein.

- Prozeßorientierung: Bereichsübergreifende Zusammenarbeit zum Kundennutzen

Die Implementierung von TQM erfordert die Aufgabe des traditionellen Bereichsdenkens zugunsten einer prozeßorientierten Zusammenarbeit aller Arbeitsbereiche.

- Präventionsorientierung: Vorbeugen statt Fehlersuche
Im Rahmen des TQM-Konzeptes wird die reine Endkontrolle der Produkte abgebaut und eine prozeßsteuernde und prozeßbegleitende Überwachung gefördert. Ziel ist es, Fehler erst gar nicht entstehen zu lassen, d. h. die Prozeßsteuerung wirkt fehlerverhütend und nicht fehlerbehebend.

Die folgende Abbildung zeigt noch einmal zusammenfassend die wichtigsten Merkmale von TQM (vgl. Abbildung 2):

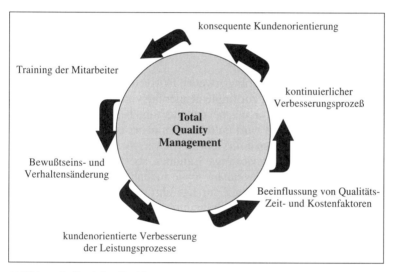

Abbildung 2: Total Quality Management

2.2 Hauptnutzenpotentiale von TQM für die Unternehmung

Im folgenden soll aufgezeigt werden, welcher Nutzen sich für die Unternehmung ergibt, wenn die TQM-Philosophie im gesamten Unternehmen gelebt wird:

– Reduzierung von Fehlleistungskosten in allen Unternehmensbereichen durch Verminderung von Ausschuß, Nach- und Mehrarbeiten und durch verbesserte Gesprächsführung und Besprechungen.

- Reduzierung von Durchlaufzeiten durch Optimierung von Arbeitsprozessen, wodurch eine erhebliche Reduktion von Schnittstellen und eine Verringerung des Koordinationsaufwandes erreicht werden kann.
- Bindung der Stammkundschaft und Gewinnung neuer Kundensegmente durch Kundenorientierung auf allen Unternehmensebenen.
- Verbesserung der Kommunikation durch Team- und Gruppenarbeit in allen Arbeitsbereichen.

3. Realisierung von TQM

3.1 Stufenweise Einführung von TQM

Wie bereits in der Einführung erwähnt, ist von der Kienbaum Personalberatung eine Strategie zur Implementierung von TQM-Projekten entwickelt worden. Die von uns bevorzugte Vorgehensweise ist in Abbildung 3 dargestellt und wird im folgenden näher erläutert. Nach dieser Vorgehensweise wurden eine Vielzahl von verschiedenen TQM-Projekten in Vertriebs- und Handelsorganisationen, aber auch in Unternehmen des Maschinen- und Anlagenbaus sowie anderer Branchen, unter anderem des öffentlichen Dienstes, durchgeführt (vgl. Abbildung 3).

In der Vorbereitungsphase gilt es zunächst, die Unternehmensleitung in TQM-Konzept, -Methoden, -Vorgehensweisen und -Erfolgspotentiale einzuweisen. Desweiteren werden gemeinsam mit den Beratern Projektziele definiert und der Handlungsbedarf festgelegt. Es erfolgt eine erste Problemanalyse, die es ermöglicht, den zu einem späteren Zeitpunkt stattfindenden TQM-Workshop unternehmensspezifisch auszurichten, um somit einen größtmöglichen Transfer in die Unternehmenspraxis zu gewährleisten.

Wichtig in der Vorbereitungsphase ist, daß gemeinsam mit dem Top-Management des zu beratenden Unternehmens die Zielsetzung des TQM-Projektes gemeinsam festgelegt wird. Ohne eine klare Verpflichtung des gesamten Top-Managements kann es zu leicht zu unnötigen Grabenkämpfen kommen, die den Erfolg des Projektes gefährden.

Auch eine möglichst frühzeitige Einbindung der Arbeitnehmervertreter (Betriebs- oder Personalräte) erweist sich immer wieder als erfolgsentscheidendes Kriterium.

Total Quality Management 219

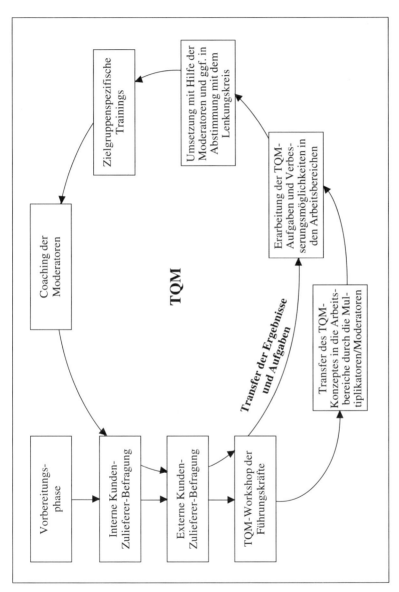

Abbildung 3: Typische Ablauforganisation eines TQM-Projektes

Nach klar definierter Zielsetzung kann die weitere Vorgehensweise festgelegt werden.

Wie bereits beschrieben, ist die kundenorientierte Ausrichtung aller Mitarbeiter und Unternehmensbereiche ein wesentlicher Grundsatz von TQM. Um diesen Grundsatz zu erfüllen, bedarf es in einem nächsten Schritt der Durchführung einer Kundenzufriedenheits- und Kundenanspruchsanalyse. Als Instrumentarium bietet sich hier zum einen eine Mitarbeiterbefragung (interne Kunden) und zum anderen eine externe Kundenbefragung an, die im folgenden kurz erläutert werden.

Externe Kundenbefragung

Bei der externen Kundenbefragung geht es darum, zu erfassen, wie die Kunden die Produkte und Dienstleistungen des Unternehmens aus ihrer subjektiven Sichtweise bewerten. Des weiteren fordert man die Kunden zu einer Einschätzung im Vergleich zum Wettbewerb und im Hinblick auf zukünftige Anforderungen auf. Die Ergebnisse dienen als Grundlage für gezielte Verbesserungsprogramme in den Bereichen, in denen eine niedrige Kundenzufriedenheit festgestellt wurde, mit dem Ziel, die Kundenbindung zu verstärken und den Kreis der Stammkundschaft zu erweitern.

Bei einem Projekt mit einem internationalen Automobilimporteur wurden so beispielsweise alle circa 1000 Händler befragt, wie zufrieden sie mit der Zusammenarbeit mit den verschiedenen Bereichen der Zentrale des Automobilimporteurs in Deutschland sind. Daneben wurden auch die Endkunden der Niederlassungen befragt, um konkret den Niederlassungen vor Ort rückzuspiegeln, wie zufrieden die Kunden mit dem Verkauf, aber auch mit der Werkstatt oder der Teile- und Zubehörversorgung sind. Aus den Ergebnissen der Befragung konnten somit wertvolle Hinweise für zahlreiche Verbesserungspotentiale in der Zentrale wie in den Niederlassungen gewonnen werden.

Einige typische Befragungsergebnisse von Handels- und Vertriebsnetzwerken sind in der folgenden Abbildung aufgeführt (vgl. Abbildung 4).

Mitarbeiterbefragung

Neben der Befragung der externen Kunden, um Ansatzpunkte für Ver-

Stärken	Schwächen
• Kommunikation, insbesondere Produktwerbung • Versorgung mit Neuprodukten, Lieferfähigkeit • Informationen zu Verkaufsumsätzen (Kontroll-Informationen) • Kundennähe durch Niederlassungs- oder Filialnetzwerk • Beratung, Betreuung durch eine große Zahl von Außendienstmitarbeitern	• Koordination und Durchführung von Aktionen, Sonderschauen, andere verkaufsfördernde Aktionen • Zu viele unkoordinierte Informationsabfragen von der Zentrale an die Niederlassungen • Eine wahre Informationsflut von der Zentrale in die Niederlassungen, unstrukturiert und unkoordiniert • Mangelnde Bereitschaft zur partnerschaftlichen Zusammenarbeit zwischen Zentrale und selbständigen Handelspartnern • Reklamationsmanagement und Kulanzbudgets • Mangelnde Ausstattung des Außendienstes oder der Niederlassungen mit modernen Kommunikationsmitteln (Funktelefone, Laptops) • Unzureichendes Kundeninformationssystem

Abbildung 4: Stärken und Schwächen in Handels- und Vertriebsnetzwerken

besserungen zu erhalten, ist auch die Befragung der internen Kunden, der Mitarbeiter, ein wichtiger Baustein von TQM.

Der Schwerpunkt der Mitarbeiterbefragung liegt zum einen in der Ermittlung der internen Kunden- und Qualitätsorientierung, die folgende Punkte umfaßt:

- Zusammenarbeit allgemein,
- bereichsübergreifende Zusammenarbeit,
- Informationsfluß in der Unternehmung,
- Führungsverhalten,
- Kommunikation/Gesprächsführung im Unternehmen.

Zum anderen geht es um die Erfassung der externen Kunden- und Qualitätsorientierung, bei der folgende Punkte im Mittelpunkt stehen:

- Bekanntheit der Kunden- und Qualitätsorientierung,
- Stellenwert der Kunden- und Qualitätsanforderungen,

- Realisierung der Kunden- und Qualitätsanforderungen,
- Beurteilung der Kunden- und Qualitätsanforderungen.

Ein weiterer wichtiger Punkt im Rahmen der Mitarbeiterbefragung ist die Feststellung, inwieweit sich der einzelne Mitarbeiter mit dem Unternehmen identifiziert.

Auch die Mitarbeiterbefragung ist, genau wie die externe Kundenbefragung, Grundlage für die Initiierung von Verbesserungsprogrammen, d. h. die Definition von TQM-Teilprojekten. Weitere Zielsetzungen sind die Verbesserung der Beteiligung des einzelnen Mitarbeiters und die Verringerung der Distanz zwischen Unternehmensleitung und Mitarbeiter.

Für die Mitarbeiterbefragung gilt, daß möglichst alle Mitarbeiter befragt werden sollten. In der Konzeption der Befragung sollte auf jeden Fall der Betriebs- oder Personalrat eingebunden werden. Die Befragung ist so auszulegen, daß nicht nur statistische Ergebnisse später vorliegen, sondern daß die Mitarbeiter die Möglichkeit haben, konkret Verbesserungsvorschläge an den eigenen und an andere Bereiche zu richten. Die spätere Umsetzung von Verbesserungsideen wird dadurch wesentlich erleichtert.

Aus der Abbildung 3 (S. 219) wird ersichtlich, daß es wichtig ist, sowohl die externe als auch die interne Kundenbefragung in regelmäßigen Abständen zu wiederholen. Auf diese Weise kann einerseits der Fortschritt der TQM-Projekte kontrolliert werden, und andererseits ist es möglich, den internen und externen Wandel frühzeitig zu erfassen, um somit eine dynamische Anpassung des Unternehmens zu gewährleisten.

Viele Unternehmen, die wir betreut haben, führen sowohl die Kunden- und Händlerbefragungen als auch die Mitarbeiterbefragungen inzwischen jährlich durch. Interessant kann es übrigens auch sein, seine Zulieferer zu befragen, wie zufrieden sie mit der Zusammenarbeit sind und wo sie Ansatzpunkte für Verbesserungen sehen, um das Beispiel einer Nachunternehmerbefragung in der Bauindustrie zu nennen.

Ein weiterer wichtiger Schritt bei der Einführung von TQM ist die Durchführung von *TQM-Workshops*. Gegenstand dieser Workshops sind folgende Themenschwerpunkte:

- Definition und Zielsetzung von TQM im Unternehmen,
- Methodenschulung (z. B. Problemlösetechniken) anhand unternehmensspezifischer Probleme,

- Vermittlung von Gesprächsführungstechniken anhand unternehmensspezifischer Fallbeispiele,
- Vorstellen der Ergebnisse der internen und externen Kundenbefragung,
- Erarbeitung von Aktionsplänen am Ende des Workshops, die die aufgedeckten Problembereiche zum Inhalt haben. Durch die Formulierung von Aktionsplänen sollte möglichst jede Führungskraft verpflichtet werden, ein TQM-Teilprojekt als Projektleiter zu übernehmen. Durch diese Teilprojekte, an denen weitere Mitarbeiter teilnehmen, wird einerseits die TQM-Philosophie und der Qualitätsanspruch des Unternehmens kommuniziert und andererseits an der tatsächlichen Verwirklichung des Qualitätsanspruchs gearbeitet.

Die Führungskraft fungiert als *Multiplikator*, indem sie das TQM-Konzept in die Arbeitsbereiche transferiert und die Mitarbeiter für TQM-Projekte zur Optimierung der Arbeitsprozesse gewinnt.

Unterstützt werden sollten die Führungskräfte von *Moderatoren*, die ebenfalls durch ein gezieltes Training vorzubereiten und über einen Erfahrungaustausch prozeßorientiert zu begleiten sind. Die Aufgabe der Moderatoren besteht in der Organisation von abteilungsbezogenen und bereichsübergreifenden Qualitätsgruppen (Projekt- oder Arbeitsgruppen). Dort moderieren und begleiten sie Analysen, Maßnahmen und Verbesserungsprozesse.

Es ist wichtig zu beachten, daß die Qualitätsgruppen nicht nur bei Themen ins Leben gerufen werden, die aus der Sicht der Unternehmensführung und der Kunden verbesserungsbedürftig sind. Vielmehr können von den Mitarbeitern auch eigene Themen vorgeschlagen werden, die eine Verbesserung der Arbeitsabläufe und -bedingungen zum Inhalt haben.

Wie viele Führungskräfte und Mitarbeiter in TQM-Workshops methodisch trainiert werden sollten, ist einfach zu sagen: So viele, wie möglich. Als Faustregel gilt:

- das gesamte Top-Management,
- alle Betriebs- und Personalräte,
- 10 Prozent der sonstigen Führungskräfte und Mitarbeiter.

Welche unterschiedlichen Unternehmensphilosophien auch in Sachen Ausbildung und Qualifizierung vorherrschen, zeigt das Beispiel eines unserer japanischen Kunden, der kurzerhand alle Mitarbeiter seiner Europazentrale einschließlich seiner japanischen Manager trainieren ließ.

Unsere Erfahrung der vergangenen Jahre zeigt, daß die Erfolgswahrscheinlichkeit von TQM deutlich mit der Zahl direkt eingebundener und für TQM sensibilisierter und trainierter Mitarbeiter zunimmt.

Bei dem oben erwähnten japanischen Unternehmen hat die interne Kundenorientierung nach den Trainingsmaßnahmen deutlich zugenommen. Durch eine einheitlich geübte und praktizierte Methode für die Durchführung von Gesprächen, Besprechungen und Projekten hat die Effizienz zugenommen, nicht zuletzt durch gegenseitige Erziehung und Erinnerung an die vereinbarten Regeln.

Die Bildung eines Lenkungskreises sowie die Einführung eines Projektcontrollings runden TQM-Maßnahmen ab.

Der *Lenkungskreis* setzt sich aus den externen Beratern, der Geschäftsführung, den unternehmensinternen Projektverantwortlichen und ausgewählten Führungskräften und Mitarbeitern zusammen. Die Aufgaben des Lenkungskreises bestehen in der Aktivierung des Qualitätsprozesses, in der Steuerung der Verbesserungsprojekte (Ziele, Grundsätze, Vorgehensweise) und in der Freigabe von TQM-Themen und -Projekten. Des weiteren werden seitens der Kienbaum Personalberatung *Coaching* bzw. *zielgruppenspezifische Trainings* für Qualitätsgruppen, Führungskräfte und Moderatoren angeboten, um den TQM-Implementierungsprozeß zu unterstützen. Im Rahmen des Coaching werden die laufenden TQM-Projekte besprochen, Probleme analysiert und die weitere Vorgehensweise festgelegt. Ein zielgruppenspezifisches Training, z. B. für Führungskräfte, könnte den Ablauf effizienter Besprechungen, Zielvereinbarungsgespräche und Projektmanagementtechniken zum Inhalt haben.

Den TQM-Prozeß am Laufen zu halten, die kontinuierliche Verbesserung zur Daueraufgabe zu machen, das sind Ziele, die zu jedem TQM-Projekt gehören. Es hat sich gezeigt, daß es sinnvoll ist, von zentraler Stelle auch eine Projektfortschrittskontrolle durchzuführen. Grundvoraussetzung hierfür ist eine TQM-Projektübersicht, in der alle Projekte aufgeführt und kommentiert sind. Diese Übersicht dient gleichermaßen dem Top- wie dem Bereichs-Management, um die im jeweiligen Verantwortungsbereich liegenden Projekte zu überwachen und die Realisierung sicherzustellen. Diese Aufgabe des Projektcontrollings muß insbesondere von den Führungskräften nicht als Sonder-TQM-Aufgabe, sondern als ganz normale Daueraufgabe verstanden werden. Diese Dauer-

Total Quality Management

aufgabe wird nie enden, da es kein Unternehmen gibt, in dem nicht Verbesserungspotentiale zu realisieren wäre. Interne sowie externe Kundenbefragungen oder aber auch ein gezieltes Benchmarking werden ohnehin Jahr für Jahr neue Ansatzpunkte aufzeigen.

Die folgende Abbildung zeigt noch einmal zusammenfassend, wie TQM mit den Mitarbeitern entwickelt und umgesetzt werden kann (vgl. Abbildung 5).

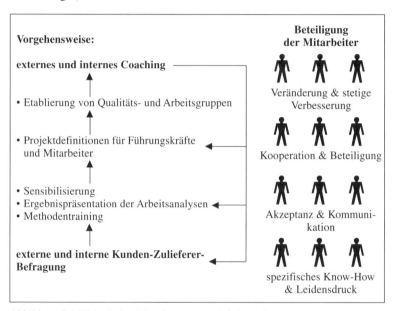

Abbildung 5: TQM mit den Mitarbeitern entwickeln und umsetzen

3.2 Typische Problemfelder bei der Implementierung von TQM

Wie jeder Wandlungsprozeß in einer Unternehmung erfolgt auch die Implementierung von TQM nicht problem- und konfliktfrei. Typische Problemfelder können z. B. sein:

– Bereichsorientierte Sichtweisen und fehlende gesamtprozeßorientierte Handlungsbereitschaft.
– Angeblich nicht vorhandene Zeit für Verbesserungsarbeiten, obwohl

kundenorientiert und fehlerfrei zu arbeiten eine wesentliche Arbeitsaufgabe darstellt.
- Verhärtete persönliche Verhältnisse, zumeist aufgrund langjähriger unzureichender Zusammenarbeit und damit verbundenen wechselseitigen Schuldzuweisungen.
- Angst vor Einfluß- und Machtverlust.
- Angst vor den »Wahrheiten«, welche die externen und internen Kunden äußern.

Wer TQM einführen will, muß auf derartige Probleme gefaßt sein. Im Rahmen einer stufenweisen Implementierung und einer entsprechenden Sensibilisierung der Mitarbeiter für die Qualität der Produkte und Dienstleistungen auf allen Unternehmensebenen sollte es möglich sein, diese Probleme abzubauen.

4. Vorteile für den einzelnen Mitarbeiter durch TQM

Bisher wurde im Rahmen dieses Beitrags überwiegend nur der Nutzen von TQM für die Unternehmung aufgezeigt. Aber auch für den einzelnen Mitarbeiter ergeben sich eine Reihe von Vorteilen, die im folgenden aufgeführt werden:

- Initiierung und eigenständige Bearbeitung von Verbesserungsprojekten durch die Mitarbeiter.
- Mitgestaltung und Verbesserung der Arbeitsabläufe, in die die Mitarbeiter eingebunden sind.
- Erhöhung des Handlungs- und Verantwortungsspielraums des einzelnen Mitarbeiters.
- Stärkere Beteiligung der Mitarbeiter durch die Vorgesetzten.
- Persönliche Arbeitsplatzgestaltung durch den Mitarbeiter.
- Mehr Vorabinformation durch Führungskräfte und Arbeitskollegen.
- Verbesserung des Informationsflusses durch transparentere Abläufe.
- Verbesserung der fachlichen und persönlichen Qualifikation, daraus realisiert sich letztendlich eine Erhöhung der Mitarbeiterzufriedenheit. Und wie sich bei vielen Unternehmen zeigt, zufriedene Mitarbeiter sind eher dazu bereit, auch den Kunden voll und ganz zufriedenzustellen.

5. Perspektiven

Mit Total Quality Management kontinuierlich kundenorientiert besser zu werden ist sicher ein guter methodischer Ansatz für eine Fitneßkur für Unternehmen oder Organisationen. Auch insbesondere im Vergleich zu klassischen Reorganisations- oder Reengineering-Projekten bietet TQM erhebliche Vorteile, weil die Mitarbeiter und Führungskräfte des Unternehmens von Anfang an integriert sind. So scheitern ja heute viele Reengineering-Projekte daran, daß das Management und die Mitarbeiter sich den Veränderungen entgegenstellen, die konzeptionell vorgedacht wurden. TQM ist hierbei sicher kein Patentrezept. Aber für Unternehmen, die noch die Zeit und das Geld haben, ohne große Schritte sich selbst zu verbessern, ist es ein Weg, den die Belegschaft gerne mitgeht. Indem Verbesserungspotentiale aufgegriffen und realisiert werden, ist es ein präventiver Fitneßkurs, der die Leistungs- und Veränderungsbereitschaft des Unternehmens sicherstellt. Durch kontinuierliche Rückmeldungen von Kunden und Mitarbeitern in Befragungen, Workshops und Gesprächen werden Regelkreise hin zum lernenden Unternehmen aufgebaut. Durch enge Kooperation mit Kunden und Zulieferern dürfte das Unternehmen so auch in der Lage sein, die Produkt-, Service-, System- oder Prozeßinnovationen zu erzielen, die zu einer echten Kundenbegeisterung führen können. Insofern ist TQM auch weiterhin eine der strategischen Methoden zur langfristigen Sicherung des Unternehmenserfolges.

Kapitel 16

Customer Relationship Management

Ein weltweites Business-Reengineering-Projekt der IBM

Thomas Fell

Inhalt
1. Die Charakteristika des Marktes für Informations- und Kommunikationstechnologie 229
2. Die Notwendigkeit eines strukturellen Wandels der IBM 231
3. Business-Reengineering als Methode zur strukturellen Neuausrichtung der IBM 232
4. Customer Relationship Management als zentraler Kundenprozeß der IBM 234
5. Empfehlung: Die Führung auf den Wandel verpflichten 238
Literatur 239

> »One of the great things about this industry is that every decade or so, you get a chance to redefine the playing field. We're in that phase of redefinition right now.«
> Lou V. Gerstner
> (CEO International Business Maschines Corp.)

1. Die Charakteristika des Marktes für Informations- und Kommunikationstechnologie

Der Markt für Informations- und Kommunikationstechnologie ist, wie kaum ein anderer, von einer rasanten technologischen Entwicklung gekennzeichnet. Während auf der einen Seite die bestehenden Technologien immer leistungsfähiger werden, kommen auf der anderen Seite permanent neue, innovative Technologien hinzu. Was vor fünf Jahren noch als unmöglich galt, ist heute bereits als Basistechnologie in den Unternehmen implementiert.

Aufgrund der kontinuierlichen Produkt- und Prozeßinnovationen ist eine jährliche Preis/Leistungsverbesserung von teilweise über 50 Prozent zu beobachten. Die Marktdynamik nimmt auch dadurch zu, daß mehr Wettbewerber immer schneller neue Produkte auf den stark umkämpften Markt bringen. Als Folge hieraus bleibt innovativen Unternehmen nur noch wenig Zeit der Exklusivität, um ihren Return on Investment (ROI) am Markt zu realisieren.

Stand in der Vergangenheit das einzelne Produkt im Vordergrund der Investitionsentscheidung, fordert die zunehmende Komplexität von Produkten und Serviceleistungen ein lösungsorientiertes und ganzheitliches Vorgehen der Anbieter von Informations- und Kommunikationstechnologien. Für die Hersteller bedeutet dies, daß die in diesem Zusammenhang angebotenen Serviceleistungen zur Konzeption, Implementierung oder zum Betrieb immer bedeutender für den Absatz der eigenen Hard- und Softwareprodukte werden.

Die Wettbewerbssituation auf dem Markt für Informations- und Kommunikationstechnologie bietet den Unternehmen große Potentiale zum Wachstum und zur Gewinnung von Marktanteilen. Das wahrscheinlich größte Potential in der jüngeren Vergangenheit ist im Aufkommen und der permanenten Ausweitung der Personal Computer (PC) zu sehen. Solche Geschäftschancen müssen von den Unternehmen frühzeitig erkannt werden, um so den Kunden schnellstens die nachgefragten Produkte und Dienstleistungen anbieten zu können. Innovatoren sind so auch in der Lage, Marktstandards zu setzen, an denen sich dann andere Anbieter orientieren müssen. Der Begriff *IBM-kompatibel* ist hierfür ein treffendes Beispiel.

Das herausragende Kennzeichen dieser Branche besteht darin, daß sich die Marktgegebenheiten innerhalb von wenigen Jahren grundlegend ändern können. Diese Chancen erfordern von den Unternehmen eine Neupositionierung ihrer Unternehmensausrichtung. Heute stehen wir beispielsweise durch das explosionsartige Wachstum des Internet vor einer solchen Veränderung der Marktparameter. Folgendes Rechenbeispiel soll das Ausmaß des Wachstums verdeutlichen: Prognostiziert man die momentanen Wachstumsraten des Internet in die Zukunft und setzt sie in Relation zum potentiellen Wachstum der Erdbevölkerung, so ist das Ergebnis, daß zu Beginn des 21. Jahrhunderts jeder Erdenbürger über einen Internetzugang verfügen müßte. Dieses weltweit umspannende Datennetz, das prinzipiell niemandem gehört, eröffnet völlig neue Möglichkeiten der Kommunikation und des Datenaustausches. Es stellt für alle Anbieter eine große Herausforderung dar, diese Potentiale in marktreife Produkte und Dienstleistungen umzusetzen.

Diese Chancen implizieren aber auch große Risiken. Versäumt es ein Unternehmen, rechtzeitig in neue und innovative Technologien zu investieren, können hierbei kaum kompensierbare Wettbewerbsnachteile entstehen. Fehleinschätzungen in bezug auf Marktbedeutung und -wachstum können für die Unternehmen unter Umständen mit existentiellen Problemen verbunden sein.

Diese Ausführungen sollen ein Gefühl dafür geben, vor welche besonderen Herausforderungen Unternehmen in dieser Branche gestellt sind.

2. Die Notwendigkeit eines strukturellen Wandels der IBM

Die oben skizzierten fundamentalen Veränderungen des Marktes für Informations- und Kommunikationstechnologien stellen völlig neue Herausforderungen an die IBM.

Für die IBM besteht die Notwendigkeit, Strukturen und Prozesse im Unternehmen zu implementieren, die ein flexibles kunden- und marktorientiertes Handeln fördern. Die neuen Strukturen müssen ein schnelles Reagieren auf Marktveränderungen und Kundenbedürfnisse zulassen und sind somit als Gestaltungsrahmen anzusehen. Die detaillierte Ausgestaltung impliziert eine permanente Anpassung an Veränderungen, um so in diesem dynamischen Markt erfolgreich bestehen zu können.

Aufgrund der starken Marktposition in der Vergangenheit entstanden bei der IBM Kostenstrukturen, die im heutigen Wettbewerb nicht mehr marktgerecht sind. Die Notwendigkeit des Erhalts der Wettbewerbsfähigkeit der IBM erforderte ein rigides Kostenmanagement. Dieses führte unter anderem dazu, daß die Zahl der Mitarbeiter in den vergangenen Jahren drastisch reduziert wurde. Um dennoch alle Geschäftsaktivitäten wahrnehmen zu können, ergibt sich hieraus als unmittelbare Folge ein grundsätzliches Überdenken aller Funktionen und Tätigkeiten im Hinblick auf ihren Wertschöpfungsanteil für das Unternehmen. Hierzu ist eine Optimierung der Geschäftsprozesse notwendig.

In nahezu allen Bereichen, in denen die IBM Produkte und Dienstleistungen anbietet, konkurriert das Unternehmen mit Nischenanbietern. Diese oftmals jungen Unternehmen erfahren häufig ein – bezogen auf ihr Marktsegment – explosionsartiges Wachstum, indem sie entsprechende Märkte frühzeitig erkennen und besetzen. Im Gegensatz dazu verfügt die IBM, wie kein anderes Unternehmen auf dem Markt für Informationstechnologie, über ein Produkt- und Service-Portfolio, das nahezu den gesamten Markt abdeckt. Um mit diesen Nischenanbietern konkurrieren zu können, muß es der IBM gelingen, noch mehr Synergien aus der Größe des Unternehmens zu generieren. Neben der Einzelfunktionalität des Produktes ist die Kompatibilität im Systemverbund ein wichtiges Entscheidungskriterium. Hieraus kann und muß die IBM Wettbewerbsvorteile erzielen. Die Größe muß konsequent als Wettbewerbsvorteil eingesetzt werden und darf für das Unternehmen kein bürokratisches Hindernis sein.

Folgende Punkte sind hierbei von besonderer Bedeutung: Die IBM muß die Vorteile ihrer globalen Präsenz konsequent nutzen, um mit diesen enormen Synergiepotentialen strategische Wettbewerbsvorteile gegenüber den Mitbewerbern zu haben. Eine nationale Organisationsstruktur verliert zunehmend an Bedeutung und wird durch international agierende Geschäftseinheiten (International Business Units) ersetzt. Die IBM ist so in der Lage, dem Kunden überall auf der Welt die gleichen Leistungen zu den gleichen Konditionen anbieten zu können, was für global agierende Kunden ein entscheidungsrelevantes Kriterium darstellt.

Eine permanent zunehmende Komplexität der Produkte und eine Fragmentierung der Nachfrage erfordern kundenindividuelle Gesamtlösungen, deren Qualität ausschließlich am Kundennutzen gemessen wird. Um hier als kompetenter Partner agieren zu können, muß die IBM neben dem technischen Know-how auch über detailliertes Branchen-Know-how der jeweiligen Kundenmärkte verfügen. Dies erfordert eine Abkehr von der traditionellen regionalen Kundenzuordnung hin zu einer internationalen, branchenorientierten Ausrichtung.

Diese Ziele können nur durch eine weltweite strukturelle Neuausrichtung der IBM erreicht werden.

3. Business-Reengineering als Methode zur strukturellen Neuausrichtung der IBM

Die oben geschilderte Ausgangssituation und der geforderte Wandel können mit den klassischen Methoden des Produkt-, Kosten- und Qualitätsmanagements nicht mehr gelöst werden. Eine Situation, bei der deutlich weniger Menschen bei sinkenden Stückumsätzen einen erhöhten Umsatz erzielen sollen, kann bei der IBM in Zukunft nicht mehr mit den gleichen Prozessen erfolgen. Hinzu kommt noch eine drastische Veränderung der externen Rahmenbedingungen, insbesondere durch die zunehmende Bedeutung des Servicewettbewerbes. Eine Fragmentierung der Nachfrage erfordert von der IBM in zunehmendem Maße kundenindividuelle Lösungen.

Die Globalisierung der Märkte verändert auch das Geschäft der IBM Kunden, was zu einer stärkeren internationalen Zusammenarbeit aller IBM-Institutionen führen muß. Die rasante Beschleunigung aller Marktveränderungen stellt neue Anforderungen an die Wandlungsfähigkeit des Unternehmens. Geschwindigkeit ist in dieser Branche zum entscheidenden Wettbewerbsfaktor geworden.

Für die Auswahl einer Methode zur Umsetzung der Anforderungen bedeutet dies, daß Konzepte, die auf Methoden des Kosten- und Qualitätsmanagements basieren, nur einen Teilbereich der Erfordernisse abdecken. Konzepte, die auf Produktdifferenzierung abzielen, sind für die IBM als Innovator am Markt zwar weiterhin von großer Bedeutung, reichen für ein erfolgreiches Wachstum alleine jedoch nicht mehr aus. Die einzusetzende Methode soll vielmehr neben den schon genannten Wettbewerbsdimensionen auch den Servicewettbewerb und insbesondere den Faktor Zeit als wichtige Wettbewerbsdimensionen mit einschließen.

Die Methode, die auf diesen Anforderungen aufbaut, ist die des Business-Reengineering – ein Ansatz, der hauptsächlich von Michael Hammer und James Champy in ihrem Buch *Reengineering the corporation – a manifesto for business revolution* entwickelt wurde. Er beinhaltet das fundamentale Überdenken und radikale Neudesign des Unternehmens. Der Grundgedanke basiert darauf, das Geschäft, losgelöst von der Aufbauorganisation, in Form von übergreifenden Kernprozessen darzustellen. Die Optimierung erfolgt unter der rigiden Maxime der Erhöhung des Kundennutzens und einer drastischen Verkürzung der Durchlaufzeiten im Unternehmen

Alle Tätigkeiten, von einer Kundenanfrage bis zur Auslieferung an den Kunden, werden nicht als ein Zusammenspiel von Funktionen angesehen, sondern als ein Geschäftsprozeß. Die einzelnen spezialisierten Tätigkeiten sollen hierbei sequentiell oder, wenn möglich, simultan gezielt und organisiert ablaufen können. Es werden nicht nur inkrementelle Verbesserungen angestrebt, sondern mit der grundlegenden Neuausrichtung sollen Quantensprünge erzielt werden.

4. Customer Relationship Management als zentraler Kundenprozeß der IBM

Für die IBM stellt die operative Umsetzung der strategischen Neuausrichtung mit der Etablierung eines prozeßbasierten internationalen Managementsystems eine große Herausforderung dar. Die historisch gewachsene, funktionale und hierarchische Aufbauorganisation und die Zergliederung in Ländergesellschaften können in dieser Form nicht mehr länger Bestand haben. Die notwendige internationale Vereinheitlichung von Prozessen, Rollen und unterstützenden Informationssystemen ist für ein Unternehmen von der Größe der IBM jedoch mit einigen Schwierigkeiten verbunden. So ist beispielsweise die Vereinheitlichung von Anwendungen und Unternehmensdaten eine grundlegende Voraussetzung für die erfolgreiche internationale Zusammenarbeit. Es ist leicht einsehbar, welche nationalen Präferenzen und Widerstände im Hinblick auf eine internationale Ausrichtung hierbei überwunden werden müssen.

Im Rahmen der weltweiten Business-Reengineeringsmaßnahmen der IBM wird zur Zeit an der Implementierung von elf Kernprozessen gearbeitet. Alle Prozesse haben eine Steigerung der Effektivität und Flexibilität des Unternehmens zum Ziel.

Customer Relationship Management ist das Business-Reengineering-Projekt der IBM, welches eine internationale Neuausrichtung der partnerschaftlichen Zusammenarbeit mit dem Kunden zum Ziel hat. Durch eine komplette Neugestaltung und weltweite Vereinheitlichung der Marketing- und Vertriebsprozesse soll ein wichtiger Grundstein für die zukünftige Zusammenarbeit mit dem Kunden und für eine international wettbewerbsfähige IBM gelegt werden.

Der gesamte Customer Relationship Management-Prozeß setzt sich aus zehn Teilprozessen zusammen, die bei der Prozeßanalyse und dem sich anschließenden Re-Design modelliert wurden. Grundsätzlich erfolgt eine Unterteilung in Transaktionsprozesse sowie in planerische und unterstützende Prozesse. Transaktionsprozesse sind solche Prozesse, die eine schnelle Umsetzung kundenspezifischer Anforderungen zum Ziel haben. Im Rahmen von Customer Relationship Management wird hierbei von *Opportunities* gesprochen. Die Komplexität, die durch die zunehmende Internationalisierung und durch die Bildung vieler kleiner geschäftsverantwortlicher Einheiten entsteht, soll durch diese Prozesse international vereinheitlicht werden und somit einfach steuerbar sein. Die planerischen und unterstützenden Prozesse liefern Informationen, die zu einer schnellen und kompetenten Abarbeitung einer ›Opportunity‹ notwendig sind. Sowohl interne als auch externe Daten müssen hierbei aktuell und effizient zur Verfügung gestellt werden.

Im folgenden werden die Inhalte der einzelnen Teilprozesse des Customer Relationship Management-Prozesses zusammenfassend dargestellt:

Transaktionsprozesse

- Opportunity Management

Die Behandlung aller Kundenanforderungen als mögliche Geschäftschance (Opportunity) ist Gegenstand dieses Prozesses. Wo und wann auch immer eine Anforderung von Kundenseite formuliert wird, soll sichergestellt sein, daß diese identifiziert, registriert und sofort an den kundenverantwortlichen Mitarbeiter weitergeleitet wird. Dieser Vorgang wird IBM-weit durch ein einheitliches Opportunity Management System (OMSYS) unterstützt.

- Solution Design and Delivery

Dieser Prozeß umfaßt die Erfüllung der Kundenanforderungen in der zugesagten Zeit und Qualität. Von dem Design der Lösung über die Erstellung bis zur Auslieferung und Rechnungsstellung umfaßt dieser Prozeß alle notwendigen Aktivitäten.

- Customer Satisfaction Management

Dieser Prozeß setzt sich zum Ziel, daß alle Aktivitäten im Hinblick auf die Kundenzufriedenheit erfüllt werden. Im Vergleich zur bisherigen Praxis – die Kunden wurden am Ende des Jahres nach der Zufriedenheit mit den von der IBM erbrachten Leistungen befragt – wird nun eine transaktionsbezogene Befragung auf Projektebene durchgeführt. Das bedeutet, daß der Kunde bereits in frühen Phasen nach seinen *Conditions of Satisfaction* befragt wird, welche dann Grundlage für weiterführende Projektaktivitäten sind. Unabhängige Institute führen nach Beendigung des Projektes eine Befragung im Hinblick auf die Erfüllung der zugesagten Leistung durch.

- Relationship Management
Der Aufbau und die Pflege effektiver Kundenbeziehungen erleichtert die Zusammenarbeit und führt zu einem von Vertrauen getragenen Verhältnis zwischen Kunde und IBM. Relationship Management liefert den Rahmen für eine solche systematische Zusammenarbeit.

Planerische und unterstützende Prozesse

- Market Management
Für die IBM bedeutet Marketing eine Führungskonzeption vom Markt her auf den Markt hin. Die Analyse der Märkte und die darauf aufbauende Segmentierung als Entscheidungsgrundlage für das Erstellen der IBM Business-Pläne sind Gegenstand des Market Managements.

- Selected Solution Development
Ziel hierbei ist das international einheitliche Erstellen eines IBM-Lösungs-Portfolios. Einmal entwickelte Bausteine müssen in neue Lösungen integrierbar sein. Kundenwünsche sollen somit schneller und kostengünstiger realisiert werden können. In dieser internationalen Einheitlichkeit stecken enorme Potentiale, einmalige Entwicklungsaufwände multipel zu vermarkten.

- Skills Management
Den richtigen Mitarbeiter zur richtigen Zeit mit dem gerade benötigten Wissen zum Kunden zu bringen ist Gegenstand des Skills Managements. Die IBM entwickelte internationale Skill-Profile, die von den Mitarbeitern entsprechend ihrer individuellen Schwerpunkte ausgefüllt wurden. Diese internationale Datenbank erlaubt eine schnelle Suche nach qualifizierten Mitarbeitern und deren Zuordnung zu bestimmten Projektsituationen.

- Information Management
Alle Informationen und Daten werden in einem *Information-Warehouse* verfügbar sein. Diese Informationen sind von größtem Wert, denn sie erlauben, einmal gemachte Erfahrungen multipel zu verwenden. Dadurch ist gewährleistet, daß allen Mitarbeitern konsistente und aktuelle Informationen zugänglich sind. Dieses Information-Warehouse wird zunehmend bestehende nationale und internationale Informationsdatenbanken ablösen.

- Offering Information Management
IBM-Offerings auf Tastendruck zu finden und zum Erstellen individueller Kundenangebote zu verwenden ist Gegenstand des Offering Information Managements. Der Zugriff auf diese Informationen erfolgt über ein Offering Information Tool, so daß man bei der Erstellung eigener Angebote auf die Erfahrungen seiner Kollegen im internationalen Umfeld zurückgreifen kann, um Angebote qualifizierter und schneller auszuarbeiten.

- Business Partner Management
Die IBM-Business-Partner sind ein wichtiger IBM-Vertriebskanal. Um zu gewährleisten, daß der richtige Partner mit den richtigen Lösungen in konkreten Kundensituationen im IBM-Team agiert, ist der Ausbau der Business-Partner-Datenbanken auf ein weltweites Umfeld notwendig.

Diese Prozesse sind so miteinander verzahnt, daß der Erfolg des ganzen im Zusammenspiel der Subprozesse liegt. Mit Hilfe des Market Managements werden die strategischen Segmente festgelegt, auf die sich die IBM im internationalen Wettbewerb konzentrieren will. Das darauf aufbauende Skill Management stellt sicher, daß die geeigneten Mitarbeiter zur Verfügung stehen und schnell in die Angebots- oder Projektphasen (Solution Design and Delivery-Prozeß) eingebunden werden können. Diese planerischen Prozesse ermöglichen eine drastische Verkürzung der Durchlaufzeiten der Transaktionsprozesse. Alle Prozesse müssen von speziell darauf abgestimmten Informationstechnologien unterstützt werden. Diese sind unternehmensweit auszurichten, da an komplexen Angebots- und Projektsituationen in der Regel ein Team aus verschiedenen Organisationseinheiten arbeitet.

Nur durch diese ganzheitliche Neuausrichtung können die anspruchsvollen Zielsetzungen der IBM erreicht werden.

Bei den IBM-Reengineering Projekten handelt es sich um internationale Großprojekte, wie sie in der Geschichte der IBM bisher einmalig sind. Nach der Analyse- und Designphase wurden mit den ersten Schritten der Implementierung die Voraussetzungen geschaffen, mit den neuen Prozessen zu arbeiten. Erfolg oder Mißerfolg liegen hier eng beieinander, da nur ein Wandel in den Köpfen der Mitarbeiter ein solches System tragen kann. Der Erfolg liegt lediglich zu einem kleinen Teil in der

Technik begründet, zum maßgeblichen Teil hängt er von der Bereitschaft der Mitarbeiter ab, diese Systeme mit Leben zu füllen. Die Implementierung von Customer Relationship Management kann nicht als einmaliger Aufwand gesehen werden, sondern ist vielmehr als eine permanente Iteration in bezug auf Prozeßeinschätzung, Prozeßverbesserung, Prozeßeinführung und Prozeßlenkung zu verstehen. Nur wenn die Prozesse permanent im Hinblick auf die Erfüllung der strategischen Geschäftsziele kritisch hinterfragt werden, kann ein langfristiger Erfolg erzielt werden.

5. Empfehlung: Die Führung auf den Wandel verpflichten

Schon oft haben Unternehmen versucht, mit Business-Reengineering-Projekten den Durchbruch zu mehr Effizienz und Flexibilität zu schaffen. Häufig stellt sich der erhoffte Erfolg jedoch nicht ein, da die Projekte auf die Optimierung einzelner Unternehmensteile ausgerichtet sind. Business-Reengineering läßt sich nicht auf einzelne ausgewählte Unternehmensbereiche beschränken, sondern hat vielmehr Einfluß auf die Arbeitsweise des gesamten Unternehmens. Aus diesem Grund muß die Unternehmensführung als Mentor und Auftraggeber für diese Projekte zur Verfügung stehen. Die Implementierung von Customer Relationship Management ist ein weltweites Business-Reengineering-Projekt, das von der obersten Führungsebene der IBM aufgesetzt wurde, um eine erfolgreiche strukturelle Neuausrichtung des Unternehmens zu vollziehen. In dieser Ganzheitlichkeit des Ansatzes liegt auch sein Erfolg begründet. Ein Unternehmen wie die IBM muß auf der einen Seite aus der Größe des Unternehmens Synergieeffekte erzielen, um so strategische Wettbewerbsvorteile gegenüber den Mitbewerbern zu haben. Auf der anderen Seite muß das Unternehmen über Prozesse verfügen, die eine schnelle Anpassung an sich permanent ändernde Umfeldbedingungen zulassen.

Weiterführende Literatur

Allen, Thomas J./Scott Morton, Michael S. (Eds.): Information Technology and the Corporation of the 1990s. Research Studies, Oxford University Press, New York 1994.

Bullinger, Hans-Jörg (Hrsg.): Neue Impulse für eine erfolgreiche Unternehmensführung. Customer-Focus- Business Reengineering. 13. IAO-Arbeitstagung, Springer Verlag, Berlin 1994.

Fröschl, Friedrich/Yalcin Ahmet: IT: Wenn Visionäre über Pragmatiker triumphieren, in: Havard Business Manager 4/1994; S. 40–49.

Gaitanides, Michael et al.: Prozeßmanagement, Konzepte, Umsetzungen und Erfahrungen des Reengineering, C. Hanser-Verlag, München 1994.

Grant, Alan W.H./Schlesinger Leonard A.: Realize your Customers' Full Profit Potential; in: Harvard Business Review 5/1995; S. 59–72.

Hammer, Michael/Champy, James: Reengineering the Corporation – a manifesto for business revolution, Harper Business, New York 1993.

Hermanns, Arnold/Flory Markus: Typologisierung von Wertschöpfungsstrukturen im Investitionsgütermarketing; in: Zeitschrift für Betriebswirtschaft 65. Jg. (1995); S. 49–67.

Kapitel 17
Ambition Driven Strategy
Klaus Buchholtz, Gerrit Seidel

Inhalt
1. Strategien ambitioniert denken: Vom Mitspielen zum Bestimmen neuer Spielregeln 241
2. Ambitionierte Strategien erfolgreich umsetzen: Vom strategischen Konzept zur gezielten Transformation zukünftiger Geschäfte 243
3. »Ambition Driven Strategy«: Die Methode zur Entwicklung von Strategien für die Gestaltung der Märkte von morgen 244
4. Praxisbeispiele für die Gestaltung der Märkte von morgen mit Hilfe von »Ambition Driven Strategy« 247
5. »Ambition Driven Strategy«: Wenn stetiger Wandel das einzig Beständige ist 259

1. Strategien ambitioniert denken: Vom Mitspielen zum Bestimmen neuer Spielregeln

Erfolgreiche Unternehmen zeichnen sich schon immer dadurch aus, daß sie visionäre Vorstellungen über die Märkte der Zukunft entwickeln und diese in marktfähige Produkte umsetzen. Dabei steht nicht die perfektionierte Beherrschung geltender Marktspielregeln, sondern die Bestimmung neuer Regeln im Mittelpunkt, die letztlich zu einer Revolutionierung ganzer Industrien führen. Nur wer die Spielregeln der Zukunft aktiv bestimmt, wird in den Märkten von morgen eine führende Position erreichen.

Ohne ein derartig ambitioniertes Denken wäre es SMH kaum gelungen, sich dem allgemeinen Niedergang der auf technische Perfektion ausgerichteten Schweizer Uhrenindustrie zu entziehen. Mit der Produktlinie »Swatch« gelang es jedoch einer ganzen Branche neue Wettbewerbsregeln vorzugeben und sich als Marktführer zu positionieren. Auch der japanischen Automobilindustrie wäre es sicherlich nicht möglich gewesen, über Jahrzehnte den globalen Wettbewerb anzuführen, wenn sie nicht immer wieder die strategischen Erfolgsfaktoren neu definiert hätte. Wenn gestern der Markteintritt japanischer Automobilbauer über den

Preis und eine außerordentliche Produktivität realisiert wurde, heute die Entwicklungszeiten und die Produktqualität erhebliche Wettbewerbsvorteile bringen, so ist davon auszugehen, daß die den Wettbewerb treibenden Faktoren morgen wieder andere sein werden. Die Erfolgsfaktoren von gestern und heute werden damit ihre differenzierende Funktion verlieren, bleiben jedoch als Markteintrittsbarrieren wettbewerbsrelevant. Nur wer diese Vergänglichkeit heutiger Spielregeln im Wettbewerb erkennt, kann sich für die Märkte von morgen ausreichend rüsten.

Nun zeigt eine Analyse der aktuellen Themen im Management der letzten Jahre, daß man sich mit vielen Dingen befaßt, jedoch zu wenig mit den Geschäften der Zukunft. Restrukturierung, Kostensenkung, Reengineering und Standortverlagerung sind zwar sinnvolle und teilweise überlebenswichtige Maßnahmen, dienen jedoch eher der Absicherung gegenwärtiger Geschäfte und weniger der Erschließung zukünftiger Geschäftsfelder. Als Reaktion auf den beschleunigten Rhythmus des industriellen Wandels zeigen derartige Maßnahmen nur kurzfristig Erfolge. Längerfristig entstehen nahezu zwangsläufig die sogenannten Strukturkrisen, wie wir sie nicht nur in alternden Industrien, wie z.B. dem Montanbereich, sondern auch in einigen High-Tech-Industrien, wie z.B. der europäischen Unterhaltungs- und Mikroelektronikindustrie, beobachten haben. Ebenso sind in der Computerindustrie der Niedergang des Nixdorf-Imperiums sowie der Verlust der scheinbar unüberwindbaren Marktmacht von IBM größtenteils auf eine mehr oder weniger lineare Fortführung der Erfolgsrezepte der Vergangenheit zurückzuführen. Es liegt auf der Hand, daß der bereits hohen und noch zunehmenden Geschwindigkeit des Wandels im Industrieumfeld nicht nur mit kurzfristigen Maßnahmen und schon gar nicht mit den Strategien von gestern begegnet werden kann.

Ein Blick auf die neuesten technologischen Trends belegt schließlich, daß die hohe Veränderungsgeschwindigkeit ihre Ursachen nicht nur in den Entwicklungen innerhalb einzelner Industrien hat, sondern daß vor allem die Möglichkeiten der Informations- und Kommunikationstechnologie in hohem Maße zur Umwälzung ganzer Branchen führen werden. So erfahren Deutschlands Banken gerade, daß nur diejenigen für die Zukunft gewappnet sein werden, die sich in den zunehmend elektronischen Märkten als umfassend vernetztes Unternehmen aufstellen (vgl. für eine umfassende Analyse der Auswirkungen neuer Informations- und Kommunikationstechnologien auf Branchen und Märkte Arthur D. Little

(Hrsg.): Management im vernetzten Unternehmen, Wiesbaden 1996). Das heißt wiederum, von althergebrachten Strategien und Konzepten Abschied zu nehmen und die Chance zur Gestaltung der neuen, multimedialen Spielregeln aktiv zu nutzen.

Gewiß kann man – als Fazit – nicht pauschal von einem Strategiedefizit aufgrund eines Übergewichts eher kurzfristiger Maßnahmen sprechen. Sicher ist dagegen, daß die Notwendigkeit besteht, Strategien anders, d. h. ambitioniert zu denken. Mit einer inkrementellen Fortschreibung existierender strategischer Konzepte kann der hohen Dynamik von Wettbewerb und Märkten nicht mehr erfolgreich begegnet werden. Die Erschließung der Erfolgspotentiale von morgen erfordert eine Entwicklung und Umsetzung bahnbrechender, ambitionierter Strategien.

2. Ambitionierte Strategien erfolgreich umsetzen: Vom strategischen Konzept zur gezielten Transformation zukünftiger Geschäfte

Die Umsetzung ambitionierter Strategien, die eine gravierende strategische Richtungsänderung zur Folge haben, stellt außergewöhnlich hohe Anforderungen an die Veränderungs- und Lernfähigkeit von Organisationen und Mitarbeitern. Zu frisch sind noch die Erfahrungen aus Zeiten, als Strategiepapiere, die sich zu weit vom Status-quo entfernten, immer wieder von Experten überarbeitet wurden und letztlich doch in der Schublade verschwanden. Bei einem derartigen Szenario wäre eine ambitionierte Strategie nicht besser zu bewerten als die Fortschreibung bestehender Konzepte. Demnach ist es erforderlich, den Prozeß zur Entwicklung ambitionierter Strategien in einen umfassenden Ansatz zur Gestaltung von Veränderungsprozessen einzubetten. Der Ansatz »Pathway to Performance« (»Pathway to Performance« ist ein Beratungsprodukt von Arthur D. Little International, Inc.) stellt eine auf diesen Wandel ausgerichtete und vielfach praxiserprobte Vorgehensweise dar (vgl. Abbildung 1).

Mit »Pathway to Performance« wird die Entwicklung einer Strategie von Beginn an auf die Transformation der Geschäfte ausgerichtet. Die Implementierung setzt an den Stellen der Organisation an, die die größte Hebelwirkung versprechen. So werden unter anderem Umsetzungsbarrieren identifiziert, die ihre Ursachen vor allem in den »Geheimen

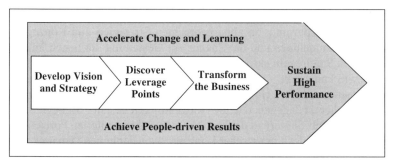

Abbildung 1: »Pathway to Performance« – Von der Strategie über eine Geschäftstransformation zum nachhaltigen Geschäftserfolg

Spielregeln« im Unternehmen haben, sowie zentrale Sofortmaßnahmen vorbereitet. Damit erfolgt eine Prioritätensetzung, die zu schnellen Erfolgen bei der Geschäftstransformation führt und einer Verzettelung in umfassenden Detailplänen vorbeugt. Begleitet und unterstützt wird der dreistufige Veränderungsprozeß zum einen durch eine intensive Einbindung und Information aller Mitarbeiter, um auf diese Weise von den Mitarbeitern getragene Ergebnisse zu erzielen. Zum anderen werden Maßnahmen ergriffen, die die notwendigen Lern- und Veränderungsprozesse im Unternehmen beschleunigen. Hierbei steht die Organisation und Moderation von Dialogkonferenzen, offenen Foren und Workshops im Vordergrund, in denen Konzepte und Umsetzungspläne von den Mitarbeitern selbst erarbeitet werden.

Damit adressiert der »Pathway to Performance«-Ansatz die wichtigsten Probleme, die nach der Einschätzung von Top-Managern einer erfolgreichen Durchführung von Veränderungsprozessen entgegen stehen (Quelle: Befragung von Arthur D. Little unter 350 Top-Managern aus 14 unterschiedlichen Industrien von Ende 1993).

3. »Ambition Driven Strategy«: Die Methode zur Entwicklung von Strategien für die Gestaltung der Märkte von morgen

Die Methode der »Ambition Driven Strategy« wurde aus der langjährigen Praxis im Bereich der Strategieberatung entwickelt. Der Anstoß dazu kam von einer Vielzahl von Klienten, die erleben mußten, daß die herkömmlichen Konzepte zur Strategieentwicklung in sich schnell wandelnden Märkten nicht die gewünschte Richtungsweisung für die Sicherung oder gar den Ausbau der Wettbewerbsposition lieferten. An dieser Kritik ansetzend zielt die Methode der »Ambition Driven Strategy« auf eine systematische Erschließung der kreativen Potentiale im Unternehmen, bevor bestehende Restriktionen und Bedingungen des Industrieumfeldes den Blick für eine ambitionierte, bahnbrechende Strategie versperren.

Die Vorgehensweise zur Entwicklung einer ambitionierten Strategie ist in fünf Schritte unterteilt, die sich wie folgt grob kennzeichnen lassen:

In einem *ersten Schritt* gilt es, bei den Mitarbeitern die notwendige Bereitschaft für eine grundlegende Veränderung zu erzeugen. Ambitionierte Strategien könnten beispielsweise im Bankensektor zu einem Wandel vom Schalterbetrieb zu ausschließlichem Telefon- und Homebanking führen. Um eine derart gravierende Veränderung erfolgreich umsetzen zu können, ohne dabei durch die entstehende Verunsicherung wichtige Mitarbeiter zu verlieren, wird zunächst die Veränderungsbereitschaft der Organisation analysiert. Veränderungsbarrieren werden proaktiv angegangen und durch umfassende Information zur Notwendigkeit der Veränderung abgebaut. Ohne Zweifel stellt dieser Schritt die größte Herausforderung im Bereich der Personalführung für das Management und andere unterstützende Kräfte dar. Ein hoher Einsatz zu Beginn des Prozesses wird sich letztendlich jedoch in Form einer erfolgreichen Umsetzung der ambitionierten Strategie hinreichend auszahlen.

Die *Schritte 2 und 3* führen zu einer umfassenden Aktivierung des kreativen Potentials im Unternehmen. Hierbei gilt es in *Schritt 2* zuerst, das auf Fortschreibung bisheriger Konzepte und Vorgehensweisen ausgerichtete, traditionelle Denken zu überwinden, um schließlich die Frage zu beantworten, wie Markt und Wettbewerb in Zukunft aussehen können. Was werden die im Wettbewerb differenzierenden Faktoren sein? Wie werden die zukünftigen Spielregeln aussehen, vorausgesetzt es besteht Einigkeit über die Vergänglichkeit der heute gültigen Spielregeln? Welchen Einfluß haben neue Technologien auf die Branche? Mit der Beschreibung von circa fünf Branchenszenarien und ihren möglichen Auswirkungen auf die Geschäfte von morgen schließt dieser erste kreative Schritt ab.

Was sind die für das Unternehmen interessanten und herausfordernden Ambitionen, die den Erfolg der Geschäfte von morgen sicherstellen? Anhand dieser und ähnlicher Fragen erfolgt im *dritten Schritt* die Beschreibung einiger Grundmuster erfolgreicher Unternehmen für die aufgestellten Szenarien. Ganz im Sinne einer kreativen Prozeßphase soll dabei das Bild von idealen Unternehmen gezeichnet werden, um schließlich zu einer ambitionierten Vision für das eigene Unternehmen zu gelangen. Diese Vision weckt aufgrund der Neuartigkeit einerseits sowie der Realisierbarkeit andererseits das Interesse und die Begeisterung der Organisation für die aktive Gestaltung der zukünftigen Märkte durch die Entwicklung und Umsetzung einer ambitionierten Strategie.

Nach zwei kreativen Schritten wird in *Schritt 4 und 5* erarbeitet, wie die ambitionierte Vision vor dem Hintergrund der gegebenen Branchenbedingungen und -restriktionen Realität werden kann. Zuerst wird bei der Entwicklung unterschiedlicher Optionen für ambitionierte Strategien im *vierten Schritt* vor allem die Frage beantwortet, wie die neue, ambitionierte Sichtweise der Zukunft mit den existierenden Marktgegebenheiten in Einklang gebracht werden kann. Dabei ist es von entscheidender Bedeutung, ein klares Verständnis davon zu entwickeln, worin die wesentlichen Unterschiede zwischen den heutigen und zukünftigen Strukturen und Spielregeln bestehen und wie, d. h. mit welcher Strategie, eine erfolgreiche Transformation zu erreichen ist. Aus einer begrenzten Anzahl erfolgversprechender Optionen wird schließlich die für das Unternehmen geeignete ambitionierte Strategie ausgewählt. Ob am Ende dieses Schrittes eine wirklich ambitionierte Strategie stehen wird, hängt entscheidend davon ab, inwieweit bei der Berücksichtigung bestehender Markt- und Wettbewerbsstrukturen ein Rückfall in das traditionelle »condition-driven«-Denken und -Vorgehen verhindert werden kann.

Der *fünfte Schritt* stellt die Entwicklung langfristiger Maßnahmenpläne zur Umsetzung der ambitionierten Strategie in den Mittelpunkt. Zur Sicherung des Implementierungserfolgs und zur Vermeidung der hinlänglich bekannten Gefahr, daß Nachlässigkeiten bei der Umsetzung den gesamten Prozeß zu einer intellektuellen und theoretischen Übung werden lassen, wird ein strategisches Controlling installiert. Die Einhaltung von Meilensteinen sowie die Schaffung neuer Erfolgspotentiale stehen dabei im Fokus der Kontroll- und Steuerungsaufgaben des Controlling.

Wie diese Methode der »Ambition Driven Strategy« nun in der Praxis anzuwenden ist und welche Ergebnisse sich am Ende des Prozesses zeigen, verdeutlichen die folgenden Beispiele. Dabei sei schon vorweg gesagt, daß je nach Branchen- und Unternehmenssituation den einzelnen Prozeßschritten zwar unterschiedliche Bedeutung zukommt, daß jedoch grundsätzlich alle Schritte durchlaufen werden müssen. Darüber hinaus ist zu erwarten, daß sich je nach Veränderungsbereitschaft der Organisation und Dynamik innerhalb der Branche mehr oder weniger ambitionierte Strategien ergeben werden.

4. Praxisbeispiele für die Gestaltung der Märkte von morgen mit Hilfe von »Ambition Driven Strategy«

– An einem verregneten Freitag abend, 20.30 in einem verrauchten Konferenzraum am Frankfurter Flughafen. Ende eines zwölfstündigen Strategie Workshops mit dem Gesamtvorstand eines europäischen Papierherstellers. Ziel: Bestimmung der globalen strategischen Stoßrichtung. Der Vorstandsvorsitzende lehnt sich resigniert zurück, blickt ratlos über seine Brille in die Runde und seufzt: »Now I am still confused, but on a much higher level!« Was war passiert? –

Der erste Schritt bei der Ableitung klassischer »Condition Driven Strategies« ist die berühmte »Ermittlung der Ausgangssituation«: Wie sieht die Human Resources-, die Kosten-, Markt- und Technologieposition des Unternehmens aus? Was sind die kritischen Erfolgsfaktoren in den einzelnen Geschäftssegmenten? Wie stehen die Wettbewerber da, was sind die einzelnen Marktanteile in den unterschiedlich attraktiven Segmenten etc. Damit verbunden ist in aller Regel ein Abtauchen in Datenmassen, die es unter Einbindung einzelner, verstreuter Abteilungen im Unternehmen zu erheben gilt. Und irgendwann geht dann die Luft aus: Die Mitarbeiter ermitteln Kennzahlen, die sie an sich ohnehin schon kennen. Informationen werden nicht weitergereicht, »damit andere Abteilungen sie nicht in die Finger bekommen«. Die Informationsmenge bei mehr als zehn zu untersuchenden Segmenten (eventuell auch noch in zehn Ländern!) – auch wenn sauber zusammengefaßt und präsentiert – »erschlägt« den Betrachter. Und schlimmer noch: Die Analyse zeigt eher die Grenzen und Bedingungen des Unternehmens auf, als daß sie mutige, proaktive und kreative Strategien – á la SMH – für die Zukunft liefert. Wie lassen sich diese Symptome vermeiden?

Create Readiness for Change: Die geheimen Spielregeln im Unternehmen

Das größte Problem an Strategieprojekten ist sicher die Implementierung – wenn also »Papier in Schweiß« umgewandelt werden soll. Und daran hapert es oft genug. Strategieprojekte können bei steigender Unternehmensgröße nur selten im echten Bottom-Up-Ansatz gefahren werden. Die Partizipationsquote gemessen an der Gesamtbelegschaft ist oft verschwindend gering. »Geheime Spielregeln« im Unternehmen verhindern, daß die Umsetzungsphase je erreicht wird.

Bei den geheimen Spielregeln handelt sich – im Gegensatz zu schriftlichen Anweisungen, Führungsleitlinien oder Vorstandsbeschlüssen – um »ungeschriebene Gesetzmäßigkeiten«, die das Handeln und Verhalten eines jeden Mitarbeiters – egal auf welcher Ebene – beeinflussen. Sie resultieren aus dem Kräftefeld, das aufgespannt wird zwischen den persönlichen Zielen eines jeden Mitarbeiters (z. B. Beförderung, Firmenwagen, Bonus), den Promotoren, die den Mitarbeitern helfen, ihre Ziele zu erreichen (z. B. der Vorgesetzte), und den konkreten Handlungsauslösern (z. B. Budgets) (vgl. zu den »Unwritten Rules of the Game« das gleichnamige Buch von Peter Scott-Morgan (Arthur D. Little) erschienen bei McGraw-Hill, New York u. a. 1994).

So hatte z. B. eine namhafte deutsche Versicherung offensichtlich auf den rapiden technologischen Fortschritt und die Veränderung des Wettbewerbsumfeldes nicht schnell genug reagiert. Das Top-Management klagte über mangelnde Innovations- und Risikobereitschaft auf allen Ebenen. Mit Hilfe einer qualitativen Fragebogen- und Interviewtechnik wurden in einer breit angelegten Aktion die geheimen Spielregeln des Unternehmens ermittelt und mit den offiziellen Führungsleitlinien verglichen. Das Ergebnis (vgl. Abbildung 2) war verblüffend und wurde unverzüglich im Rahmen von »Informationsmärkten« an die Belegschaft zurückgespielt. Jetzt war man sich einig, daß man so nicht weitermachen konnte. Die »Motivationskeime« für ein erfolgreiches Strategieprojekt waren gesät.

Envision the future: Die Kunst des Szenario-Denkens

Würden alle Unternehmen nur ihre Vergangenheit extrapolieren, um Aussagen für ihre Zukunftsstrategie abzuleiten, hätte sich kein Energieversorger oder Stahlverarbeiter je der Telekommunikation zugewandt

Geheime Spielregel	Wirkung im Unternehmen
»Ober sticht Unter«	– Kreativität wird im Keim erstickt – selbständiges Denken findet nicht statt – Mitarbeiter resignieren, stumpfen ab
»Vermeide, Konflikte offen auszutragen«	– keine offene Konfliktkultur – Verurteilungen hinter vorgehaltener Hand – Probleme werden versteckt bzw. beschönigt
»Persönliche Fehler nicht mit Deiner Person in Verbindung bringen«	– unnötige »Zweitunterschriften« – schwierige Entscheidungen nach unten delegieren – »blame it to somebody else«
»Abteilung kommt vor Unternehmen«	– frisierte Budgets/Planungen – Anschaffungen aus »anderen Töpfen gespeist« – keine bereichsübergreifende Teamarbeit

Abbildung 2: Beispiele für geheime Spielregeln und deren Wirkung bei einem Versicherungsunternehmen

oder würde mancher Automobilhersteller auch heute noch nur Sechszylinder statt zusätzlich kleiner Cityflitzer im Programm haben. Mittels ausgefeilter Szenario-Technik gilt es die Zeichen der Zeit zu erkennen, die wirklich treibenden Faktoren einer Industrie zu identifizieren und Transferschlüsse aus anderen Branchen zuzulassen. Die Krux bei Szenarien ist sicher, daß die künftige Realität nie korrekt vorhergesagt werden kann. Dennoch genügt es häufig zu wissen, wie andere *glauben*, daß die Zukunft aussehen wird, da sie einer »self fulfilling prophecy« gleich so ähnlich in der Regel auch eintreten wird (frei nach Meynard Keynes).

Dies macht sich auch der mächtige Konsumgüterhersteller zunutze, der sich die kritische Frage stellen mußte, wie sich die treibenden Faktoren »Macht des Handels«, »Umweltschutz« und »Multimedia« (um nur einige zu nennen, vgl. Abbildung 3) auf sein künftiges Geschäftsumfeld auswirken werden (Anmerkung: Die Frage ist in manchen europäischen Ländern – wie z. B. in Großbritannien – bereits entschieden, wo sich regelmäßig mächtige Handelsketten die Frage stellen, welche Suppenfirma sie denn heute kaufen wollen). Eine Handvoll Top-Manager, Konsumforscher und Industrieexperten wurden unter Anleitung von Moderatoren und in komfortabler Atmosphäre fernab jeglicher Möglichkeit der Telekommunikation zusammengebracht. In Brainstorming-

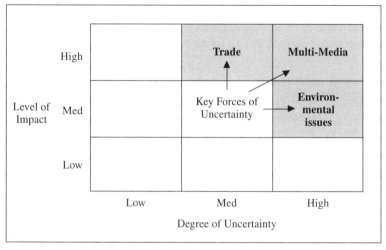

Abbildung 3: Uncertainty/Impact-Matrix für einen Konsumgüterhersteller

Sessions wurden die treibenden Faktoren bezüglich ihres künftigen Einflusses auf das Unternehmen erarbeitet und bewertet. Die weitere Analyse fokussierte sich auf jene treibenden Kräfte, die den größten Einfluß auf das Unternehmen und den größten Grad der Unsicherheit bezüglich ihrer weiteren Entwicklung aufwiesen. Für die wichtigsten treibenden Kräfte wurden jeweils zwei bis drei Einzelszenarien entwickelt und ausgearbeitet (vgl. Abbildung 4). Die kombinatorische Vielfalt der Szenarien wurde dann auf die drei plausibelsten und wahrscheinlichsten Sze-

- Concentration will continue
- New ways of retailing will develop and become important while traditional outlets loose importance
- Purchasing decisions will shift more and more to a European level
- Profitability will become the most criterion for assortment decisions
- Low price will remain beeing the most important marketing tool for retailers
- Information systems will increase the retailers' power vs. the consumer goods industry
- Private labels will become more and more important
- The numbers of media-supported promotions will increase

Abbildung 4: Beispiel für ein *mögliches Zukunftsszenario 2004 für den Handel*

nario-Cluster reduziert und in einzelnen »erlebnisreichen Story-Boards« ausformuliert (vgl. Abbildung 5). Diese dienen dazu, den Betrachter in eine virtuelle und emotional wahrnehmbare Zukunftswelt zu befördern und seine Vorstellungskraft für die weiteren Prozeßschritte zu stärken.

Morning at the Patto's – Slow Evolution of Today

Over breakfast in their suburban St. Louis home, Mary Patto (age 47) is discussing plans for the day with her husband, Bill. She plans to try another physician to discuss her discomfort with the menopause symptoms she is experiencing. She wants a personal counseling session »with a real doctor« instead of with the nurse practitioner that the HMO sponsored by the local hospital insists that she sees. (Mrs. Patto is distressed because she has requested this during two previous visits.) Mr. Patto plans to continue his search for a retirement community for his mother. This leads to discussion of their son (who is living as a homeless person in Tucson) and their daughter who is finishing her PhD at Yale.

Shortly after leaving the house, Mr. Patto's car is struck broadside by a WNA Healthcare delivery van. The public EMS ambulance technician identifies Mr. Patto's primary health provider from the card in his wallet and enters it on the delivery form. The technician can see that he has suffered blunt abdominal trauma; he does both an ultrasound and a basic x-ray image while on the way to the nearest emergency center, these will be provided to the center.

Mr. Patto is diagnosed as having a broken hip and a possible burst spleen. He goes straight to the OR to have his hip pinned and then is transferred to his local hospital per the terms of his HMO plan. He is kept overnight in their stepdown unit and four days after arriving at the hospital, he is released to recover at home. Mrs. Patto arranges his transport home and picks up an initial set of supplies from the hospital. His at home equipment will include realtime monitoring devices for the first two weeks and Mr. Patto is asked if he wishes to pay a supplemental fee to have a special bed. The consumable supplied, which are surprisingly basic, will be replenished when the aide visits the house.

While at home in his special toilet management bed, Mr. Patto is called by a customer-relations respresentative at Yale-New Haven Emergency Clinic. The service representative informs him that his daughter fell and broke her arm earlier in the day, but that she is fine. However, she should return home for a two week stay. He inquires whether Mr. Patto has any supplemental coverage for his daughter, or whether she has only the basic regional coverage. The latter does not include coverage for a nurse to check on his daughter's arm while she is in St. Louis.

Abbildung 5: Beispiel eines Story-Board für das Zukunftsszenario einer U.S.-amerikanischen Krankenkasse

Find/define ambitions: Die Beschreibung des Idealunternehmens

Szenarien müssen so pragmatisch abgeleitet und ausformuliert sein, daß sie mit Kreativität und praktischen Erfahrungswerten gepaart »automatisch« den Blick auf nutzbare Chancen in den einzelnen Geschäftsfeldern lenken. Die Güte eines »Story-Boards« mißt sich demnach daran, wie lang und plausibel die »Long List« und (später die »Short List«) strategischer Möglichkeiten/Optionen ausfällt, die sich für ein Unternehmen daraus ableiten lassen. Hierfür sind häufig mehrere Informationsrunden im Sinne der internen Konsensbildung im Unternehmen notwendig. Für die bereits oben erwähnte Krankenversicherung wurden nach mehrmaligen Informationsrunden insgesamt vier Hauptstellhebel identifiziert. Die Kernkompetenzen des Unternehmens (hierzu gibt es ein separates Analysemodul) bildeten dabei die Ausgangsplattform (vgl. Abb. 6 und 7).

Opportunities	Strengths	Weaknesses
Reward Cost Savings	– Leverage in large numbers – Relationships with SC players – Attention to customer needs	– Focus on total cost vs. price alone – Efficiency of business operations – Balance of national vs. regional focus – Information resource
Build Local Joint Ventures	– Relationships with SC players – Negotiation ability – Broker/aggregator role – Attention to customer needs	– Membership breadth/diversity – Balance of national vs. regional focus – I/T-savvy – Information resource
Manage Supplies Utilization and Formularies	– Attention to customer needs – Educator role	– Product usage competency – Healthcare best practices knowledge – Clinician skills – Efficiency of business operations – I/T-savvy – Information resource
Develop Capitation System	– CFIS	– I/T-savvy – Product usage competency – Risk management skills – Information resource

Abbildung 6: Strategische Chancen für eine Krankenversicherung

Ambition Driven Strategy 253

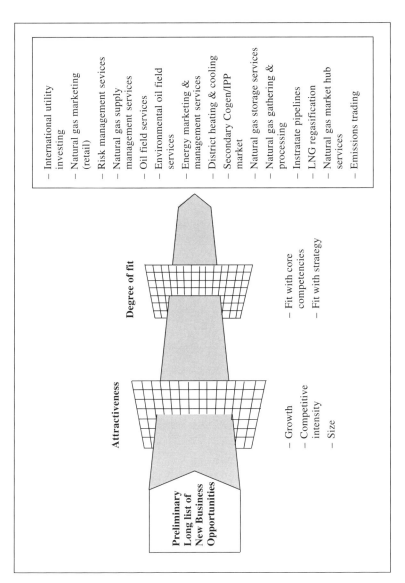

Abbildung 7: Von der »Long List« zur »Short List« – Beispiel eines Dienstleistungsunternehmens im Energieversorgungsbereich

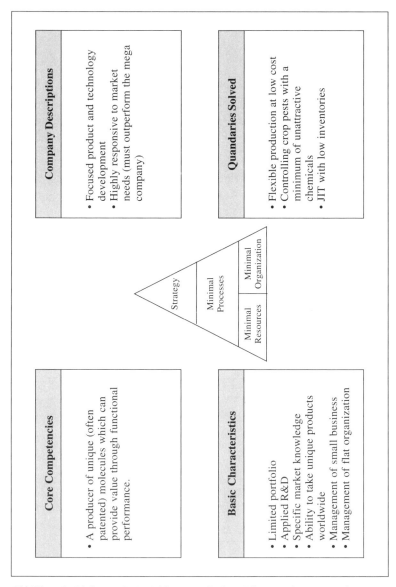

Abbildung 8: Plakatives Beispiel für ein »ideales« Pflanzenschutzunternehmen

	Market (Customer)	Competitors	External Environment	Internal Processes
Strategic Opportunity of Strength	• Most converters need assistance in reducing their in-plant costs • Company XY will likely increase its share of market among large PET converters • Focusing upon process innovations may provide customers with cost savings without resin price discouting	• No other competitor has adopted such an explicit strategic focus on this process	• No other PET resin supplier has established this type of process innovation strategy or partnership • Potential for large gains by effectively managing the interface between resin suppliers and converter technology	• Majority of business is currently with Husky-Sidel processes; our technical knowledge of this process is already good • We have extremely good internal technology on polyester processing to leverage
Strategic Vulnerability of Need	• Strategy may not work at the more secretive and self-sufficient converters	• Barriers to entry: How to preclude other resin suppliers from imitating our important innovations?	• Will Husky (or Sidel) wait to enter into an exclusive technology partnership?	• Need additional technical service staff skilled in this process; need resin grades tailored to particular process types

Abbildung 9: Gap-Analyse bei einem Chemieharzhersteller

Basierend auf den Zukunftsszenarien und den sich daraus ergebenden strategischen Möglichkeiten gilt es im nächsten Schritt das künftige Idealbild des Unternehmens zu zeichnen. Hierbei richtet sich der Fokus auf die Themen Schlüsselprozesse (Effizienz und Effektivität), Ressourcen (Personal, Technologie, Finanzen, etc.) und Organisation (Struktur und Abläufe) (vgl. Abbildung 8).

Da hierbei ebenfalls eine kreative Szenario-Technik nötig ist, lohnt sich in der Regel der Einsatz hochentwickelter Moderationstechniken. Um alle betroffenen Unternehmensbereiche, die spezifisches Marktwissen haben, mitwirken zu lassen, hat sich z.B. der Einsatz von Metaplan- und Brainstorming-Techniken als sehr vorteilhaft erwiesen. Die Tendenz zur Skizzierung der berühmten »Eier legenden Wollmilch-Sau« muß dabei durch einen permanenten Realisierbarkeits-Check eingedämmt werden. Dem Berater kommt hier aufgrund seiner moderatorischen Fähigkeiten und seines Markt- und Prozeßwissens – unter Umständen auch aus anderen Bereichen/Branchen – eine bedeutende Rolle zu. Anschließend wird eine Gap-Analyse durchgeführt, um das ermittelte Idealunternehmen mit dem aktuellen Ist-Zustand zu vergleichen (vgl. Abbildung 9). Sie zeigt die zu füllenden Lücken in allen Markt- und Funktionalbereichen des Unternehmens auf und dient als Orientierungshilfe für die später zu entwickelnden, operativen Maßnahmenpläne.

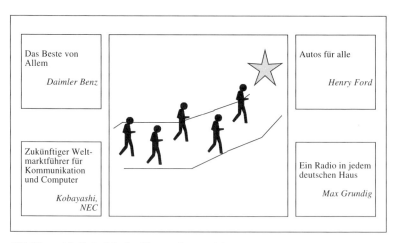

Abbildung 10: Beispiele für Unternehmensvisionen

Find/define ambitions: Die Vision

Das »große Bild«, d.h. die eigentliche Zielsetzung des Projektes und der ursprüngliche Sinn für das »wohin« darf in Strategie-Projekten nie aus den Augen verloren werden. Vor allem im Rahmen der späteren Realisierung bzw. Implementierung ist die Orientierung und Ausrichtung aller Betroffenen an dem gemeinsamen, übergeordneten Ziel erfolgsentscheidend. Deshalb kommt einer konkret formulierten Unternehmensvision, die sich an dem Bild des Idealunternehmens orientiert,

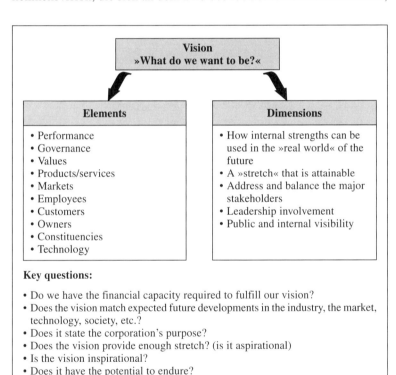

Abbildung 11: Inhaltliche Dimensionen des Vision-Statements und Schlüsselfragen, die ein Vision-Statement beantworten sollte

die Funktion eines »wegbegleitenden Sterns am Himmel« zu (vgl. Abbildung 10).

Das erarbeitete Vision-Statement muß kurz, klar und realitätsbezogen formuliert sein, um künftige strategische und operative Entscheidungen »geleiten« zu können. Die inhaltlichen Dimensionen und die kritischen Schlüsselfragen, die ein Vision-Statement beinhalten sollte, sind dabei in der Regel die folgenden (vgl. Abbildung 11 und 12).

Draft purpose statements include

- »HM is in the business of *enabling* all people of the *world* to have a better *quality of life* through a *challenging and entertaining educational process.*
- To *educate, inform, enlighten* people by producing *high quality* products in a *variety of media.*
- »HM produces *unique intellectual properties and services* that fulfill *customers'* needs to *enrich and improve their lives* in their lifelong pursuit to educate and be educated, to inform and be informed, to entertain and be entertained.«
- »To be the *provider of choice* for *shaping and delivering ideas, information,* and *intellectual properties* for the *home* and *educational* markets.«
- »… nation's leading provider of *intellectual information, children's literature,* and *instructional* and *assessment* materials for schools and *colleges.*«
- »The company will be a *leader* in providing *new ways* to acquire knowledge and insight.«
- »… goal to offer the best in information and knowledge in the form most suitable for effective and profitable dissemination.«

Abbildung 12: Beispielhafte Vision-Statements eines Schulbuch-Verlages

---

Branchenszenarien, das Bild des Ideal-Unternehmens sowie das eigene Vision-Statement haben bis zu diesem Zeitpunkt im Strategieentwicklungsprozeß eine erhebliche Ausweitung des Blickwinkels bewirkt. Derart gewappnet wird es möglich, nach bekanntem Vorgehen (Markt- und Wettbewerbsanalyse etc.) eine ambitionierte Strategie zur Erreichung der Vision zu entwickeln. Im Unterschied zu inkrementell fortgeschriebenen Konzeptionen erfordert die Umsetzung dieser ambitionierten Strategie mehr als nur ein ›Finetuning‹ an bestehenden Investitions-, Umsatz- und Kostenplänen. Notwendig sind vor allem Maßnahmen zur Schaffung und Erschließung neuer Märkte, zum Aufbau neuen Know-hows und eventuell auch zur Entwicklung neuer Kernkompetenzen. Notwendige Desinvestitionen sind vorzusehen. Nicht zuletzt an derartigen Maßnahmenplänen zeigt sich schließlich der bahnbrechende Charakter ambitionierter Strategien.

5. »Ambition Driven Strategy«: Wenn stetiger Wandel das einzig Beständige ist

Konventionelle Vorgehensweisen zur Strategieentwicklung greifen bei der hohen Veränderungsdynamik in Branchen und Märkten zu kurz. Wer heute nicht bereit ist, mit ambitionierten, bahnbrechenden Strategien bestehende Strukturen in Frage zu stellen und die Spielregeln von morgen aktiv zu gestalten, wird zwangsläufig an Wettbewerbsfähigkeit einbüßen. Mit »Ambition Driven Strategy« wurde eine in langjähriger Beratungspraxis entwickelte Methode vorgestellt, die die Strategieentwicklung dementsprechend neu definiert. Nicht mehr die inkrementelle Fortschreibung bekannter Strategien, sondern die kreative Neuerfindung von Industrien und die Entwicklung entsprechend ambitionierter Strategien steht hier im Mittelpunkt. In der heutigen Zeit, in der stetiger Wandel das einzig Beständige ist, liefert »Ambition Driven Strategy« damit den dringend benötigten Ansatz, um eine führende Position in den Märkten von morgen zu sichern. Im Rahmen eines Projektes mit einem japanischen Konsumelektronik-Hersteller wurde dieser neue Strategieansatz wie folgt auf den Punkt gebracht:

»Ambition Driven Strategy: Mutige Ambitionen statt einschränkender Restriktionen – kreative Szenarien statt eindimensionaler Punktschätzungen – Kompetenz und Gefühl statt unzähliger Portfolio-Bubbles.«

Die Autorinnen und Autoren

Axel Becker, geb. 1967, ist seit 1990 als Mitarbeiter des Forschungsbereichs »Gesellschaft und Technik« der Daimler-Benz AG in Berlin tätig und war mitverantwortlich für die Moderation und methodische Begleitung des Szenario-Prozesses »Luftverkehr 2015«. Weiterhin beschäftigt er sich dort mit der systematischen Analyse von Unternehmens- und Produktumfeldern sowie der Strategieentwicklung und -bewertung. Studium am Institut für Luft- und Raumfahrt der Technischen Universität Berlin mit den Schwerpunkten Systemtechnik und Luftverkehrswirtschaft und -politik.
Kontakt: Daimler-Benz AG, Forschung »Gesellschaft und Technik«, Alt Moabit 96a, 10559 Berlin, Tel: (030) 39982-311, Fax: (030) 39982-108

Monika Bergmann, geb. 1958, ist Mitarbeiterin einer Hamburger Ingenieurgesellschaft und dort für Projektentwicklungen zuständig. Davor arbeitete sie – nach einer technischen und betriebswirtschaftlichen Ausbildung – fünfzehn Jahre in Planung und Projektleitung im Hochbau. Sie ist Autorin sowie Co-Autorin zahlreicher Veröffentlichungen zu Themen des Managements im Hochbau sowie der Technikfolgenabschätzung.
Kontakt: Haynstr. 19, 20249 Hamburg, Tel: (040) 478255

Dr. Karl Bosshard, geb. 1958, ist Projektleiter und Seniorberater bei der Kienbaum Personalberatung in Hamburg. Neben der Managementdiagnostik und Führungsauswahl ist er aktives Mitglied im unternehmensgruppenweiten TQM-Team. Davor war er internationaler Projektmanager für Informationssysteme. Seine universitär-wissenschaftlichen Schwerpunkte – erworben an der Ludwig-Maximilian-Universität München – liegen auf dem Gebiet der empirisch-betriebswirtschaftlichen Forschung, der strategischen Planung und der Organisationspsychologie.
Kontakt: Kienbaum Personalberatung GmbH, Kanzlerstr. 4, 40472 Düsseldorf, Tel: (0211) 9659-301, Fax: (0211) 9659-216

Dr. Helmut Bott, geb. 1936, ist Geschäftsführer der Kybernet GmbH, Dieburg. Seit Jahren befaßt er sich in Forschung und Praxis mit Managementinformationssystemen, schwerpunktmäßig mit Marktpotential-Konzeptionen. Die von ihm entwickelten Konzeptionen werden unter Bereitstellung der relevanten Marktstrukturdaten aus eigener Datenbank in zahlreichen Unternehmen aus unterschiedlichen Branchen umgesetzt. Als Professor lehrt er Rechnungswesen und Controlling an der Fachhochschule der Deutschen Telekom AG, Dieburg.
Kontakt: Kybernet GmbH, Groschlagweg 12, 64807 Dieburg, Tel. (06071) 980073

Klaus Buchholtz, geb. 1964, ist seit 1990 Berater bei Arthur D. Little International, Inc. in Wiesbaden. Zunächst konzentrierte sich seine Tätigkeit auf die strategische Planung und deren Umsetzung in eine kurz- und mittelfristige Geschäfts-

planung für national und international tätige Unternehmen der Elektronik- und Telekommunikationsbranche. Heute ist er im Geschäftsbereich Strategie und Organisation als Manager für das Fachgebiet strategisches und operatives Controlling zuständig. Berufsbegleitend erstellt er im Rahmen einer internationalen empirischen Studie eine Dissertation zum Controlling in Nonprofit-Organisationen. Vor seinem Eintritt bei Arthur D. Little war er für unterschiedliche Unternehmensberatungen vor allem in den Bereichen Informationsmanagement, European Single Market Strategy und Werkzeugmaschinenbau freiberuflich tätig.
Kontakt: Schöne Aussicht 38, 65193 Wiesbaden, Tel: (0611) 7148204, Fax: (0611) 7148290

Thomas Fell, geb. 1968, ist als Client Relationship Manager bei der IBM Deutschland für die Betreuung von Global Accounts zuständig. Davor studierte er an der Universität Mannheim Betriebswirtschaftslehre mit den Schwerpunkten Marketing und Internationales Management.
Kontakt: IBM Deutschland Informationssysteme GmbH, Lyoner-Str. 13a, 60528 Frankfurt, Tel: (069) 6645-2317, Fax: (069) 6645-3841

Dr. Horst Geschka, geb. 1938, ist Inhaber der Geschka & Partner Unternehmensberatung, Darmstadt, die schwerpunktmäßig auf den Gebieten Innovationsmanagement und strategische Planung berät und Managementseminare durchführt. Er ist daneben Honorarprofessor an der TH Darmstadt. Von 1969 bis 1983 war er in der Battelle-Organisation tätig; in dieser Zeit hat er mit Kollegen die Szenario-Technik, so wie sie heute praktiziert wird, entwickelt. Auf seinen Spezialgebieten hat er mehr als hundert Aufsätze und Buchbeiträge sowie sieben Bücher veröffentlicht.
Kontakt: Geschka & Partner, Stifterstr. 2, 64291 Darmstadt, Tel: (06151) 372444, Fax: (06151) 371323

Dr. Carsten Greupner, geb. 1966, arbeitet im Corporate Auditing der Hoechst AG. Davor hat er ein Studium der Betriebswirtschaftslehre in Mannheim und den USA absolviert. Seine akademische Ausbildung schloß er mit einer Promotion in Hamburg ab.
Kontakt: Oranienstr. 2, 65812 Bad Soden, Tel: (06196) 643694

Stefan Kraft, geb. 1965, ist als Projektleiter bei der Kienbaum Personalberatung GmbH in Düsseldorf zuständig für Kunden- und Qualitätsorientierungsprojekte. Zuvor war er im technischen Vertrieb der Robert Bosch GmbH in Schwieberdingen und Farmington Hills, USA, tätig.
Kontakt: Kienbaum Personalberatung GmbH, Kanzlerstr. 4, 40472 Düsseldorf, Tel: (0211) 9659-301, Fax: (0211) 9659-216

Wolfgang Kring, geb. 1968, Studium der Psychologie in Gießen und Organisational Behaviour an der A. B. Freeman School of Business, ist Fachberater bei der

Kienbaum Personalberatung GmbH, Düsseldorf. Seine Tätigkeitsschwerpunkte sind TQM, Kundenorientierungsprogramme, Personal- und Organisationsentwicklung sowie Projektmanagement. Daneben leitet er das Institut für Organisationen in Gießen, das sich schwerpunktmäßig mit der Durchführung von Mitarbeiter-, Kunden- und Händlerbefragungen beschäftigt.
Kontakt: Kienbaum Personalberatung GmbH, Kanzlerstr. 4, 40472 Düsseldorf, Tel: (0211)-9659 301, Fax: (0211) 9659-216

Dr. Rudolf Lewandowski, geb. 1938, ist Gründer und Präsident von Marketing Systems GmbH Automotive Services sowie Geschäftsführer von Manugistics GmbH in Deutschland. Davor war er Direktor des mathematischen Instituts MBP. Er gilt international als einer der bekanntesten Experten für Prognose- und Informationstechnologien. Über tausend Unternehmen in Europa, Japan und USA benutzen auf seinen Theorien basierende operative Prognosesysteme. Die EU-Kommission honorierte vor kurzem seine Leistungen mit der Leitung des Projektes Force4 und dem Auftrag zur Entwicklung neuer Technologien in der Prognostik. Er ist Autor zahlreicher Publikationen über Prognose- und Informationssysteme und ihre Anwendungen. Seine Bücher wurden in mehrere Sprachen übersetzt.
Kontakt: Marketing Systems GmbH, Dr. Rudolf Lewandowski, Im Teelbruch 130, 45219 Essen, Tel: (02054) 12120, Fax: (02054) 121212

Stefan List, geb. 1969, ist Mitarbeiter im Forschungsbereich »Gesellschaft und Technik« der Daimler-Benz AG in Berlin. Seine Tätigkeitsschwerpunkte sind ganzheitliche Problemlösungsprozesse, speziell Methoden und Instrumente zur Bewertung von zukunftsorientierten Fragestellungen im Rahmen strategischer Innovations- und Managementprozesse. Studium des Wirtschaftsingenieurwesens in Berlin.
Kontakt: Daimler-Benz AG, Forschung »Gesellschaft und Technik«, Alt Moabit 96a, 10559 Berlin, Tel: (030) 39982-311, Fax: (030) 39982-108

Matthias Möbus, geb. 1964, ist seit 1990 als selbständiger Unternehmensberater auf die Durchführung von finanzwirtschaftlichen Qualifikationsseminaren spezialisiert. Davor war er in leitender Funktion im Privatkundengeschäft einer bedeutenden deutschen Privatbank tätig.
Kontakt: Rönneburger Kirchweg 1, 21079 Hamburg, Tel: (040) 76981067, Fax: (040) 76981068, E-Mail: Matthias.Möbus@t-online.de

Wolf Müller, geb. 1967, ist im Controlling der Stadt-Sparkasse Düsseldorf schwerpunktmäßig mit Fragen der Bilanzstruktursteuerung befaßt. In seinem Studium konzentrierte er sich unter anderem auf Fragen der Zinsänderungsrisiken.
Kontakt: Stadt-Sparkasse Düsseldorf, Controlling Planung/Analyse, Postfach 101030, 40001 Düsseldorf, Tel: (0211) 8782019

Die Autorinnen und Autoren 263

Michael Niessen, geb. 1960, ist Abteilungsleiter im Bereich Controlling der Stadt-Sparkasse Düsseldorf. Nach dem Besuch des Lehrinstituts für das Kommunale Sparkassen- und Kreditwesen in Bonn war er zwei Jahre Projektleiter einer Aufgabenanalyse für die Gesamtbank. In Anschluß daran übernahm er 1993 die Leitung der neugeschaffenen Controlling-Abteilung Planung und Analyse. Besonderes Anliegen ist hierbei – im Rahmen eines ganzheitlichen Steuerungsansatzes – die Verdeutlichung der Dienstleistungsfunktion von Controlling sowohl für die Unternehmensleitung als auch für alle anderen Unternehmensbereiche. Daneben leitet er Lehrveranstaltungen an der Rheinischen Sparkassenakademie und an der Fachhochschule Düsseldorf.
Kontakt: Stadt-Sparkasse Düsseldorf, Controlling Planung/Analyse, Postfach 101030, 40001 Düsseldorf, Tel: (0211) 8782019

Dr. Ingeborg Paul, geb. 1950, ist als Unternehmensberaterin in Merseburg tätig. Davor arbeitete sie in unterschiedlichen Funktionen über 20 Jahre in verschiedenen Unternehmen, u.a. im Battelle-Institut, in der chemischen und pharmazeutischen Industrie und in einer internationalen Großbank in den Abteilungen Unternehmensplanung, Grundsatzfragen und Marketing. Als Professorin lehrt sie an der Fachhochschule Merseburg Betriebswirtschaftslehre und Marketing.
Kontakt: Fachhochschule Merseburg, FB 5 Wirtschaftswissenschaften, Geusaer Straße, 06217 Merseburg, Tel: (03461) 462228, Fax: (03461) 202846

Dr. Jens Pätzmann, geb. 1964, ist Geschäftsführer der Brand Factory Marketing GmbH in Hamburg. Das Unternehmen hat sich auf strategische Planung für Marken spezialisiert und versteht sich als Kombination aus Unternehmensberatung, Marktforschungsinstitut und Werbeagentur. Kunden sind u.a. Bahlsen, Frosta, Knorr, Dole, Käserei Champignon, Ecco, AT & T und Sega. Davor war er Strategic Planning Director bei AP Lintas Werbeagentur GmbH in Hamburg und in dieser Funktion für die Markenführung einer Reihe von nationalen und internationalen Etats verantwortlich. Seine berufliche Laufbahn startete er 1990 im Marketing von H. F. & Ph. F. Reemtsma GmbH & Co in Hamburg.
Kontakt: Brand Factory, Marketingberatung GmbH, Gasstr. 2a, 22761 Hamburg, Tel: (040) 890582-0

Sebastian Scherg, geb. 1973, ist Mitarbeiter in der Controlling-Abteilung der Firma WAREMA Renkhoff GmbH, Marktheidenfeld. Davor studierte er an der Berufsakademie in Mosbach Betriebswirtschaftslehre, Bereich Industrie mit den Schwerpunkten Rechnungswesen und Materialwirtschaft.
Kontakt: Am Hollerbusch 12, 97828 Marktheidenfeld, Tel: (09391) 8408

Dr. Horst Schmitt, geb. 1957, ist Referent in der Zentrale der Deutschen Angestellten-Akademie in Hamburg, einem der größten Träger beruflicher Weiterbildung in Deutschland. Er arbeitet dort in der Stabsabteilung »Pädagogik«, Schwerpunkt: Bildungsmarketing. Bis 1995 war er Mitglied der Projektleitung eines

mehrjährigen Modellversuchs zur Neuordnung der Büroberufe. Veröffentlichungen zu verschiedenen politikwissenschaftlichen und erwachsenenpädagogischen Themenstellungen.
Kontakt: Deutsche Angestellten-Akademie e. V., Zentrale, Holstenwall 5, 20355 Hamburg, Tel: (040) 35094-0, Fax: (040) 35094-199

Margret Schultes, geb. 1946, und *Wolfgang Schultes,* geb. 1943, sind Inhaber der Unternehmensberatungsgesellschaft sc standort-consult GmbH, Bad Segeberg / Berlin. Sc ist in den Bereichen Kommunalberatung, Standortmarketing und Projektentwicklung tätig. Regionale Schwerpunkte sind Berlin-Brandenburg, Rhein-Main und Rhein-Ruhr. Wolfgang Schultes ist daneben Lehrbeauftragter für Standortmarketing und Projektentwicklung an der TU Wien.
Kontakt: sc standort-consult, Gesellschaft für Standortberatung und Wirtschaftsförderung mbH, Postfach 1424, 23784 Bad Segeberg, Tel: (04551) 3085 oder (030) 3136055, Fax: (04551) 3086 oder (030) 3129619

Dr. Barbara Winckler-Ruß, geb. 1961, ist selbständige Unternehmensberaterin und seit 1988 auf den Gebieten der Szenario-Technik und der strategischen Planung in enger Kooperation mit Geschka & Partner tätig. Leitung und Durchführung zahlreicher Seminare und Projekte im Bereich der Szenario-Technik. Schwerpunkte sind Technologieszenarien und Persönlichkeitsszenarien.
Kontakt: Geschka & Partner, Stifterstr. 2, 64291 Darmstadt, Tel: (06151) 372444, Fax: (06151) 371323

Ingrid Zerres, geb. 1952, war nach dem Studium der Betriebswirtschaftslehre und der Informatik mehrere Jahre in einem großen deutschen Konzern in leitender Funktion für die Implementierung von Datenbanken verantwortlich. Heute ist sie als Unternehmensberaterin tätig.
Kontakt: Konsulweg 7, 23683 Scharbeutz, Tel: (04503) 74744

Dr. Michael P. Zerres, geb. 1945, ist Professor an der Hochschule für Wirtschaft und Politik in Hamburg mit den Lehr- und Forschungsschwerpunkten Marketing und Unternehmensplanung. Davor war er mehrere Jahre in leitenden Funktionen im Vertrieb eines internationalen Konzerns tätig, zuletzt als Marketing-Direktor in London. Er ist Autor zahlreicher Veröffentlichungen, vor allem auf dem Gebiet der Unternehmensführung. Als Unternehmensberater hat er sich auf Pharma-Marketing und Non-Profit-Marketing spezialisiert.
Kontakt: Hochschule für Wirtschaft und Politik, Von Melle Park 9, 20146 Hamburg, Tel: (040) 4123 6482, Sekretariat: (040) 4123-2175, Fax: (040) 4123-2780